LISSEL

Rechtsfragen im Rettungswesen

Rechtsfragen im Rettungswesen

Risiken im Einsatz

Dr. Patrick M. Lissel, LL.M.
Rechtsanwalt
Fachanwalt für Medizinrecht
Lehrbeauftragter der Akkon Hochschule
für Humanwissenschaften

3., völlig neu bearbeitete Auflage, 2014

BOORBERG

Bibliografische Information der Deutschen Nationalbibliothek | Die Deutsche Nationalbibliothek verzeichnet diese Publikation in der Deutschen Nationalbibliografie; detaillierte bibliografische Daten sind im Internet über www.dnb.de abrufbar.

3. Auflage, 2014
ISBN 978-3-415-05204-8

Satz: Dörr + Schiller GmbH, Curiestraße 4, 70563 Stuttgart | Druck und Verarbeitung: Laupp & Göbel, Talstraße 14, 72147 Nehren

Richard Boorberg Verlag GmbH & Co KG | Scharrstraße 2 | 70563 Stuttgart
Stuttgart | München | Hannover | Berlin | Weimar | Dresden
www.boorberg.de

für Isabelle

Geleitwort zur dritten Auflage

Was schreibt man zum Geleit eines Buches, das durch eine dritte Auflage mehr als ausreichend dokumentiert, dass es jedenfalls in den Fachkreisen Aufnahme gefunden hat? Wer sich mehr als 35 Jahre in diesem Bereich literarisch (und kurze Zeit auch praktisch) bewegt hat, der tut sich damit in jedem Fall nicht allzu schwer.

Dinge, die einst Gegenstand nahezu erbitterter Kontroversen waren, wie etwa das lang umkämpfte Gesetz über den Beruf der Rettungsassistentin und des Rettungsassistenten – es ist untrennbar mit dem Namen des Nestors der deutschen Notfallmedizin Friedrich Wilhelm Ahnefeld verbunden –, sind heute keine mehr, weil inzwischen gesetzlich geregelt. Die Gesetze über die Organisation des Rettungsdienstes sind längst über ihre Urfassung hinaus novelliert und vielfach den geänderten Gegebenheiten angepasst worden. Und wie immer, wenn es gilt, ein Gesetz in die Praxis umzusetzen, landen nach einigen Jahren Abstand – erfahrungsgemäß sind dies fünf – die Kontroversen bei Gericht, um dort – nicht immer zur Freude der klagenden Parteien und zur Schaffung eines Rechtsfriedens – entschieden zu werden.

Die Regelungsdichte nimmt auch im Rettungswesen weiter zu, oder um es einfacher zu sagen, auch das Rettungswesen ist längst kompliziert geworden. Wie kompliziert das System tatsächlich ist, lässt sich dem neuen „Lissel“ ebenso kompetent wie komprimiert dargestellt, entnehmen. Tröstlich daran ist allenfalls der Umstand, dass zu den bereits im „Lippert/Weißauer“ 1984 einst angesprochenen Themenbereichen eigentlich neue nicht hinzugekommen sind. Dass deren Bedeutung in der täglichen Praxis heute unterschiedlich und wohl auch anders gewichtet wird, war zu erwarten und erstaunt nicht im Geringsten.

Dass dem Rettungswesen in Deutschland nach der Phase einer flächendeckenden Etablierung, der Perfektionierung und der Konsolidierung eine Phase des Umdenkens ins Haus steht, ist dem „Lissel“ bereits zu entnehmen. Dies hat auch mit dem Stellenwert der Notfallrettung im Gesundheitswesen insgesamt und in unserer alternden Gesellschaft insbesondere zu tun. Letztlich geht es natürlich wie immer ums liebe Geld, denn umsonst ist dies in Deutschland geschaffene System nun einmal nicht zu haben.

Der Autor möge sich ermutigt fühlen, den künftigen Weg des Rettungswesens kritisch zu begleiten und sein Werk weiter zu aktualisieren. Wer im Rettungswesen arbeitet, kann ihm dafür nur dankbar sein.

Ulm, im Januar 2014 Rechtsanwalt Dr. iur. Hans-Dieter Lippert

Vorwort zur 3. Auflage

Seit der Zweitauflage sind neuerlich acht Jahre vergangen. Gesetzgeber und Rechtsprechung waren in dieser Zeit nicht untätig. Von besonderer Bedeutung ist die Einführung des Berufs des Notfallsanitäters zum 1.1.2014. Darüber hinaus wurden in einigen Bundesländern neue Rettungsdienstgesetze erlassen, zahlreiche andere Gesetze und Verordnungen wurden, unter anderem auch durch das Patientenrechtegesetz (vgl. hierzu Lissel, gynäkologie + geburtshilfe 3/2013, 10 ff.), novelliert. Die Rechtsprechung hatte sich wiederholt mit der Frage der Zuordnung der Tätigkeit des Rettungsdienstes zum Öffentlichen Recht oder Privatrecht zu befassen. Eine besondere Dynamik zeigte sich auch im Bereich der Sorgfaltspflichten sowie zum Sonder- und Wegerecht.

Mit der nunmehr dritten Auflage wurde das Werk neu bearbeitet und erweitert. Strukturelle Änderungen verfolgten im Wesentlichen zwei Zielrichtungen: Einerseits sollte der Text anschaulicher gestaltet werden. Hierzu wurden die Kapitel neu gegliedert, den Schwerpunktbereichen wurden konkrete Fälle vorangestellt. Zum anderen sollten in den Text Entscheidungen aus der Rechtsprechung aufgenommen werden. Ziel war es, nicht nur die bislang vornehmlich nichtjuristisch geprägte Leserschaft anzusprechen. Auch Juristen sollte das nötige Rüstzeug an die Hand gegeben werden, um zu den Rechtsfragen im Rettungswesen die entsprechenden Antworten zu finden. Den einzelnen Kapiteln wurde die Spezialliteratur vorangestellt; die Angaben dienen zugleich als Verweis auf weiterführende Literatur. Ergänzend sei auf das vom Verfasser gleichfalls bearbeitete Kapitel 39 (Rettungsdienst, Notarzt) im Handbuch Medizinrecht, herausgegeben von Ratzel/Luxenburger, 2. Auflage 2011, hingewiesen.

Die Gesetzgebung gibt den Stand vom 1.1.2014 wieder, Rechtsprechung und Literatur wurden bis Ende Oktober 2013 berücksichtigt.

München, im Dezember 2013 Patrick M. Lissel

Auszug aus dem Vorwort zur 1. Auflage

Dieses Kompendium soll dazu dienen, rechtliche Fragestellungen für das im Rettungswesen tätige Personal unter dem Gesichtspunkt der aktuellen Gesetzgebung und Rechtsprechung aufzugreifen und für den juristischen Laien verständlich zu machen. Dennoch wird versucht, nahe am Gesetz zu arbeiten, um möglichst genau auf die einzelnen Probleme eingehen zu können.

Der Schwerpunkt der Darstellung liegt bei der strafrechtlichen Verantwortung und der zivilrechtlichen Haftung im Rettungswesen. Systematisch wird zunächst durch eine Einführung ein Überblick über das jeweilige Rechtsgebiet gegeben. Dies dient dazu, den Leser zu den komplexen Normen im Straf- und Zivilrecht hinzuführen, die im Anschluss an die Einführung erläutert werden. Daneben gibt dieses Kompendium auch einen Einblick in weitere relevante Vorschriften, die jedoch – um den Umfang nicht zu sprengen – nicht einzeln aufgeführt, sondern zusammengefasst dargestellt werden. Bei den landesgesetzlichen Normen ist nur eine Darstellung der übereinstimmenden Grundstrukturen möglich.

Sofern im Text bei Personen in verkürzter Form nur von der männlichen Person gesprochen wird, sind diese Bezeichnungen als geschlechtsneutral aufzufassen; es sind stets männliche und weibliche Personen gemeint.

Ein derartiges Werk kann nicht vollständig sein, Anregungen und Verbesserungsvorschläge sind daher erwünscht und werden vom Verfasser gerne entgegengenommen.

Besonderer Dank gilt Herrn Prof. Dr. Ulrich Weber, Eberhard-Karls-Universität Tübingen, für die kritische Durchsicht des Manuskripts.

Tübingen, im April 1998 — Patrick M. Lissel

Inhaltsverzeichnis

Abkürzungsverzeichnis

Abb.	Abbildung
Abs.	Absatz
AMG	Arzneimittelgesetz
Art.	Artikel
ArztR	Arztrecht (Zeitschrift)
AWMF	Arbeitsgemeinschaft der Wissenschaftlichen Medizinischen Fachgesellschaften e.V.
Az.	Aktenzeichen
BayObLG	Bayerisches Oberstes Landesgericht
BayRDG	Bayerisches Rettungsdienstgesetz
BbgPsychKG	Gesetz über Hilfen und Schutzmaßnahmen sowie über den Vollzug gerichtlich angeordneter Unterbringung für psychisch kranke und seelisch behinderte Menschen im Land Brandenburg
BbgRettG	Gesetz über den Rettungsdienst im Land Brandenburg
BDSG	Bundesdatenschutzgesetz
Beschl.	Beschluss
BGB	Bürgerliches Gesetzbuch
BGBl.	Bundesgesetzblatt
BGH	Bundesgerichtshof
BGHSt	Amtliche Sammlung des Bundesgerichtshofs für Strafsachen
BGHZ	Amtliche Sammlung des Bundesgerichtshofs für Zivilsachen
BOKraft	Verordnung über den Betrieb von Kraftfahrunternehmen im Personenverkehr
BremHilfeG	Bremisches Hilfeleistungsgesetz
BtMG	Betäubungsmittelgesetz
BtMVV	Betäubungsmittel-Verschreibungsverordnung
BTPrax	Betreuungsrechtliche Praxis (Zeitschrift)
BVerwG	Bundesverwaltungsgericht
BVerwGE	Amtliche Sammlung des Bundesverwaltungsgerichts
DÄBl.	Deutsches Ärzteblatt (Zeitschrift)
DÖV	Die Öffentliche Verwaltung (Zeitschrift)
f., ff.	folgend, fortfolgende
FamRZ	Zeitschrift für das gesamte Familienrecht (Zeitschrift)
FeV	Fahrerlaubnis-Verordnung
FreihEntzG	Gesetz über die Entziehung der Freiheit geisteskranker, geistesschwacher, rauschgift- oder alkoholsüchtiger Personen in Hessen
GesR	Gesundheitsrecht (Zeitschrift)
GG	Grundgesetz
HmbPsychKG	Hamburgisches Gesetz über Hilfen und Schutzmaßnahmen bei psychischen Krankheiten

HmbRDG	Hamburgisches Rettungsdienstgesetz
HRDG	Hessisches Rettungsdienstgesetz
IfSG	Infektionsschutzgesetz
KG	Kammergericht
LG	Landgericht
MBO	Musterberufsordnung für die deutschen Ärztinnen und Ärzte
MDR	Monatsschrift für Deutsches Recht (Zeitschrift)
MedR	Medizinrecht (Zeitschrift)
MPBetreibV	Medizinprodukte-Betreiberverordnung
MPG	Medizinproduktegesetz
MPR	Medizinprodukterecht (Zeitschrift)
NJW	Neue Juristische Wochenschrift (Zeitschrift)
NJW-RR	Neue Juristische Wochenschrift Rechtsprechungs-Report (Zeitschrift)
Notfall Rettungsmed	Notfall + Rettungsmedizin (Zeitschrift)
NotSanG	Notfallsanitätergesetz
NPsychKG	Niedersächsisches Gesetz über Hilfen und Schutzmaßnahmen für psychisch Kranke
n.rkr.	nicht rechtskräftig
NRettDG	Niedersächsisches Rettungsdienstgesetz
NStZ	Neue Zeitschrift für Strafrecht (Zeitschrift)
NStZ-RR	Neue Zeitschrift für Strafrecht Rechtsprechungs-Report (Zeitschrift)
NVwZ	Neue Zeitschrift für Verwaltungsrecht (Zeitschrift)
NZA	Neue Zeitschrift für Arbeitsrecht (Zeitschrift)
NZV	Neue Zeitschrift für Verkehrsrecht (Zeitschrift)
OGH	Oberster Gerichtshof (Österreich)
ÖJZ	Österreichische Juristen-Zeitung (Zeitschrift)
OLG	Oberlandesgericht
OLGR	OLG-Report (Zeitschrift)
OVG	Oberverwaltungsgericht
OWiG	Gesetz über Ordnungswidrigkeiten
PsychKG Berlin	Gesetz für psychisch Kranke in Berlin
PsychKG Bremen	Gesetz über Hilfen und Schutzmaßnahmen bei psychischen Krankheiten in Bremen
PsychKG LSA	Gesetz über Hilfen für psychisch Kranke und Schutzmaßnahmen des Landes Sachsen-Anhalt
PsychKG M-V	Gesetz über Hilfen und Schutzmaßnahmen für psychisch Kranke in Mecklenburg-Vorpommern
PsychKG NRW	Gesetz über Hilfen und Schutzmaßnahmen bei psychischen Krankheiten in Nordrhein-Westfalen
PsychKG Rheinland-Pfalz	Landesgesetz für psychisch kranke Personen in Rheinland-Pfalz
PsychKG Schleswig-Holstein	Gesetz zur Hilfe und Unterbringung psychisch kranker Menschen in Schleswig-Holstein
PVR	Praxis Verkehrsrecht (Zeitschrift)

RDG Berlin	Gesetz über den Rettungsdienst für das Land Berlin
RDG Baden-Württemberg	Gesetz über den Rettungsdienst Baden-Württemberg
RDG M-V	Gesetz über den Rettungsdienst für das Land Mecklenburg-Vorpommern
RettDG Rheinland-Pfalz	Landesgesetz über den Rettungsdienst sowie den Notfall- und Krankentransport in Rheinland-Pfalz
RDG Schleswig-Holstein	Gesetz über die Notfallrettung und den Krankentransport in Schleswig-Holstein
RDP Baden-Württemberg	Rettungsdienstplan 2000 Baden-Württemberg
RettAssAPrV	Ausbildungs- und Prüfungsverordnung für Rettungsassistentinnen und Rettungsassistenten
RettAssG	Rettungsassistentengesetz
RettDG LSA	Rettungsdienstgesetz Sachsen-Anhalt
RettG NRW	Gesetz über den Rettungsdienst sowie die Notfallrettung und den Krankentransport durch Unternehmer in Nordrhein-Westfalen
Rn.	Randnummer
SächsBRKG	Sächsisches Gesetz über den Brandschutz, Rettungsdienst und Katastrophenschutz
SächsPsychKG	Sächsisches Gesetz über die Hilfen und die Unterbringung bei psychischen Krankheiten
Schaden-Praxis	Schaden-Praxis (Zeitschrift)
SG	Sozialgericht
SGB V	Sozialgesetzbuch Fünftes Buch (Gesetzliche Krankenversicherung)
SRettG	Saarländisches Rettungsdienstgesetz
StGB	Strafgesetzbuch
StPO	Strafprozessordnung
StVG	Straßenverkehrsgesetz
StVO	Straßenverkehrs-Ordnung
SVR	Straßenverkehrsrecht (Zeitschrift)
ThürPsychKG	Thüringer Gesetz zur Hilfe und Unterbringung psychisch kranker Menschen
ThürRettG	Thüringer Rettungsdienstgesetz
UBG Baden-Württemberg	Gesetz über die Unterbringung psychisch Kranker in Baden-Württemberg
UBG Saarland	Gesetz über die Unterbringung psychisch Kranker in Saarland
UnterbrG	Gesetz über die Unterbringung psychisch Kranker und deren Betreuung in Bayern
Urt.	Urteil
v.	vom
VersR	Versicherungsrecht (Zeitschrift)
VG	Verwaltungsgericht
VGH	Verwaltungsgerichtshof
vgl.	vergleiche
VRS	Verkehrsrechts-Sammlung (Zeitschrift)

WRP	Wettbewerb in Recht und Praxis (Zeitschrift)
zfs	Zeitschrift für Schadensrecht (Zeitschrift)
ZMGR	Zeitschrift für das gesamte Medizin- und Gesundheitsrecht (Zeitschrift)
ZPO	Zivilprozessordnung
ZRP	Zeitschrift für Rechtspolitik (Zeitschrift)

Literaturverzeichnis

An dieser Stelle werden nur kapitelübergreifende Werke dargestellt. Spezialliteratur findet sich zu Beginn der jeweiligen Kapitel.

Deutsch/Spickhoff	Medizinrecht, 6. Auflage 2008
Gorgaß/Ahnefeld/Rossi/Lippert/Krell/Weber	Das Rettungsdienst-Lehrbuch, 8. Auflage 2007
Gorgaß/Ahnefeld/Rossi/Lippert/Krell/Weber	Rettungsassistent und Rettungssanitäter, 7. Auflage 2005
Jung/Schreiber	Arzt und Patient zwischen Therapie und Recht, 1981
Laufs/Katzenmeier/Lipp	Arztrecht, 6. Auflage 2009
Laufs	Der ärztliche Heilauftrag aus juristischer Sicht, 1989
Laufs/Kern	Handbuch des Arztrechts, 4. Auflage 2010
Lippert/Weissauer	Das Rettungswesen, 1984
Quaas/Zuck	Medizinrecht, 2. Auflage 2008
Ratzel/Lippert	Kommentar zur Musterberufsordnung der deutschen Ärzte, 5. Auflage 2010
Ratzel/Lissel	Handbuch des Medizinschadensrechts, 2013
Ratzel/Luxenburger	Handbuch Medizinrecht, 2. Auflage 2011
Rieger/Dahm/Katzenmeier/Steinhilper	Heidelberger Kommentar Arztrecht Krankenhausrecht Medizinrecht, 50. Aktualisierung 2013
Spickhoff	Medizinrecht, 2011

1. Kapitel
Einführung

Literatur: Brox/Walker, Allgemeiner Teil des Bürgerlichen Gesetzbuchs, 37. Auflage 2013; Ehmann, Anwendung von Amtshaftungsgrundsätzen für die rettungsdienstliche Tätigkeit, NJW 2004, 2944 ff.; Fehn, Zur Rechtsnatur des Rettungsdienstes am Beispiel von Baden-Württemberg und Bayern, MedR 2008, 203 ff.; Hilgendorf, Recht und Moral, Aufklärung und Kritik 2001, 72 ff.; Katz, Staatsrecht, 18. Auflage 2010; Lippert, Die Haftung des Notarztes für Fehlbehandlungen – oder die liebe Not mit dem Staatshaftungsrecht, VersR 2004, 839 ff.

I. Rechtsaufbau in der Bundesrepublik Deutschland

1. Das Recht und seine Funktion

Das *Recht* regelt das menschliche Zusammenleben innerhalb einer Gemeinschaft. Hierbei bildet es einen Ordnungsrahmen für das Verhältnis der Menschen untereinander und zu ihren öffentlichen Hoheitsträgern sowie für das Verhältnis zwischen den Hoheitsträgern. Darüber hinaus dient das Recht der Rechtssicherheit und der Friedensstiftung. Wie die Gemeinschaft selbst ist auch das Recht einem ständigen Wandel unterworfen. 1

Das Recht kann von anderen Verhaltensordnungen, insbesondere der Ethik und der Moral dahingehend unterschieden werden, dass es im Gegensatz zu diesen Verhaltensordnungen durch unmittelbaren hoheitlichen Zwang durchgesetzt werden kann. 2

2. Abgrenzung Öffentliches Recht – Privatrecht

Das Recht teilt sich auf in das Öffentliche Recht und das Privatrecht. 3

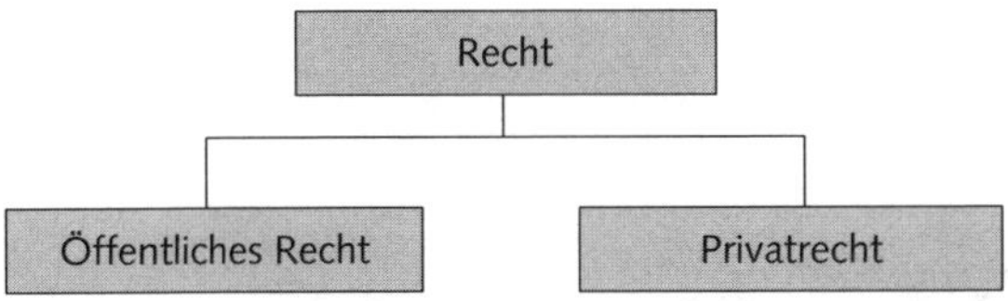

Abb. 1: Rechtssystematik

4 Das *Öffentliche Recht* umfasst die Regelungen, die auf das Verhältnis der einzelnen Personen zum Staat (Bund, Länder, Gemeinden) als Hoheitsträger sowie auf die Organisation dieser Hoheitsträger und ihr Verhältnis untereinander ausgerichtet sind. Die staatlichen Hoheitsträger handeln in Ausführung der ihnen übertragenen Aufgaben. Zum Öffentlichen Recht zählen unter anderem das Staatsrecht, das Verwaltungsrecht und das Strafrecht.

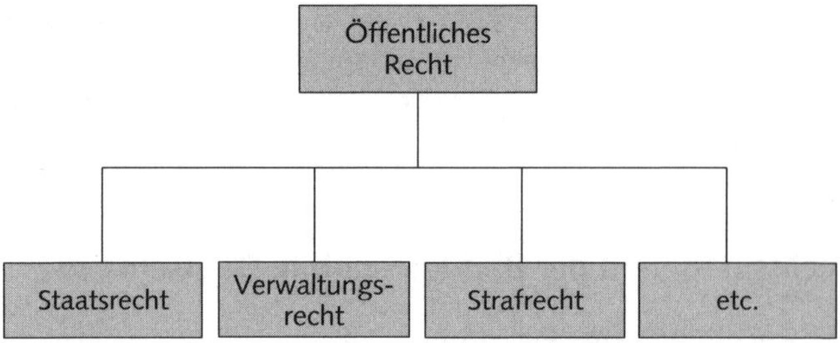

Abb. 2: Öffentliches Recht

5 Das *Privatrecht* (Zivilrecht) beinhaltet jene Regelungen, die sich auf das Verhältnis der einzelnen Personen zueinander auf Grundlage von rechtlicher Gleichordnung und Privatautonomie beziehen. Der Kernbereich des Privatrechts ist das bürgerliche Recht. Es hat als das für jedermann geltende allgemeine Privatrecht die Aufgabe, Interessenkonflikte zwischen rechtlich gleichgeordneten Personen möglichst sachgerecht zu lösen. Zum Privatrecht zählen weitere Sonderprivatrechte, die für bestimmte Personengruppen oder Sachgebiete eigene Vorschriften enthalten (etwa das Arbeitsrecht oder das Handelsrecht).

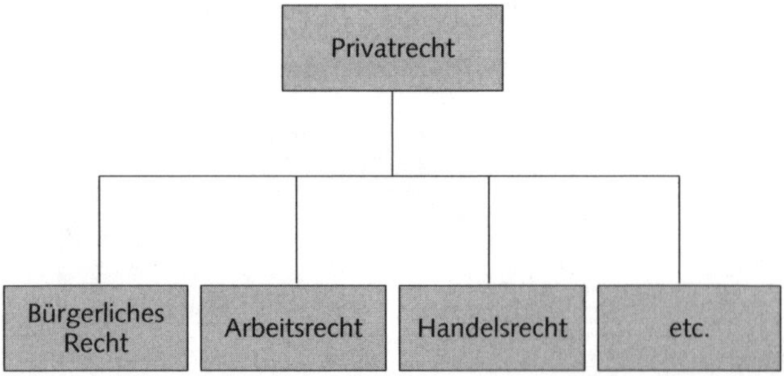

Abb. 3: Privatrecht

Ob ein konkretes Rechtsverhältnis dem Öffentlichen Recht oder dem Privatrecht zuzuordnen ist, ist nicht immer eindeutig. Zur Abgrenzung wurden verschiedene Ansätze entwickelt. Die zwischenzeitlich vorherrschende Meinung geht dann von einem öffentlich-rechtlichen Rechtsverhältnis aus, wenn zumindest eine Person auf Grundlage von Befugnissen handelt, die ihr als Träger öffentlicher Gewalt durch besondere Rechtsvorschriften übertragen worden sind. 6

Aus der Unterscheidung Öffentliches Recht und Privatrecht ergibt sich, welche Rechtsnormen zur Anwendung kommen und welche Gerichte im Falle einer gerichtlichen Auseinandersetzung zuständig sind. 7

So ist etwa ein Vertrag mit einem privaten Unternehmen über Leistungen im Rettungsdienst dem Öffentlichen Recht zuzuordnen, weil es nicht nur um die Nachfrage nach am Markt vorhandenen Leistungen, sondern um die Erfüllung einer öffentlichen Aufgabe geht. Gegen Entscheidungen der jeweiligen öffentlichen Stelle ist der Verwaltungsrechtsweg gegeben. 8
- VG Frankfurt/Main, Beschl. v. 4.11.2011, Az. 5 L 2864/11, juris

Auch die Erteilung einer Genehmigung an ein privates Unternehmen zur Erbringung von Leistungen im Rettungsdienst ist dem Öffentlichen Recht zuzuordnen. Die zuständige Behörde entscheidet über die Genehmigung durch Verwaltungsakt. Gegen Entscheidungen der Behörde ist der Verwaltungsrechtsweg gegeben.
- VGH Baden-Württemberg, VRS 104, 382: Versagung der Genehmigung
- OVG Münster, MedR 2007, 424: Versagung der Genehmigung
- zum Genehmigungsverfahren vgl. Lissel, in: Ratzel/Luxenburger, § 39 Rn. 22–31

Hingegen ist das Arbeitsverhältnis zwischen dem privaten Unternehmen und den bei diesem Unternehmen beschäftigen Personen dem Privatrecht zuzuordnen. Ansprüche aus diesem Arbeitsverhältnis sind beim zuständigen Arbeitsgericht geltend zu machen. 9
- BAG, NZA 2006, 324: Nachtzuschlag (Rettungsassistent)
- BAG, NZA 2007, 1069: Einsatzzuschlag (Notarzt)
- BAG, NZA 2011, 1412: Kündigung (Rettungsassistent)
- BAG, ArztR 2013, 217: Bereitschaftsdienst (Rettungssanitäter)

Die *medizinische Behandlung* kann nicht generell dem Öffentlichen Recht oder dem Privatrecht zugeordnet werden. Während etwa einer ambulanten oder stationären Behandlung eines Privat- oder Kassenpatienten regelmäßig ein privatrechtlicher Behandlungsvertrag zugrunde liegt, 10
- BGH, NJW 2005, 1071

ist die Behandlung eines Patienten in der geschlossenen Abteilung eines psychischen Landeskrankenhauses selbst dann öffentlich-rechtlicher Natur, wenn sie im Einverständnis des Patienten und nicht aufgrund einer hoheitlichen Unterbringung erfolgt.
– BGH, NJW 2008, 1444

11 Auch die Zuordnung der *Tätigkeit im Rettungsdienst* kann nicht einheitlich beantwortet werden. In Bundesländern, in denen die Feuerwehr den Rettungsdienst mit eigenem Personal durchführt, ist von einer öffentlich-rechtlichen Tätigkeit auszugehen.
– Lippert, VersR 2004, 839 ff.

Auch in den anderen Bundesländern wird ganz überwiegend von einer Zuordnung zum Öffentlichen Recht ausgegangen.
– BGH, NJW 1991, 2954; OLG Hamm, GesR 2006, 273: Nordrhein-Westfalen
– BGH, NJW 2003, 1184; BGH, NJW 2005, 429: Bayern
– BGH, VersR 2011, 90: Hessen
– OLG Zweibrücken, OLGR 2001, 288: Rheinland-Pfalz
– OLG Schleswig, OLGR 2007, 17: Schleswig-Holstein
– LG Neubrandenburg, MedR 2005, 283: Mecklenburg-Vorpommern

Hingegen wird in Baden-Württemberg von einer Zuordnung zum Privatrecht ausgegangen.
– OLG Stuttgart, NJW 2004, 2987: Baden-Württemberg

Im Ergebnis ist die Tätigkeit im Rettungsdienst dann als öffentlich-rechtlich anzusehen, wenn der Rettungsdienst im betroffenen Bundesland öffentlich-rechtlich organisiert ist. Ist der Rettungsdienst privatrechtlich organisiert, ist auch die Tätigkeit im Rettungsdienst als privatrechtlich zu qualifizieren.

12 Der *Leitende Notarzt* wird im Rahmen seiner Aufgabenstellung öffentlich-rechtlich tätig (vgl. Ziff. VIII.2 RDP Baden-Württemberg).

13 Auch die Tätigkeit als *Disponent der Rettungsleitstelle* ist dem Öffentlichen Recht zuzuordnen.
– BGH, MedR 2008, 211: Baden-Württemberg
– OLG Zweibrücken, OLGR 2001, 288: Rheinland-Pfalz

3. Rechtsquellen und Normenhierarchie

14 Die einzelnen Rechtnormen ergeben sich aus verschiedenen Rechtsquellen. Diese befinden sich keineswegs immer auf derselben Rangstufe, sondern sind ihrerseits über- oder untergeordnet, um eine *widerspruchsfreie Rechts-*

ordnung zu ermöglichen (Normenhierarchie). Dabei darf das untergeordnete Recht dem übergeordneten Recht nicht widersprechen. Für das Recht der Europäischen Union, das sich in das primäre Unionsrecht (Verträge, Charta der Grundrechte, allgemeine Rechtsgrundsätze) und das sekundäre Unionsrecht (im Wesentlichen Verordnungen, Richtlinien und Beschlüsse) aufteilt, besteht ein Anwendungsvorrang.

– ausführlich hierzu Lissel, in: Ratzel/Luxenburger, § 3 Rn. 15–24

Die ranghöchste Rechtsquelle ist das Grundgesetz. Unterhalb des Grundgesetzes sind die einzelnen Gesetze angesiedelt. Diese werden im einem förmlichen Gesetzgebungsverfahren durch die Gesetzgebungsorgane des Bundes (Bundestag, Bundesrat) oder der Länder (Länderparlamente) erlassen. Die durch Exekutivorgane (Bundesregierung, Landesregierungen) aufgrund einer gesetzlichen Ermächtigung erlassenen Verordnungen stehen unterhalb der Gesetze, gehen ihrerseits jedoch autonomen Satzungen (Berufsordnungen) von Selbstverwaltungskörperschaften (Gemeinden, berufsständische Kammern) vor. 15

Abb. 4: Normenhierarchie

Ohne gesetzliche Ermächtigung dürfen Exekutivorgane keine Verordnungen erlassen. Aus diesem Grund findet sich etwa in § 11 NotSanG eine entsprechende Bestimmung, wonach das Bundesministerium für Gesundheit ermächtigt wird, durch Rechtsverordnung in einer Ausbildungs- und Prüfungsverordnung die Mindestanforderungen an die Ausbildung und das Nähere über die staatliche Prüfung und Ergänzungsprüfung zu regeln. 16

Aus der bundesstaatlichen Rangordnung ergibt sich, dass Bundesrecht Landesrecht bricht (Art. 31 GG) und staatliches Recht dem autonomen Recht vorgeht. Das autonome Recht regelt die Angelegenheiten der Selbstverwal- 17 tungskörperschaften in jeweils eigener Verantwortung im Rahmen der bestehenden Gesetze.

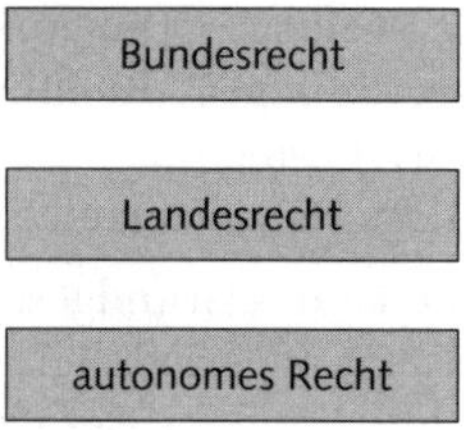

Abb. 5: Bundesstaatliche Rangordnung

18 Die von medizinischen Fachgesellschaften, Verbänden und Vereinigungen (etwa die Deutsche Gesellschaft für Anästhesiologie und Intensivmedizin e.V. oder die Deutsche Interdisziplinäre Vereinigung für Intensiv- und Notfallmedizin) oder berufsständischen Kammern (etwa die Bundesärztekammer oder die Landesärztekammern) erlassenen *Richtlinien, Leitlinien, Stellungnahmen und Empfehlungen* entfalten in der Regel keine rechtliche Verbindlichkeit.

- BGH, GesR 2008, 361: Leitlinien von ärztlichen Fachgremien und Verbänden
- OLG Naumburg, MedR 2002, 471: Leitlinien der Arbeitsgemeinschaft der Wissenschaftlichen Medizinischen Fachgesellschaften e.V.
- OLG Hamm, VersR 2002, 857: Richtlinien medizinischer Fachgesellschaften
- OLG Köln, GesR 2013, 532: Nationale Versorgungsleitlinien

Ausnahmen bestehen unter anderem für Richtlinien des Gemeinsamen Bundesausschusses über die ärztliche Versorgung von Kassenpatienten (§ 92 SGB V)

- BGH, GesR 2008, 361
- KG, NJW 2004, 691

sowie im Anwendungsbereich des Transfusions- und Transplantationsgesetzes. Nach diesen Gesetzen stellt die Bundesärztekammer in Richtlinien den allgemein anerkannten Stand der medizinischen Wissenschaft und Technik fest. Im Bezug auf spezielle medizinische Maßnahmen schreiben die einzelnen Berufsordnungen den Ärzten vor, die Empfehlungen der jeweiligen Landesärztekammer zu beachten (vgl. § 13 Musterberufsordnung für Ärzte (MBO) in Verbindung mit der Berufsordnung der jeweiligen Landesärztekammer).

II. Gesetzgebung des Bundes und der Länder

Ob eine Materie vom Bund oder von den Ländern geregelt wird, ergibt sich aus dem Grundgesetz. Ausgangspunkt ist Art. 70 GG. Hiernach haben die Länder das Recht der Gesetzgebung, soweit das Grundgesetz nicht dem Bund Gesetzgebungsbefugnisse verleiht. Dabei bemisst sich die Abgrenzung der Zuständigkeit zwischen Bund und Ländern nach den Vorschriften des Grundgesetzes über die ausschließliche und die konkurrierende Gesetzgebung. 19

In der *ausschließlichen Gesetzgebung* des Bundes haben die Länder die Befugnis zur Gesetzgebung nur, wenn und soweit sie hierzu in einem Bundesgesetz ausdrücklich ermächtigt werden (Art. 71 GG). In der *konkurrierenden Gesetzgebung* des Bundes haben die Länder die Befugnis zur Gesetzgebung, solange und soweit der Bund von seiner Zuständigkeit nicht Gebrauch gemacht hat (Art. 72 GG). 20

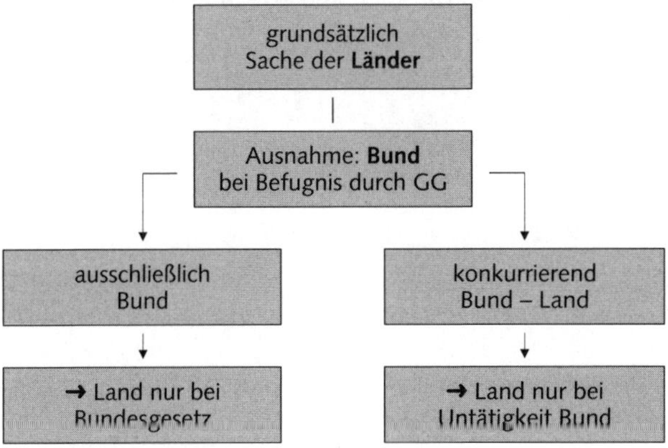

Abb. 6: Gesetzgebungskompetenz

Nach Art. 73 GG besteht für zahlreiche Materien die ausschließliche Gesetzgebung des Bundes. Für das Rettungswesen ist die konkurrierende Gesetzgebung nach Art. 74 GG von größerer Bedeutung. So erstreckt sich die konkurrierende Gesetzgebung gemäß Art. 74 Abs. 1 Nr. 19 GG unter anderem auf Maßnahmen gegen übertragbare Krankheiten, auf das Recht der Arzneien, der Medizinprodukte, der Betäubungsmittel und der Zulassung zu ärztlichen und anderen Heilberufen. 21

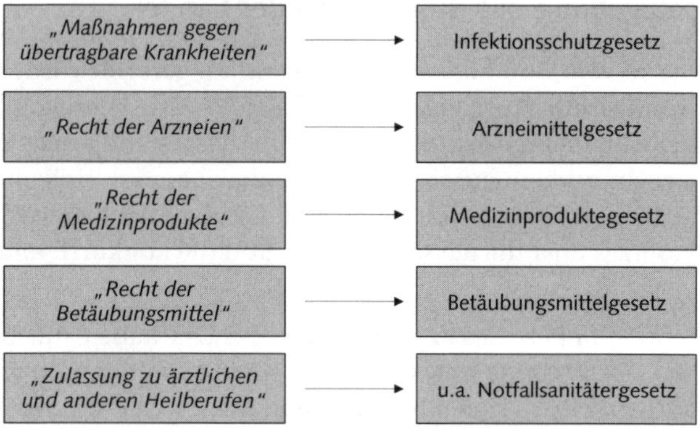

Abb. 7: konkurrierende Gesetzgebung im Rettungswesen

22 Besteht keine Gesetzgebungskompetenz des Bundes, ist die Gesetzgebung Sache der Länder, im vorliegenden Kontext insbesondere im Bereich des Rettungsdienstrechts.

2. Kapitel
Rettungsdienstrecht

Literatur: Arbeitsgemeinschaft Medizinrecht, Medizinrecht heute: Erfahrungen, Analysen, Entwicklungen, 2008; Bundesärztekammer, Stellungnahme zur Notkompetenz von Rettungsassistenten und zur Delegation ärztlicher Leistungen im Rettungsdienst, MedR 1993, 42; Bundesärztekammer, Medikamente, deren Applikation im Rahmen der Notkompetenz durchgeführt werden kann, www.bundesaerztekammer.de; Frahm, Die Zulässigkeit der Delegation ärztlicher Leistungen auf nichtärztliches Personal, VersR 2009, 1576 ff.; Hellhammer-Hawig, Leitlinien bei sog. Notkompetenzmaßnahmen im Rettungsdienst, MedR 2007, 214 ff.; Heuchemer/Bolsinger, Medikamentengabe durch Rettungsassistenten, MedR 2009, 524 ff.; Kurtenbach/Gorgaß/Raps, Rettungsassistentengesetz, 2. Auflage 1997; Lippert, Rechtsprobleme bei der Durchführung von Notarzt- und Rettungsdienst, NJW 1982, 2089 ff.; Lippert, Die Defibrillation – delegierte ärztliche Aufgabe oder eine eigene Aufgabe des Rettungsassistenten?, MedR 1995, 235 ff.; Lippert, Rettungsassistentengesetz, 2. Auflage 1999; Lippert, Der Notfallsanitäter – nur der Rettungsassistent in einem anderen Kleid?, Notfall Rettungsmed 2013, 216 ff.; Lippert, Gesetzliche Änderungen im Rettungswesen durch das Notfallsanitäter- und das Patientenrechtegesetz, GesR 2013, 583 ff.; Lippert/Gliwitzky, Das Gesetz über den Beruf des Notfallsanitäters, Notfall Rettungsmed 2013, 590 ff.; Lissel, Behandlungsfehler und Vertrauensgrundsatz im Rahmen der Arbeitsteilung, Notfall Rettungsmed 2003, 410 ff.; Lissel, Berufsrechtliche Folgen eines strafbaren Verhaltens, Notfall Rettungsmed 2006, 451 f.; Lissel/Gepart, Die gesetzlichen Grundlagen von Beruf, Tätigkeit und Ausbildung der Sanitäter in Österreich, Notfall Rettungsmed 2004, 349 ff.; Lubrich, Das neue Notfallsanitätergesetz: Mehr Rechtssicherheit für Rettungsfachpersonal?, MedR 2013, 221 ff.; Oehler/Schulz/Schnelzer, Rettungsdienst in Bayern, 2. Auflage, 3. Lieferung 2011; Neupert, Die konkurrierende Gesetzgebung im Gesundheitswesen am Beispiel der „Regelkompetenz" von Rettungsassistenten, MedR 2004, 134 ff.; Neupert, Medikamentengabe durch Rettungsassistenten?, MedR 2009, 649 ff.; Peter, Arbeitsteilung im Krankenhaus aus rechtlicher Sicht, 1992; Ratzel, Begrenzung der Delegation ärztlicher Leistungen an Nichtärzte durch Berufs- und Haftungsrecht de lege lata und de lege ferenda, ZMGR 2008, 186 ff.; Spickhoff/Seibl, Haftungsrechtliche Aspekte der Delegation ärztlicher Leistungen an nichtärztliches Personal, MedR 2008, 463 ff.; Tachezy, Mutmaßliche Einwilligung und Notkompetenz in der präklinischen Notfallmedizin, 2009; Teichner/Schröder, Haftungsfragen im Zusammenhang mit der außerklinischen Notfallbehandlung am Beispiel des „Bereitschaftsdienstarztes", GesR 2013, 577 ff.; Winter, Das neue Bayerische Rettungsdienstgesetz, Bayerisches Ärzteblatt 2008, 610 f.

Fall 1
Nach Bestehen der staatlichen Prüfung beantragt ein Bewerber die Erlaubnis zur Führung der Berufsbezeichnung „Rettungsassistent". Er ist in der Vergangenheit mehrmals strafrechtlich in Erscheinung getreten, unter anderem wegen Fahrens ohne Führerschein, Urkundenfälschung und Betrug. Die zuständige Behörde lehnt seinen Antrag ab. Zu Recht (VG Mainz, GesR 2005, 281)?

Fall 2
Notarzt und Rettungswagen fahren getrennt zu einer als „bewusstlos" gemeldeten Person. Auf dem Weg zum Einsatzort teilt die Leitstelle dem Notarzt mit, dass der Rettungswagen bereits eingetroffen sei und ihn „abbestellt" habe, weil der Patient nicht bewusstlos, sondern nur alkoholisiert sei und nunmehr in das Krankenhaus gebracht werde. Der Notarzt will den Patienten jedoch selbst untersuchen und erteilt der Besatzung des Rettungswagens die Weisung, auf ihn zu warten. Ist das Eintreffen des Notarztes abzuwarten (VG Frankfurt/Main, Urt. v. 11.6.2002, Az. 21 BG 2131/01, juris)?

I. Aufgaben und Struktur des Rettungsdienstes

23 Die Organisation und Durchführung des Rettungsdienstes wird durch die einzelnen Bundesländer geregelt. Diese haben die Aufgabe, den Rettungsdienst unter Wahrung der medizinischen Erfordernisse zu sozial tragbaren Benutzungsentgelten flächendeckend und bedarfsgerecht sicherzustellen. Hierfür wurden entsprechende Rettungsdienstgesetze erlassen, die sich vor allem mit Fragen der Aufgabe, Trägerschaft und Durchführung sowie Organisation und Einrichtungen des Rettungsdienstes sowie den Pflichten des Unternehmers und der Finanzierung des Rettungsdienstes beschäftigen (*Baden-Württemberg:* Gesetz über den Rettungsdienst (RDG Baden-Württemberg) vom 8.2.2010, GBl. 2010, S. 285; *Bayern:* Bayerisches Rettungsdienstgesetz (BayRDG) vom 22.7.2008, GVBl. 2008, S. 429; *Berlin:* Gesetz über den Rettungsdienst für das Land Berlin (RDG Berlin) vom 8.7.1993, GVBl. 1993, S. 313; *Brandenburg:* Gesetz über den Rettungsdienst im Land Brandenburg (BbgRettG) vom 14.7.2008, GVBl. II 2008, S. 186; *Bremen:* Bremisches Hilfeleistungsgesetz (BremHilfeG) vom 19.3.2009, BremGBl. 2009, S. 105; *Hamburg*: Hamburgisches Rettungsdienstgesetz (HmbRDG) vom 9.6.1992, HmbGVBl. 1992, S. 117, *Hessen*: Hessisches Rettungsdienstgesetz (HRDG) vom 16.12.2010, GVBl. I 2010, S. 646; *Mecklenburg-Vorpommern:* Gesetz über den Rettungsdienst für das Land Mecklenburg-Vorpommern (RDG M-V) vom 1.7.1993, GVOBl. M-V 1993, S. 623; *Niedersachsen:* Niedersächsisches Rettungsdienstgesetz (NRettDG) vom 2.10.2007, Nds. GVBl.

2007, S. 473; *Nordrhein-Westfalen:* Gesetz über den Rettungsdienst sowie die Notfallrettung und den Krankentransport durch Unternehmer in Nordrhein-Westfalen (RettG NRW) vom 24.11.1992, GV.NRW 1992, S. 458; *Rheinland-Pfalz:* Landesgesetz über den Rettungsdienst sowie den Notfall- und Krankentransport in Rheinland-Pfalz (RettDG Rheinland-Pfalz) vom 22.4.1991, GVBl. 1991, S. 217; *Saarland:* Saarländisches Rettungsdienstgesetz (SRettG) vom 13.1.2004, Amtsbl. 2004, S. 170; *Sachsen:* Sächsisches Gesetz über den Brandschutz, Rettungsdienst und Katastrophenschutz (SächsBRKG) vom 24.6.2004, SächsGVBl. 2004, S. 245; *Sachsen-Anhalt:* Rettungsdienstgesetz Sachsen-Anhalt (RettDG LSA) vom 18.12.2012, GVBl. LSA 2012, S. 624; *Schleswig-Holstein:* Gesetz über die Notfallrettung und den Krankentransport in Schleswig-Holstein (RDG Schleswig-Holstein) vom 29.11.1991, GVOBl. 1991, S. 579; *Thüringen:* Thüringer Rettungsdienstgesetz (ThürRettG) vom 16.7.2008, GVBl. 2008, S. 233; jeweils in der geltenden Fassung).

24 Verstöße gegen einzelne Vorschriften der Rettungsgesetze können als Ordnungswidrigkeiten geahndet werden (vgl. § 33 RDG Baden-Württemberg, Art. 54 BayRDG, § 22 RDG Berlin, § 21 BbgRettG, § 60 BremHilfeG, § 26 HmbRDG, § 22 HRDG, § 28 RDG M-V, § 31 NRettDG, § 28 RettG NRW, § 30 RettDG Rheinland-Pfalz, § 23 SRettG, § 73 SächsBRKG, § 48 RettDG LSA, § 22 RDG Schleswig-Holstein, § 33 ThürRettG).

1. Rettungsdienst

25 Der Rettungsdienst dient der Sicherstellung der flächendeckenden, bedarfs- und fachgerechten Versorgung der Bevölkerung mit Leistungen der Notfallrettung und des Krankentransportes (§ 1 RDG Baden-Württemberg, § 1 RDG Berlin, § 2 BbgRettG, § 1 BremHilfeG, § 1 HRDG, § 1 RDG M-V, § 2 NRettDG, § 6 RettG NRW, § 2 RettDG Rheinland-Pfalz, § 2 SRettG, § 2 SächsBRKG, § 6 RDG Schleswig-Holstein).

26 Träger des Rettungsdienstes für den jeweiligen Rettungsdienstbereich sind überwiegend die Kreise und kreisfreien Städte/Gemeinden oder ein Verbund mehrerer Gebietskörperschaften (Art. 4 BayRDG, § 6 BbgRettG, § 25 BremHilfeG, § 5 HRDG, § 6 RDG M-V, § 3 NRettDG, § 6 RettG NRW, § 3 RettDG Rheinland-Pfalz, § 5 SRettG, §§ 3, 25 SächsBRKG, § 4 RettDG LSA, § 6 RDG Schleswig-Holstein, § 5 ThürRettG). Für einzelne Bundesländer bestehen Sonderregelungen.

27 Die Träger des Rettungsdienstes können die Durchführung des Rettungsdienstes nach überwiegender rechtlicher Ausgestaltung an Dritte (zum Beispiel Feuerwehren, Hilfsorganisationen oder private Unternehmen) übertragen (Art. 13 BayRDG, § 10 BbgRettG, § 8 HmbRDG, § 5 HRDG, § 6 RDG M-V, § 13 RettG NRW, § 5 RettDG Rheinland-Pfalz, § 8 SRettG, § 31 SächsBRKG, § 6 RDG Schleswig-Holstein, § 6 ThürRettG).

28 Die *Notfallrettung* hat die Aufgabe, mit dem vom Träger bereitgestellten Personal, den Fahrzeugen und Geräten Notfallpatienten am Notfallort nach notfallmedizinischen Grundsätzen bedarfsgerecht zu versorgen (Einleiten von Maßnahmen zur Erhaltung des Lebens oder zur Vermeidung gesundheitlicher Schäden), sie transportfähig zu machen und sie unter fachgerechter Betreuung während des Transportes in eine für die weitere Versorgung geeignete Einrichtung zu befördern (§ 1 RDG Baden-Württemberg, Art. 2 BayRDG, § 2 RDG Berlin, § 3 BbgRettG, § 24 BremHilfeG, § 3 HmbRDG, § 3 HRDG, § 2 RDG M-V, § 2 NRettDG, § 2 RettG NRW, § 2 RettDG Rheinland-Pfalz, § 2 SRettG, § 2 SächsBRKG, § 2 RettDG LSA, § 1 RDG Schleswig-Holstein, § 3 ThürRettG).

Notfallpatienten sind Kranke oder Verletzte, die sich in Lebensgefahr befinden oder bei denen schwere gesundheitliche Schäden zu befürchten sind, wenn sie nicht unverzüglich medizinische Hilfe erhalten (§ 1 RDG Baden-Württemberg, Art. 2 BayRDG, § 2 RDG Berlin, § 3 BbgRettG, § 24 BremHilfeG, § 2 HmbRDG, § 3 HRDG, § 2 RettG NRW, § 2 SRettG, § 2 SächsBRKG, § 2 RettDG LSA, § 3 ThürRettG). Die Notfallrettung umfasst ferner die Beförderung von Notfallpatienten zu weiterführenden diagnostischen Einrichtungen und geeigneten Behandlungseinrichtungen unter intensivmedizinischen Bedingungen sowie die Bewältigung von Notfallereignissen unterhalb der Katastrophenschwelle mit einer größeren Anzahl von Verletzten oder Kranken (§ 3 HmbRDG, § 2 RDG M-V, § 2 RettG NRW, § 2 RettDG Rheinland-Pfalz, § 2 SRettG).

29 Gegenstand des *Krankentransportes* ist es, anderen Kranken, Verletzten oder sonst Hilfebedürftigen nötigenfalls Erste Hilfe zu leisten und sie unter fachgerechter Betreuung zu befördern (§ 1 RDG Baden-Württemberg, Art. 2 BayRDG, § 2 RDG Berlin, § 3 BbgRettG, § 24 BremHilfeG, § 3 HmbRDG, § 3 HRDG, § 2 RDG M-V, § 2 NRettDG, § 2 RettG NRW, § 2 RettDG Rheinland-Pfalz, § 2 SRettG, § 2 SächsBRKG, § 2 RettDG LSA, § 1 RDG Schleswig-Holstein, § 3 ThürRettG).

30 Nicht zum Rettungsdienst gehört die Beförderung von kranken oder behinderten Personen, die nach ärztlicher Beurteilung während der Beförderung keiner medizinisch-fachlichen Betreuung bedürfen (§ 1 RDG Baden-Württemberg, § 1 BbgRettG, § 24 BremHilfeG, § 2 RDG M-V, § 1 NRettDG, § 1

RettG NRW, § 1 RettDG Rheinland-Pfalz, § 1 SRettG, § 1 SächsBRKG, § 1 RettDG LSA, § 1 RDG Schleswig-Holstein, § 2 ThürRettG).

2. Notarztdienst

Der Notarztdienst hat die Aufgabe, Notfallpatienten im Zusammenwirken mit Personal, Fahrzeugen und Geräten des Rettungsdienstes durch notfallmedizinisch ausgebildete Ärzte ärztliche Hilfe am Notfallort und auf dem Transport zukommen zu lassen (§ 7 RDG Berlin, § 3 HRDG, § 4 RDG M-V). Die notärztliche Versorgung ist als eigenständige rettungsdienstliche Aufgabe innerhalb der Notfallversorgung in die rettungsdienstliche Infrastruktur eingebunden. **31**

– BGH, NJW 1993, 1526

Trägerschaft und Organisation des Notarztdienstes sind in den einzelnen Bundesländern unterschiedlich ausgestaltet. Die Träger des Rettungsdienstes, teilweise auch die Kassenärztlichen Vereinigungen oder Krankenkassen und ihre Verbände sind verpflichtet, die notärztliche Versorgung im Rettungsdienst sicherzustellen (vgl. § 10 RDG Baden-Württemberg, Art. 14 BayRDG, § 28 SächsBRKG, § 23 RettDG LSA, § 7 ThürRettG). **32**

Die notärztliche Versorgung wird von den an der kassenärztlichen Versorgung teilnehmenden Ärzten erbracht. Die Träger der Krankenhäuser sind im Rahmen ihrer Leistungsfähigkeit verpflichtet, geeignete Ärzte zur Verfügung zu stellen (§ 10 RDG Baden-Württemberg, § 11 RettG NRW, § 23 RettDG Rheinland-Pfalz, § 23 RettDG LSA). Auch niedergelassene oder andere Ärzte können gegebenenfalls am Notarztdienst teilnehmen (§ 10 RDG Baden-Württemberg, § 23 RettDG Rheinland-Pfalz). **33**

II. Organisation

1. Einrichtungen

Innerhalb eines Rettungsdienstbereiches wird die Einsatzleitung durch die *Rettungsleitstelle* wahrgenommen (§ 6 RDG Baden-Württemberg, Art. 9 BayRDG, § 8 RDG Berlin, §§ 3, 9 BbgRettG, § 2 BremHilfeG, § 6 HRDG, § 8 RDG M-V, § 6 NRettDG, § 8 RettG NRW, § 7 RettDG Rheinland-Pfalz, § 7 SRettG, §§ 2, 11 SächsBRKG, § 14 ThürRettG). Die Rettungsleitstelle ist ständig betriebsbereit und mit den notwendigen Kommunikationseinrichtungen und geeignetem Personal ausgestattet (§ 6 RDG Baden-Württemberg, § 2 BremHilfeG, § 8 RettG NRW, § 7 RettDG Rheinland-Pfalz, § 9 RettDG **34**

LSA). Sie wird durch nichtärztliches Personal besetzt, welches nach überwiegender rechtlicher Ausgestaltung zumindest die Qualifikation zum Rettungsassistenten besitzen muss (vgl. § 8 RettG NRW, § 7 SRettG, § 7 RDG Schleswig-Holstein, § 14 ThürRettG).

35 Die *Rettungswache* hält die erforderlichen Rettungsmittel und das notwendige Personal einsatzbereit (§ 7 RDG Baden-Württemberg, Art. 7 BayRDG, § 3 BbgRettG, § 3 HRDG, § 9 RDG M-V, § 8 NRettDG, § 9 RettG NRW, § 8 RettDG Rheinland-Pfalz, § 6 SRettG, § 2 SächsBRKG, § 15 ThürRettG). Anzahl, Standort und technische Ausstattung der Rettungswachen unterliegen spezifischen Voraussetzungen. Die Rettungswache ist der Leitstelle funktionell unterstellt.

– OVG Münster, DÖV 2011, 352

2. Rettungsmittel

36 Für die Notfallrettung und den Krankentransport sind als *Rettungsfahrzeuge* Krankenkraftwagen und Notarzteinsatzfahrzeuge einzusetzen (§ 8 RDG Baden-Württemberg, Art. 2 BayRDG, § 30 BremHilfeG, § 20 HmbRDG, § 3 RDG M-V, § 9 NRettDG, § 3 RettG NRW, § 21 RettDG Rheinland-Pfalz, § 3 SRettG, § 29 SächsBRKG, § 2 RDG Schleswig-Holstein, § 16 ThürRettG). *Krankenkraftwagen* sind Fahrzeuge, die für Notfallrettung (Notarztwagen, Rettungswagen) oder Krankentransport (Krankentransportwagen) besonders eingerichtet und nach dem Fahrzeugschein als Krankenkraftwagen anerkannt sind. *Notarzteinsatzfahrzeuge* sind Fahrzeuge mit spezieller Ausstattung zum Transport des Notarztes und der medizinisch-technischen Ausstattung an den Einsatzort. Rettungsfahrzeuge müssen in ihrer Ausstattung, Ausrüstung und Wartung den allgemein anerkannten Regeln von Notfallmedizin und Technik entsprechen (§ 8 RDG Baden-Württemberg, Art. 41 BayRDG, § 9 RDG Berlin, § 20 HmbRDG, § 3 RDG M-V, § 3 RettG NRW, § 21 RettDG Rheinland-Pfalz, § 3 SRettG, § 27 SächsBRKG, § 16 ThürRettG).

37 Die Krankenkraftwagen sind mit *mindestens zwei* fachlich und gesundheitlich geeigneten *Personen* zu besetzen. Beim *Krankentransport* hat mindestens ein Rettungssanitäter, teilweise auch mindestens ein Rettungsassistent, bei der *Notfallrettung* mindestens ein Rettungsassistent den Patienten zu betreuen (vgl. § 9 RDG Baden-Württemberg, Art. 43 BayRDG, § 9 RDG Berlin, § 30 BremHilfeG, § 21 HmbRDG, § 4 RDG M-V, § 10 NRettDG, § 4 RettG NRW, § 22 RettDG Rheinland-Pfalz, § 4 SRettG, § 3 RDG Schleswig-Holstein). *Notarzteinsatzfahrzeuge* sind mit einem Notarzt und in der Regel

mit einem Rettungsassistenten zu besetzen (§ 9 RDG Baden-Württemberg, § 30 BremHilfeG, § 4 RDG M-V, § 4 RettG NRW, § 4 SRettG).

3. Einsatzsysteme

Im bodengebundenen Notarztdienst ist zwischen zwei Einsatzsystemen zu unterscheiden. Im Stationssystem (Kompaktsystem) fahren Notarzt und Rettungsfachpersonal gemeinsam im Notarztwagen zum Einsatzort. Beim Rendezvous-System erfolgt eine getrennte Anfahrt durch Rettungswagen und Notarzteinsatzfahrzeug. Während der Notarzt im Stationssystem den Patienten in jedem Fall in eine geeignete Einrichtung zur Weiterversorgung begleitet, kann er sich im Rendezvous-System für den Fall, dass eine medizinische Notwendigkeit hierfür nicht besteht, nach der Erstversorgung des Patienten bereits wieder einsatzbereit melden. 38

III. Personal

1. Ärztliches Personal

Als *Notärzte* sind nur speziell für den Rettungsdienst ausgebildete Ärzte einzusetzen. Diese müssen nach den Rettungsdienstgesetzen über die Zusatzbezeichnung „Notfallmedizin“, den Fachkundenachweis „Rettungsdienst“ oder über eine sonst vergleichbare Qualifikation verfügen (Art. 43 BayRDG, § 30 BremHilfeG, § 21 HmbRDG, § 4 RDG M-V, § 4 RettG NRW, § 22 RettDG Rheinland-Pfalz, § 4 SRettG, § 28 SächsBRKG, § 3 RDG Schleswig-Holstein). 39

Die Träger des Rettungsdienstes haben für ihren Rettungsdienstbereich *Leitende Notärzte* zu bestellen. Aufbauend auf die Anforderungen eines Notarztes müssen Leitende Notärzte über den Fachkundenachweis „Leitender Notarzt“ oder eine gleichwertige Qualifikation sowie über entsprechende organisatorische und einsatztaktische Kenntnisse verfügen (§ 36 BremHilfeG, § 9 HmbRDG, § 7 HRDG, § 9 RDG M-V). 40

Die Träger des Rettungsdienstes haben für ihren Rettungsdienstbereich einen *Ärztlichen Leiter* zu bestellen. Dieser muss aufbauend auf die Anforderungen eines Notarztes den Fachkundenachweis „Leitender Notarzt“ beziehungsweise den Fachkundenachweis „Ärztlicher Leiter Rettungsdienst“ oder eine gleichwertige Qualifikation besitzen (Art. 10 BayRDG, § 15 BbgRettG, § 31 BremHilfeG, § 9 RDG M-V, § 10 RettDG Rheinland-Pfalz, § 21 a SRettG, § 28 SächsBRKG, § 10 RettDG LSA). 41

2. Nichtärztliches Rettungsfachpersonal

42 Nach jahrelangen Reformbemühungen wurde am 1.1.2014 mit dem *Notfallsanitäter* ein neues Berufsbild geschaffen. Die berufsrechtliche Verankerung erfolgte im Gesetz über den Beruf der Notfallsanitäterin und des Notfallsanitäters (Notfallsanitätergesetz – NotSanG) vom 22.5.2013 (BGBl. I 2013, S. 1348), die Anforderungen an die Ausbildung ergeben sich aus der Ausbildungs- und Prüfungsverordnung für Notfallsanitäterinnen und Notfallsanitäter (NotSan-APrV) vom 16.12.2013 (BGBl. I 2013, S. 4280).

43 Die Ausbildung dauert in Vollzeitform drei Jahre, in Teilzeitform höchstens fünf Jahre. Sie besteht aus theoretischem und praktischem Unterricht an staatlich anerkannten Schulen und einer praktischen Ausbildung an genehmigten Lehrrettungswachen und geeigneten Krankenhäusern. Die Ausbildung schließt mit einer staatlichen Prüfung ab (§ 5 NotSanG).

44 Die Erlaubnis zum Führen der Berufsbezeichnung ist gemäß § 2 NotSanG auf Antrag zu erteilen, wenn die antragstellende Person die Ausbildungszeit abgeleistet und die staatliche Prüfung bestanden hat. Darüber hinaus darf sich der Antragsteller nicht eines Verhaltens schuldig gemacht haben, aus dem sich die Unzuverlässigkeit zur Ausübung des Berufs ergibt, in gesundheitlicher Hinsicht zur Ausübung des Berufs nicht ungeeignet sein und über die für die Ausübung der Berufstätigkeit erforderlichen Kenntnisse der deutschen Sprache verfügen (vgl. Rn. 48 zur vergleichbaren Ausgestaltung bei Rettungsassistenten).

45 Eine andere erfolgreich abgeschlossene Ausbildung oder erfolgreich abgeschlossene Teile einer Ausbildung kann die zuständige Behörde auf Antrag im Umfang einer Gleichwertigkeit auf die Dauer einer Ausbildung anrechnen (§ 9 NotSanG). Rettungsassistenten mit einer mindestens fünfjährigen Tätigkeit erhalten nach Bestehen einer staatlichen Ergänzungsprüfung die Erlaubnis, die Berufsbezeichnung Notfallsanitäter zu führen (§ 32 NotSanG). Wird die fünfjährige Tätigkeit nicht erreicht, ist zur Vorbereitung auf die Ergänzungsprüfung bei mindestens dreijähriger Tätigkeit eine weitere Ausbildung von 480 Stunden, bei einer geringeren als einer dreijährigen Tätigkeit eine weitere Ausbildung von 960 Stunden zu absolvieren. Freilich wurde die Gefahr einer so genannten „Kettenanerkennung" durch diese Übergangsvorschriften nur abgemildert. So kann ein Rettungssanitäter, der in der Vergangenheit durch die Übergangsregelung des § 13 RettAssG die Erlaubnis zum Führen der Berufsbezeichnung „Rettungsassistent" erhalten hatte (vgl. Rn. 49), bei mindestens fünfjähriger Tätigkeit als Rettungsassistent und Bestehen der Ergänzungsprüfung die Erlaubnis zum Führen der Berufsbezeichnung Notfallsanitäter erlangen, obwohl er in der

Vergangenheit lediglich 160 Stunden theoretischen und praktischen Unterricht im Rahmen des 520-Stunden-Programms (vgl. Rn. 50) absolvieren musste.
– Vgl. Lubrich, MedR 2013, 221 ff.

Das Berufsbild des *Rettungsassistenten* existiert bereits seit 1989. Die be- 46
rufsrechtliche Verankerung erfolgte im Gesetz über den Beruf der Rettungsassistentin und des Rettungsassistenten (Rettungsassistentengesetz – RettAssG) vom 10.7.1989 (BGBl. I 1989, S. 1384). Die Anforderungen an die Ausbildung ergeben sich aus der Ausbildungs- und Prüfungsverordnung für Rettungsassistentinnen und Rettungsassistenten (RettAssAPrV) vom 7.11.1989 (BGBl. I 1989, S. 1966). Durch die Einführung des Notfallsanitäters und einer Übergangsphase von einem Jahr wird das Rettungsassistentengesetz am 31.12.2014 außer Kraft treten (Art. 5 des Gesetzes vom 22.5.2013 über den Beruf der Notfallsanitäterin und des Notfallsanitäters sowie zur Änderung weiterer Vorschriften, BGBl. I 2013, S. 1348), ebenso die Ausbildungs- und Prüfungsverordnung für Rettungsassistentinnen und Rettungsassistenten (§ 26 NotSan-APrV). Personen, die eine Erlaubnis zum Führen der Berufsbezeichnung nach dem Rettungsassistentengesetz besitzen, dürfen die Berufsbezeichnung aber auch nach dessen Außerkrafttreten weiter führen (§ 30 NotSanG).

Rettungsassistenten durchlaufen nach den Bestimmungen des RettAssG ei- 47
ne zweijährige, mindestens 2.800 Stunden umfassende Ausbildung. Der Lehrgang im ersten Ausbildungsjahr besteht aus mindestens 1.200 Stunden theoretischer und praktischer Ausbildung und dauert, sofern er in Vollzeit durchgeführt wird, 12 Monate. Er wird von staatlich anerkannten Schulen für Rettungsassistenten durchgeführt und schließt mit der staatlichen Prüfung ab (§ 4 RettAssG). Die praktische Tätigkeit im zweiten Ausbildungsjahr umfasst mindestens 1.600 Stunden und dauert, sofern sie in Vollzeit durchgeführt wird, 12 Monate (§ 7 RettAssG). Die Voraussetzungen müssen kumulativ erfüllt sein; es genügt nicht, die Mindeststundenzahl in einer kürzeren Zeit zu erfüllen.
– OVG Münster, Beschl. v. 5.7.2013, Az. 13 E 588/13, juris

Andererseits kann die praktische Tätigkeit auch nicht über einen Zeitraum von 14 Jahren ausgedehnt werden, weil dann eine Verknüpfung des theoretischen Wissens mit der praktischen Ausbildung nicht mehr erreicht werden kann.
– VG Gießen, Urt. v. 6.6.2013, Az. 8 K 1154/12.GI, juris (n.rkr.)

Die praktische Tätigkeit ist nach bestandener staatlicher Prüfung in einer von der zuständigen Behörde zur Annahme von Praktikanten ermächtigten Einrichtung des Rettungsdienstes abzuleisten (§ 7 RettAssG).

48 Die Erlaubnis zum Führen der Berufsbezeichnung „Rettungsassistent" ist gemäß § 2 RettAssG auf Antrag zu erteilen, wenn der Antragsteller an einem entsprechenden Lehrgang teilgenommen und die staatliche Prüfung bestanden sowie die praktische Tätigkeit erfolgreich abgeleistet hat. Darüber hinaus darf sich der Antragsteller nicht eines Verhaltens schuldig gemacht haben, aus dem sich die Unzuverlässigkeit zur Ausübung des Berufs ergibt,

- OVG Lüneburg, MedR 2009, 659
- VG Mainz, GesR 2005, 281
- OVG Münster, Beschl. v. 29.6.2009, Az. 13 A 596/09, juris (Widerruf der Erlaubnis)
- VG Gießen, Urt. v. 5.9.2013, Az. 8 K 2795/12.GI, juris

in gesundheitlicher Hinsicht zur Ausübung des Berufs nicht ungeeignet sein

- VG Augsburg, Urt. v. 6.9.2004, Az. Au 7 K 04.671, juris

und über die für die Ausübung der Berufstätigkeit erforderlichen Kenntnisse der deutschen Sprache verfügen.

In **Fall 1** bleibt die Klage des Bewerbers gegen die Entscheidung der Behörde ohne Erfolg. Nach Ansicht des Verwaltungsgerichts bietet der Bewerber aufgrund seiner Gesamtpersönlichkeit keine Gewähr dafür, dass er den Beruf des Rettungsassistenten ordnungsgemäß ausüben wird. Die Vielzahl der begangenen Straftaten zeigen schwere charakterliche Mängel des Bewerbers. Dieser ist damit als unzuverlässig im Sinne des § 2 RettAssG anzusehen (VG Mainz, GesR 2005, 281, mit Anmerkung Lissel, Notfall Rettungsmed 2006, 451 f.).

49 Eine außerhalb des Geltungsbereiches des RettAssG erworbene abgeschlossene Ausbildung oder eine andere Ausbildung oder praktische Tätigkeit kann auf Antrag anerkannt beziehungsweise im Umfang ihrer Gleichwertigkeit angerechnet werden (§§ 2, 8 RettAssG). Im Hinblick auf die praktische Tätigkeit ist für einen Rettungssanitäter der überwiegende Einsatz auf Rettungs- und Notarztwagen entscheidend.

- BVerwG, NVwZ 2009, 375

Im Rahmen der Übergangsvorschrift des § 13 RettAssG erhalten Rettungssanitäter, die vor Inkrafttreten des RettAssG eine Ausbildung als Rettungssanitäter im Rahmen des 520-Stunden-Programms (vgl. Rn. 50) erfolgreich abgeschlossen oder mit einer solchen Ausbildung begonnen und diese nach Inkrafttreten des RettAssG erfolgreich abgeschlossen haben, eine Erlaubnis zum Führen der Berufsbezeichnung, wenn sie eine mindestens 2.000 Stunden umfassende Tätigkeit im Rettungsdienst abgeleistet haben und nicht unzuverlässig oder in gesundheitlicher Hinsicht zur Ausübung des Berufs ungeeignet sind.

Die Ausbildung und Prüfung von *Rettungssanitätern* erfolgt nach den Grundsätzen des 520-Stunden-Programms des Bund-Länder-Ausschusses „Rettungswesen" vom 20. September 1977. Hiernach sind mindestens 160 Stunden theoretischer und praktischer Unterricht an einer Rettungsschule, 160 Stunden klinisch-praktische Ausbildung an einem geeigneten Krankenhaus, 160 Stunden praktische Ausbildung an einer ermächtigten Lehrrettungswache sowie 40 Stunden Abschlusslehrgang an einer staatlich anerkannten Ausbildungsstätte mit staatlicher Abschlussprüfung zu absolvieren. Die einzelnen Bundesländer haben hierzu entsprechende Ausbildungs- und Prüfungsverordnungen erlassen (vgl. etwa für *Hamburg:* Hamburgische Ausbildungs- und Prüfungsordnung für Rettungssanitäter, GVBl. 2008, S. 54; *Mecklenburg-Vorpommern:* Verordnung über die Ausbildung und Prüfung von Rettungssanitätern, GVBl. 1996, S. 53; *Niedersachsen:* Verordnung über die Ausbildung und Prüfung für Rettungssanitäter, GVBl. 1993, S. 591; *Nordrhein-Westfalen:* Ausbildungs- und Prüfungsverordnung für Rettungssanitäter und Rettungshelfer, GVBl. 2009, S. 573). 50

Auch für *Rettungshelfer* wurden entsprechende Ausbildungs- und Prüfungsverordnungen erlassen (vgl. etwa für *Nordrhein-Westfalen:* Ausbildungs- und Prüfungsverordnung für Rettungssanitäter und Rettungshelfer, GVBl. 2009, S. 573). 51

3. Fortbildungspflicht

Das Rettungsfachpersonal ist zur laufenden Fortbildung verpflichtet (Art. 44 BayRDG, § 5 RettG NRW, § 22 RettDG Rheinland-Pfalz). Diese Pflicht trifft auch denjenigen, der das Personal einsetzt (Art. 44 BayRDG, § 32 BremHilfeG, § 5 RDG M-V, § 10 NRettDG, § 4 SRettG, § 4 RDG Schleswig-Holstein). Die Fortbildung muss die jeweils aktuellen medizinischen, organisatorischen und technischen Anforderungen vermitteln. 52

IV. Aufgabenverteilung

1. Rettungsleitstelle

53 Die Rettungsleitstelle nimmt eingehende Notfallmeldungen und sonstige Hilfeersuchen entgegen und sorgt für die notwendigen Einsatzmaßnahmen (§ 2 BremHilfeG, § 6 HRDG, § 6 NRettDG, § 7 RettDG Rheinland-Pfalz; § 9 RettDG LSA). Sie koordiniert, lenkt und überwacht den gesamten Ablauf der einzelnen Rettungseinsätze (§ 6 RDG Baden-Württemberg, Art. 9 BayRDG, § 8 RDG Berlin, § 3 BbgRettG, § 8 RDG M-V, § 9 RettG NRW, § 7 SRettG, § 14 ThürRettG). Hierbei arbeitet sie mit den Krankenhäusern, dem vertragsärztlichen Notfalldienst, der Polizei, der Feuerwehr sowie sonstigen in der Notfallrettung und im Krankentransport Tätigen zusammen und wirkt im Katastrophenschutz mit (§ 6 RDG Baden-Württemberg, § 3 BbgRettG, § 8 RettG NRW, § 7 RettDG Rheinland-Pfalz, § 11 SächsBRKG).

54 Die Rettungsleitstelle hat zur Durchführung ihrer Aufgaben Weisungsbefugnis gegenüber den im Rettungsdienst tätigen Personen.
– Vgl. LG Görlitz, MedR 2005, 172

Ausgenommen hiervon sind medizinische Entscheidungen des Notarztes (§ 2 BremHilfeG, § 6 NRettDG, § 7 RettDG Rheinland-Pfalz, § 9 RettDG LSA).

2. Ärztlicher Leiter

55 Der Aufgabenbereich des Ärztlichen Leiters umfasst nach überwiegender Ausgestaltung die Unterstützung und Beratung des Trägers des Rettungsdienstes und ist unter anderem für die fachliche Anleitung und Kontrolle der notfallmedizinischen Betreuung sowie für die Gewährleistung der notfallmedizinischen Aus- und Fortbildung des Personals verantwortlich (vgl. Art. 11 BayRDG, § 15 BbgRettG, §§ 31 bis 33 BremHilfeG, § 9 RDG M-V, § 10 NRettDG, § 10 RettDG Rheinland-Pfalz, § 21 a SRettG, § 28 SächsBRKG, § 10 RettDG LSA).

56 Der Ärztliche Leiter hat zur Erfüllung seiner Aufgaben Weisungsbefugnis gegenüber den im Rettungsdienst tätigen Personen (Art. 12 BayRDG, § 9 RDG M-V).

3. Leitender Notarzt

57 Der Leitende Notarzt hat die Aufgabe, die ärztliche Versorgung bei Schadensereignissen mit einer Vielzahl von Verletzten oder Erkrankten zu koor-

dinieren und zu überwachen (vgl. § 10 RDG Baden-Württemberg, Art. 19 BayRDG, § 36 BremHilfeG, § 9 HmbRDG, § 7 HRDG, § 9 RDG M-V, § 7 NRettDG, § 7 RettG NRW, § 35 SächsBRKG, § 17 ThürRettG).

Zur Erfüllung seiner Aufgaben hat der Leitende Notarzt Weisungsbefugnis gegenüber Ärzten und medizinischem Hilfspersonal (Art. 19 BayRDG, § 36 BremHilfeG, § 9 HmbRDG, § 7 HRDG, § 9 RDG M-V, § 7 NRettDG, § 7 RettG NRW, § 17 ThürRettG). **58**

4. Notarzt

Der Notarzt ist im medizinischen Bereich der für die Durchführung der diagnostischen und therapeutischen Maßnahmen Verantwortliche. Seine Aufgaben bestehen in der Lagebeurteilung, in der Anordnung und Durchführung ärztlicher und nichtärztlicher Maßnahmen zur Herstellung und Aufrechterhaltung der Transportfähigkeit des Patienten, in der Anordnung des Transports in eine geeignete Einrichtung und, sofern medizinisch erforderlich, in der Transportbegleitung. **59**

– Vgl. Oehler/Schulz/Schnelzer, Art. 14 Rn. 3 ff.

Der Notarzt hat in medizinischen Fragen Weisungsbefugnis gegenüber den im Rettungsdienst tätigen Personen (Art. 14 BayRDG, § 30 BremHilfeG, § 4 RettG NRW, § 4 SRettG). **60**

In **Fall 2** hat die Besatzung des Rettungswagens das Eintreffen des Notarztes abzuwarten. Das Rettungsfachpersonal führt seine Tätigkeiten nach den Anweisungen des Notarztes durch. Im Übrigen gehört die Beförderung von Personen, die nach ärztlicher Beurteilung während der Beförderung keiner medizinisch-fachlicher Betreuung bedürfen, nicht zum Rettungsdienst. Mithin lag die Entscheidung, ob überhaupt eine Aufgabe des Rettungsdienstes vorlag, beim Notarzt. Ein eigenmächtiger Transport durch das Rettungsfachpersonal wäre rechtswidrig (VG Frankfurt/Main, Urt. v. 11.6.2002, Az. 21 BG 2131/01, juris).

5. Notfallsanitäter

Die Aufgaben des Notfallsanitäters lassen sich nach § 4 NotSanG in eigenverantwortliche Aufgaben und Aufgaben der Mitwirkung unterscheiden. Zu den eigenverantwortlichen Aufgaben gehören unter anderem die Einleitung notwendiger Maßnahmen am Einsatzort zur Gefahrenabwehr, die Beurteilung des Gesundheitszustandes des Patienten, die Entscheidung über die Nachforderung eines Notarztes, weiteren Personals oder weiterer Ret- **61** tungsmittel, die Durchführung medizinischer Maßnahmen der Erstversorgung bei Patienten im Notfalleinsatz (hierunter gehören auch invasive Maßnahmen, um einer Verschlechterung der Situation der Patienten bis zum Eintreffen des Notarztes oder dem Beginn einer weiteren ärztlichen Versorgung vorzubeugen, wenn ein lebensgefährlicher Zustand vorliegt oder wesentliche Folgeschäden zu erwarten sind), das Herstellen und Sichern der Transportfähigkeit der Patienten, das Auswählen des geeigneten Transportziels sowie das Überwachen des medizinischen Zustands der Patienten und seiner Entwicklung während des Transports. Im Hinblick auf die Möglichkeit der Ergreifung medizinischer Maßnahmen wurde im Laufe des Gesetzgebungsverfahrens die Einführung einer weiteren Bestimmung gefordert, in der die Befugnis zur Ausübung der Heilkunde (und damit eine Ausnahme vom Heilpraktikergesetz) gefordert wurde (vgl. Beschlussempfehlung und Bericht des Gesundheitsausschusses vom 27.2.2013, Bundestags-Drucksache 17/12524). Dieser Antrag wurde abgelehnt.

62 Im Rahmen der Mitwirkung hat der Notfallsanitäter bei der ärztlichen Notfall- und Akutversorgung von Patienten zu assistieren sowie ärztlich veranlasste Maßnahmen wie auch heilkundliche Maßnahmen, die vom Ärztlichen Leiter Rettungsdienst oder anderen entsprechend verantwortlichen Ärzten bei bestimmten notfallmedizinischen Zustandsbildern und -situationen standardmäßig vorgegeben, überprüft und verantwortet werden, eigenständig durchzuführen. Dabei darf der letzte Punkt nicht missverstanden werden: Das eigenständige Durchführen von Maßnahmen führt nicht zu einem dem Arzt gleichgestellten Aufgabenbereich. Vielmehr ist das eigenständige Durchführen von heilkundlichen Maßnahmen nur im Rahmen standardmäßig vorgegebener Behandlungsmuster möglich. Dementsprechend ist die Aufgabe auch im Katalog der Aufgaben im Rahmen der Mitwirkung enthalten.

6. Rettungsassistent

63 Der Rettungsassistent hat dem Arzt (nunmehr auch dem Notfallsanitäter) zu assistieren sowie bis zur Übernahme der Behandlung durch den Arzt lebensrettende Maßnahmen bei Notfallpatienten durchzuführen, die Transportfähigkeit solcher Patienten herzustellen, die lebenswichtigen Körperfunktionen während des Transports zum Krankenhaus zu beobachten und aufrechtzuerhalten sowie kranke, verletzte oder sonstige hilfsbedürftige Personen, auch soweit sie nicht Notfallpatienten sind, unter sachgerechter Betreuung zu befördern (vgl. § 3 RettAssG).

7. Rettungssanitäter, Rettungshelfer

Der Rettungssanitäter (und hiervon abgeleitet der Rettungshelfer) hat die Aufgabe, den Notarzt sowie den Notfallsanitäter und Rettungsassistenten in der Notfallrettung bei der Durchführung von lebensrettenden Sofortmaßnahmen und der Herstellung der Transportfähigkeit der Notfallpatienten zu unterstützen, insbesondere bis zur Übernahme der Behandlung durch einen Notarzt oder bis zum Tätigwerden eines Notfallsanitäters oder Rettungsassistenten selbständig Herz-Lungen-Wiederbelebungsmaßnahmen und Maßnahmen zur Aufrechterhaltung der lebenswichtigen Funktionen durchzuführen sowie beim Krankentransport eine fachgerechte Betreuung zu gewährleisten (vgl. § 1 der Hamburgischen Ausbildungs- und Prüfungsordnung für Rettungssanitäter, GVBl. 2008, S. 54). **64**

V. Arbeitsteiliges Handeln

Wie auch in anderen Bereichen der Medizin ist auch innerhalb des Rettungswesens eine Behandlung des Patienten ohne arbeitsteilige Zusammenarbeit der am Einsatz beteiligten Personen nicht denkbar. Dies betrifft insbesondere die Zusammenarbeit zwischen Notarzt und nichtärztlichem Rettungsfachpersonal, aber auch andere Konstellationen, etwa die Zusammenarbeit mit dem vertragsärztlichen Notfalldienst oder die Zusammenarbeit mit dem Personal der den Patienten aufnehmenden Einrichtung. **65**

Im Rahmen des arbeitsteiligen Handelns in der Medizin ist zwischen der horizontalen und der vertikalen Arbeitsteilung zu unterscheiden. **66**

1. Horizontale Arbeitsteilung

Die horizontale Arbeitsteilung betrifft das *Verhältnis zwischen gleichrangigen Personen* unterschiedlicher medizinischer Fachgebiete. Diese Personen gelten untereinander als gleichberechtigt, es besteht kein Weisungsrecht. Als klassischer Fall gilt dabei die intraoperative Arbeitsteilung zwischen Chirurg und Anästhesist. **67**

- BGH, NJW 1999, 1779
- OLG Naumburg, VersR 2005, 1401

Eine Abgrenzung der Aufgabenbereiche erfolgt hierbei durch die Zuordnung zu den jeweiligen Fachgebieten.

Eine Begrenzung der Verantwortungsbereiche der Personen wird durch den in der Medizin anerkannten *Vertrauensgrundsatz* vorgenommen. Hiernach **68** kann sich ein Beteiligter bei der Behandlung von Patienten grundsätzlich auf die sorgfältige und fehlerfreie Mitwirkung der anderen Beteiligten verlassen. Eine gegenseitige Überwachungspflicht besteht nicht.

- OLG Naumburg, VersR 2005, 1401

Allerdings scheint die Beschränkung auf unterschiedliche Fachgebiete nicht immer zwingend. Arbeiten fachlich gleichrangige Personen gleicher Fachrichtung zusammen (etwa zwei Notfallsanitäter ohne Beteiligung des Notarztes), ist der Vertrauensgrundsatz bei voneinander eindeutig abgrenzbaren Aufgaben ebenfalls zu bejahen. Eine andere Sichtweise liefe dem Sinn der Arbeitsteilung zuwider.

69 Der Vertrauensgrundsatz gilt auch bei konsiliarärztlicher Tätigkeit. So kann ein Arzt, der einen anderen Arzt zur Vornahme einer bestimmten Leistung konsiliarisch hinzuzieht, in der Regel darauf vertrauen, dass die durch den Konsiliararzt erhobenen Befunde richtig sind. Der Konsiliararzt darf seinerseits darauf vertrauen, dass der überweisende Arzt den Patienten in seinem Verantwortungsbereich sorgfältig untersucht und behandelt hat und die Indikation zu der erbetenen Leistung zutreffend gestellt ist.

- BGH, NJW 1994, 797
- OLG Oldenburg, VersR 1999, 452
- OLG Jena, VersR 2008, 401

70 Haben die jeweiligen Beteiligten jedoch aufgrund bestimmter Anhaltspunkte Zweifel an der Richtigkeit der ihnen übermittelten Daten oder bestehen Anhaltspunkte für ein fehlerhaftes Vorgehen der anderen, müssen sie diesen Zweifeln nachgehen.

- BGH, NJW 1991, 1539
- BGH, NJW 1994, 797
- OLG Hamm, MedR 2005, 471
- OLG Jena, VersR 2008, 401

71 Hingegen hat bei der bloßen zeitlichen Nachfolge (auch bei Ärzten gleichen Fachgebiets) der nachfolgende Arzt die Diagnose und Therapiewahl eigenverantwortlich zu überprüfen. Darauf kann nur dann verzichtet werden, wenn Diagnoseeingriffe den Patienten erheblich belasten und zuverlässige Aufzeichnungen über frühere Untersuchungen vorliegen.

- OLG Naumburg, VersR 1998, 983
- KG, GesR 2004, 136

Dies gilt aber nicht, wenn der nachfolgende Arzt erkennt oder erkennen muss, dass ernsthafte Zweifel an den erhobenen Befunden bestehen, insbe-

sondere, wenn diese im Hinblick auf den bisherigen Krankheitsverlauf lückenhaft sind oder gar nicht zum Krankheitsbild passen.
– OLG Naumburg, VersR 1998, 983

Damit hat etwa im Fall der Übergabe des Patienten vom Hausarzt an den Notarzt letzterer zwar Diagnose und Therapiewahl eigenverantwortlich zu überprüfen, kann jedoch in der Regel auf die bereits durchgeführte Anamnese und Untersuchung des Patienten durch den Hausarzt zurückgreifen.

2. Vertikale Arbeitsteilung

Die vertikale Arbeitsteilung betrifft das *Verhältnis zu nachgeordneten Personen*. Zwischen den beteiligten Personen besteht ein hierarchisches Verhältnis der Über- und Unterordnung, im Rettungswesen etwa zwischen Ärzten und nichtärztlichem Rettungsfachpersonal oder zwischen Notfallsanitäter und Rettungsassistenten. In diesem Zusammenhang spielen die Bereiche *Delegation und Weisung von Maßnahmen* eine wichtige Rolle. Das übergeordnete Personal kann Maßnahmen an nachgeordnetes Personal delegieren beziehungsweise Weisungen erteilen. **72**

Im Rahmen der Delegation werden Maßnahmen zur selbständigen Durchführung an nachgeordnetes Personal übertragen. **73**

In medizinischen Fragen besteht ein Weisungsrecht des Arztes gegenüber dem nachgeordneten Personal (für Notärzte vgl. bereits Rn. 60). **74**

Rechtlich ist unumstritten, inwieweit und unter welchen Voraussetzungen insbesondere *ärztliche Aufgaben* zur Durchführung an nichtärztliches Personal übertragen werden dürfen. Dabei ist zunächst zu beachten, dass nicht alle Maßnahmen *übertragungsfähig* sind. Erfordert die Durchführung einer Maßnahme spezifische ärztliche Kenntnisse oder Fähigkeiten, bleibt deren Vornahme dem Arzt vorbehalten. Eine Übertragung ist in diesen Fällen ausgeschlossen. Hierzu gehören sämtliche diagnostische und therapeutische Entscheidungen, ebenso die Aufklärung des Patienten. **75**
– OLG Jena, GesR 2005, 556
– OLG Brandenburg, Urt. v. 27.3. 2008, Az. 12 U 239/06, juris

Hingegen können Untersuchungen und Therapiemaßnahmen grundsätzlich übertragen werden, wenn diese keine spezifischen ärztlichen Fähigkeiten voraussetzen und der Patient hierdurch nicht zusätzlich gefährdet wird. Ist letzteres der Fall, muss der Arzt die Maßnahme selbst durchführen.
– BGH, NJW 1984, 655

76 Das übergeordnete Personal, das Maßnahmen zur Durchführung überträgt, ist zudem zur sorgfältigen Auswahl, Instruktion und Überwachung der Delegations- beziehungsweise Weisungsempfänger verpflichtet.

77 Im Rahmen der *Auswahl* des nachgeordneten Personals muss sich das übergeordnete Personal von der fachlichen und persönlichen Qualifikation des jeweiligen Übertragungsempfängers überzeugen. Während bei der fachlichen Qualifikation insbesondere auf die jeweilige Ausbildung abzustellen ist, ist im Rahmen der persönlichen Qualifikation die Erfahrung und Zuverlässigkeit der betreffenden Person entscheidend. Bei Maßnahmen, die Bestandteil der jeweiligen Ausbildungsprogramme sind, kann das übergeordnete Personal von der fachlichen Qualifikation der Übertragungsempfänger ausgehen, solange diese sich nicht gegenteilig bemerkbar machen.

78 Im Rahmen der *Instruktion* sind Verhaltensregeln für das nachgeordnete Personal festzulegen. Die Unterweisung muss unmissverständlich sein und umfasst nicht nur die Delegation beziehungsweise Weisung einer Maßnahme, sondern auch deren Vorbereitung, Assistenz und Nachbereitung.

79 Die Intensität der *Überwachung* hängt von der Qualifikation und Erfahrung des jeweiligen Übertragungsempfängers ab. Einer lückenlosen Überwachung bedarf es grundsätzlich nicht,

– OLG Stuttgart, MedR 1983, 152

jedoch ist selbst bei erfahrenen Übertragungsempfängern zumindest eine stichprobenhafte Überwachung erforderlich.

– OLG Karlsruhe, OLGR 2006, 617

Zeigt die Ausführung der Maßnahme Mängel auf, besteht die Pflicht des übergeordneten Personals, unverzüglich einzuschreiten und die Maßnahmen zu korrigieren beziehungsweise selbst durchzuführen.

80 Bei der vertikalen Arbeitsteilung gilt der *Vertrauensgrundsatz nur eingeschränkt*. Der Delegations- beziehungsweise Weisungsempfänger kann angesichts der Fachkompetenz des übergeordneten Personals grundsätzlich darauf vertrauen, dass die Anordnungen indiziert und korrekt sind. Eine besondere Pflicht zur Nachprüfung besteht nicht. Anderes gilt nur dann, wenn das nachrangige Personal die betreffende Maßnahme selbst für offensichtlich unrichtig hält. Hier besteht eine Pflicht zur Remonstration.

– OLG Köln, VersR 1993, 1157
– OLG Zweibrücken, VersR 1997, 833
– OLG Brandenburg, GesR 2011, 469

Hält das übergeordnete Personal trotz geäußerter Zweifel an der Richtigkeit der Maßnahme fest, ist die Maßnahme auszuführen, sofern sich keine konkreten Anhaltspunkte für ein sorgfaltswidriges Verhalten ergeben.
– OLG Zweibrücken, OLGR 2001, 315

Im umgekehrten Falle kommt der Vertrauensgrundsatz hingegen nur dann zur Anwendung, wenn das nachrangige Personal Maßnahmen im eigenen originären Aufgabenbereich vornimmt. Dies sind Maßnahmen, die vom Ausbildungsprogramm der jeweiligen Berufsgruppe umfasst sind und deren sichere Anwendung aufgrund ständiger Übung angenommen werden kann. Ist dies nicht der Fall, bestehen besondere Überwachungspflichten gegenüber dem nachrangigen Personal.

Die Verantwortung für die richtige Auswahl, Instruktion und Überwachung **81**
trägt das übergeordnete Personal,
– OLG Zweibrücken, MedR 1989, 96

die Verantwortung für eine sorgfaltsgemäße Durchführung trägt der Delegations- beziehungsweise Weisungsempfänger.

Zusammenfassende Übersicht (vereinfacht): **82**

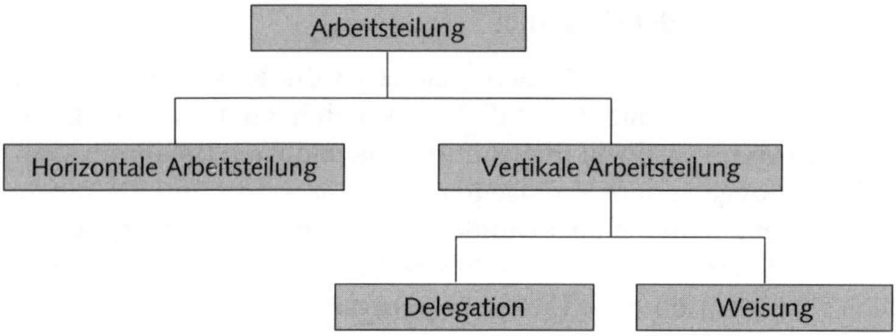

Abb. 8: Horizontale und vertikale Arbeitsteilung

VI. Selbständige Tätigkeit des nichtärztlichen Personals im Rahmen der Notkompetenz

1. Arztvorbehalt

Das nichtärztliche Rettungsfachpersonal ist zur selbständigen Ausübung **83**
ärztlicher Tätigkeiten nicht befugt. Dies ergibt sich aus dem *Arztvorbehalt für die Ausübung der Heilkunde* nach § 1 Heilpraktikergesetz.

- A.A. ArbG Koblenz, MedR 2009, 542, vgl. hierzu Heuchemer/Bolsinger, MedR 2009, 524 ff., Neupert, MedR 2009, 649 ff.

Hieran hat sich auch durch die Einführung des NotSanG nichts geändert. Der Gesetzgeber hat ausdrücklich davon abgesehen, eine Ausnahme vom Heilpraktikergesetz zu schaffen (vgl. bereits Rn. 61).

84 In der Praxis kann es dennoch Situationen geben, in denen die erforderliche *(not-)ärztliche Hilfe nicht (rechtzeitig) zur Verfügung* steht. In diesen Situationen hat das dazu entsprechend qualifizierte nichtärztliche Rettungsfachpersonal die Aufgabe, im Rahmen der so genannten *Notkompetenz* lebensrettende Maßnahmen vorzunehmen, die ansonsten dem Arzt vorbehalten sind. Das bloße Zuwarten auf das Eintreffen des Arztes ist in diesen Fällen unzureichend.

85 Dies gilt auch für den Fall, dass der Arzt den Patienten am Einsatzort erstversorgt, den Transport jedoch nicht selbst begleitet. Das nichtärztliche Rettungsfachpersonal hat auf Zustandsveränderungen des Patienten entsprechend zu reagieren. Etwaige erteilte gegenteilige Weisungen des Arztes sind in diesen Fällen unbeachtlich.

2. Rechtfertigender Notstand

86 Gesetzliche Grundlage der Notkompetenz ist die Regelung des *rechtfertigenden Notstandes* gemäß § 34 StGB. Hiernach handelt nicht rechtswidrig, wer in einer gegenwärtigen, nicht anders abwendbaren Gefahr für Leib oder Leben (und einige andere Rechtsgüter) eine Tat begeht, um die Gefahr von sich oder einem anderen abzuwenden, sofern bei einer Abwägung der widerstreitenden Interessen das geschützte Interesse das beeinträchtigte wesentlich überwiegt und die Tat ein angemessenes Mittel ist, die Gefahr abzuwenden. Sind diese Voraussetzungen gegeben, ist das nichtärztliche Rettungsfachpersonal berechtigt, gegen den Arztvorbehalt zur Ausübung der Heilkunde zu verstoßen.

87 § 34 StGB setzt eine Notstandslage sowie eine geeignete, erforderliche und angemessene Notstandshandlung voraus. Eine *Notstandslage* besteht in einer gegenwärtigen Gefahr für Leib oder Leben, die sich nicht anders als durch die Verletzung anderer Interessen abwenden lässt. Eine Gefahr für Leib oder Leben liegt dann vor, wenn ein Schadenseintritt nach den konkreten Umständen naheliegt beziehungsweise wahrscheinlich ist. Dies umfasst auch die Gefahr einer Steigerung oder auch nur die Gefahr eines Fortbestehens eines bereits eingetretenen Schadens, etwa einer Gesundheitsbeeinträchtigung. Irrelevant ist nach ganz überwiegender Ansicht die Gefahr auslösende Ursache als solche, so dass auch dann von einer entsprechenden Gefahr zu sprechen ist, wenn der Patient die Gefahrenlage, zum Beispiel als Verursacher eines Unfalls im Straßenverkehr oder als Suizident, selbst verschuldet hat. Gegenwärtig ist eine Gefahr dann, wenn bei natürlicher Weiterentwicklung der Dinge der Eintritt oder die Intensivierung eines Schadens sicher oder höchstwahrscheinlich ist, falls nicht unverzüglich Abwehrmaßnahmen ergriffen werden.

Die *Notstandshandlung* muss zur Abwendung einer Gefahr für Leib oder **88**
Leben des Patienten geeignet, erforderlich und angemessen sein. Für die Eignung zur Gefahrenabwehr ist nicht erforderlich, dass die Notstandshandlung die Gefahrenlage sicher oder mit Wahrscheinlichkeit beseitigt. Es reicht aus, dass die erfolgreiche Abwendung des drohenden Schadens nicht ganz unwahrscheinlich ist.

- OLG Karlsruhe, NJW 2004, 3645

Sind mehrere Handlungsweisen geeignet, ist darauf abzustellen, mit welcher Handlung der Erfolg am sichersten zu erwarten ist. Bei mehreren Möglichkeiten mit gleichen Erfolgschancen ist die für den Patienten relativ mildeste Behandlung zu wählen. Ärztliche Maßnahmen sind nur dann durchzuführen, wenn sämtliche nichtärztliche Maßnahmen die Gefahr nicht abwenden können. Das nichtärztliche Rettungsfachpersonal muss zur Durchführung der jeweiligen Maßnahme theoretisch und praktisch ausgebildet sein und diese durch ausreichende Übung sicher beherrschen. Dazu gehört auch, dass auf mögliche Komplikationen entsprechend reagiert werden kann.

3. Stellungnahme und Empfehlung der Bundesärztekammer

Eine *gesetzliche Regelung* zum Umfang der Maßnahmen im Rahmen der **89**
Notkompetenz im Rettungswesen und einer entsprechenden Ausbildung des nichtärztlichen Personals fehlt.

- zur Rechtslage in Österreich vgl. Lissel/Gepart, Notfall Rettungsmed 2004, 349 ff.

Allerdings hat die Bundesärztekammer im Jahre 1992 eine *Stellungnahme* **90**
zur Notkompetenz von Rettungsassistenten und zur Delegation ärztlicher Leistungen im Rettungsdienst veröffentlicht und später um eine Empfehlung zu ausgewählten Notfallmedikamenten ergänzt. Stellungnahmen und Empfehlungen schaffen zwar keine rechtliche Verbindlichkeit (vgl. bereits Rn. 18), sie bilden aber einen Beurteilungsmaßstab für die rechtliche Über-

prüfung eines Verhaltens. Die Stellungnahme hat *folgenden Wortlaut* (MedR 1993, 42):

91 „Der Rettungsassistent hat, wie jeder Bürger, der Pflicht zur Hilfeleistung nach § 323c StGB zu genügen. Darüber hinaus hat er in seiner Rettungsdiensttätigkeit eine Garantenstellung, da er sich beruflich dem Rettungsdienst widmet und somit höhere Ansprüche an die Fähigkeit zur Hilfeleistung gegen sich gelten lassen muss. Trotz einer flächendeckenden notärztlichen Versorgung sind im Einzelfall für den Rettungsassistenten Situationen denkbar, in denen er nach eigener Entscheidung, ohne ärztliche Delegation und Weisung und damit in voller eigener Verantwortung überbrückende Maßnahmen zur Lebenserhaltung und Abwendung schwerer gesundheitlicher Störungen durchführen muss, die ihrer Art nach ärztliche Maßnahmen sind (Notkompetenz). Für den objektiv gegebenen Verstoß gegen den Arztvorbehalt zur Ausübung der Heilkunde kann der Rettungsassistent in dieser Situation den rechtfertigenden Notstand in Anspruch nehmen.

Ein Handeln unter Berufung auf die Notkompetenz setzt voraus, dass
- der Rettungsassistent am Notfallort auf sich alleine gestellt ist und rechtzeitige ärztliche Hilfe, etwa durch An- oder Nachforderung des Notarztes, nicht erreichbar ist,
- die Maßnahmen, die er aufgrund eigener Diagnosestellung und therapeutischer Entscheidung durchführt, zur unmittelbaren Abwehr von Gefahren für das Leben oder die Gesundheit des Notfallpatienten dringend erforderlich sind,
- das gleiche Ziel durch weniger eingreifende Maßnahmen nicht erreicht werden kann (Prinzip der Verhältnismäßigkeit bei der Wahl der Mittel),
- die Hilfeleistung nach den besonderen Umständen des Einzelfalles für den Rettungsassistenten zumutbar ist.

Nach dem wissenschaftlichen Stand der Notfallmedizin kommen zur Abwehr von Gefahren für das Leben oder die Gesundheit des Notfallpatienten folgende spezifisch ärztliche Maßnahmen zur Durchführung für den Rettungsassistenten im Rahmen einer Notkompetenz in Betracht:
- die Intubation ohne Relaxantien,
- die Venenpunktion,
- die Applikation kristalloider Infusionen,
- die Applikation ausgewählter Medikamente,
- die Frühdefibrillation.

Die Ausübung der Notkompetenz durch den Rettungsassistenten richtet sich nach dem Grundsatz der Verhältnismäßigkeit. Das am wenigsten eingreifende Mittel, das zum Erfolg führt, ist anzuwenden. Ist beispielsweise eine Beatmung mit einem Beatmungsbeutel effektiv, ist eine Intubation mit ihren höheren Gefahren unzulässig, weil nicht mehr verhältnismäßig. Bei entstehenden Schäden für den Notfallpatienten kann sich der Rettungsassistent nicht mehr auf einen rechtfertigenden Notstand berufen. Der Rettungsassistent darf daher nur solche Maßnahmen übernehmen, die er gelernt hat und deren sichere Ausführung er zum Zeitpunkt der Durchführung der Maßnahme gewährleisten kann.

Dies ist erforderlich, da alle für den Rettungsassistenten im Rahmen der Notkompetenz in Betracht kommenden Maßnahmen risikobehaftet sind und die individuelle Beherrschung dieser Maßnahmen nicht alleine durch das Erreichen des Ausbildungszieles als Rettungsassistent gewährleistet ist, zumal alle genannten Maßnahmen der fortlaufenden und nachweisbaren Übung bedürfen, da sie auch manuelle Fähigkeiten erfordern.

Die individuelle Überprüfung, welche Maßnahmen im Rahmen der Notkompetenz der einzelne Rettungsassistent unter dem Aspekt der sicheren Durchführung übernehmen kann, muss der fortlaufenden ärztlichen Kontrolle unterliegen, da nur ein Arzt Feststellungen hinsichtlich der sicheren Beherrschung der Maßnahmen treffen kann.

Somit können Rettungsassistenten ärztliche Maßnahmen im Rahmen der Notkompetenz unter dem Aspekt der Verhältnismäßigkeit nur dann durchführen, wenn durch ständige ärztliche Überprüfung ihres Wissens und Könnens sichergestellt ist, dass eine Übernahme der Maßnahmen erfolgen kann, ohne dass sich der Rettungsassistent wegen mangelnden Wissens und Könnens dem Vorwurf des Übernahmeverschuldens aussetzt, wenn aus der Hilfeleistung Schäden resultieren.

Die Träger des Rettungsdienstes müssen sicherstellen, dass ein weisungsbefugter Ärztlicher Leiter des Rettungsdienstes die individuelle Qualifikation ihrer Rettungsassistenten fortlaufend überprüft. Nur so können sie dem Vorwurf des Organisationsverschuldens vorbeugen, wenn ihre Rettungsassistenten unter Berufung auf die Notkompetenz Patienten schädigen."

Zwischenzeitlich hat die Bundesärztekammer eine Liste (Stand: 20. Okto- **92**
ber 2003) und Erläuterungen (Stand 11. März 2004) als *Empfehlung zu ausgewählten Notfallmedikamenten* veröffentlicht, deren Applikation von Rettungsassistenten im Rahmen der Notkompetenz durchgeführt werden kann. Die Empfehlung gilt als Ergänzung zur Stellungnahme aus dem Jahre 1992 und hat *folgenden Wortlaut* (www.bundesärztekammer.de):

93 „Ist der Rettungsassistent am Notfallort auf sich alleine gestellt und ist rechtzeitige ärztliche Hilfe nicht erreichbar, so darf und muss er, aufgrund eigener Befunderhebung und Entscheidung, die Notfallmedikamente geben, die zur unmittelbaren Abwehr von Gefahren für das Leben oder die Gesundheit des Notfallpatienten dringend erforderlich sind.

Dabei ist das am wenigsten eingreifende Mittel zu wählen, das für die dringend erforderliche Behandlung ausreicht (Grundsatz der Verhältnismäßigkeit).

Welche Notfallmedikamente der Rettungsassistent aufgrund der eigenen Entscheidung applizieren darf, ist vom ärztlichen Leiter des Rettungsdienstes zu entscheiden und muss fortlaufend überprüft und dokumentiert werden.

In diesem Zusammenhang sind neben der Infusion von Elektrolytlösungen bei Volumenmangelschock derzeit folgende Medikamente für die jeweils zugeordneten Indikationsbereiche zu nennen:
- Reanimation und Anaphylaktischer Schock = Adrenalin
- Hypoglykämischer Schock = Glukose 40 %
- Obstruktive Atemwegszustände = ß2-Sympathomimetikum als Spray
- Krampfanfall = Benzodiazepin als Rectiole
- Akutes Koronarsyndrom = Nitrat-Spray/-Kps
- Verletzungen und ausgewählte Schmerzsymptome = Analgetikum

Anamnese, klinischer Befund, Indikation und Dosierung müssen obligat dokumentiert werden.

Der Ärztliche Leiter Rettungsdienst entscheidet über die Auswahl, Dosierung und Applikation der Notfallmedikamente und hat Weisungsbefugnis bei der Auswahl und dem Ausschluss der die Maßnahmen durchführenden Rettungsassistenten.

Die Rahmenvorgabe dieser Medikamentenliste kann vom Ärztlichen Leiter Rettungsdienst auf regionale Gegebenheiten beziehungsweise Erfordernisse adaptiert werden.

Jede medikamentöse Therapie durch einen Rettungsassistenten muss verpflichtend dem Ärztlichen Leiter Rettungsdienst zur ständigen Qualitätssicherung vorgelegt werden.

Eine Konkretisierung des Analgetikums kann wegen des stets zu betonenden Vorbehaltes der individuellen qualifikatorischen Voraussetzungen und dem Vorhandensein eines weisungsbefugten Ärztlichen Leiters Rettungsdienst, der die Auswahl des Analgetikums für seinen Verantwortungsbereich bestimmt, an dieser Stelle nicht vorgenommen werden.

Nähere Ausführungen über Medikamentenauswahl, -dosis und Applikationsformen werden in der medizinischen Fachwelt (z. B. Deutsche Interdisziplinäre Vereinigung für Intensiv- und Notfallmedizin, Bundesvereinigung der Arbeitsgemeinschaften der Notärzte Deutschlands e.V.) erarbeitet und in Anpassung an den medizinischen Fortschritt weiter entwickelt.

Mit den Empfehlungen verbinden sich ausdrücklich keine generalistischen Delegationen ärztlicher Leistungen."

3. Kapitel
Sorgfaltspflichten, Einwilligung und Aufklärung

Literatur: Fehn, Die Dokumentationspflicht des ärztlichen und nichtärztlichen Personals insbesondere unter strafrechtlichen Aspekten, GesR 2007, 504 ff.; Fehn, Der medizinische Heileingriff als Körperverletzung und die strafrechtliche Bedeutung von Aufklärungsmängeln im Überblick, GesR 2009, 11 ff.; Geiß/Greiner, Arzthaftpflichtrecht, 6. Auflage 2009; Katzenmeier, Arzthaftungsrecht, 2002; Kern, Die neuere Entwicklung in der Rechtsprechung zur Aufklärungspflicht, GesR 2009, 1 ff.; Killinger, Die Besonderheiten der Arzthaftung im medizinischen Notfall, 2009 ff.; Killinger, Organisationspflichten und Übernahmeverschulden, Notfall Rettungsmed 2010, 309 ff.; Koppensteiner, Die Aufklärungspflicht in der Notfallmedizin, Notfall Rettungsmed 2009, 56 ff.; Kreß, Patientenverfügung und die Notfallmedizin, ZRP 2009, 69 ff.; Lissel, Die Behandlung von Patienten mit Behinderungen aus rechtlicher Sicht, Notfall Rettungsmed 2014, Heft 2 (im Druck); Madea/Preuß/Dettmeyer, Behandlungsvorwürfe in der Notfall- und Rettungsmedizin sowie der Notaufnahme, Notfall Rettungsmed 2007, 569 ff.; Martis/Winkhart, Arzthaftungsrecht, 3. Auflage 2009; Steffen/Pauge, Arzthaftungsrecht, 12. Auflage 2012; Stegers, Haftungsrechtliche Probleme der Behandlung in der Notaufnahme, ZMGR 2007, 65 ff.; Stolz, Patientenverfügungen in Notfallsituationen, BtPrax 2011, 103 ff.

Fall 3

Ein Arzt im vertragsärztlichen Notdienst diagnostiziert bei einer Patientin mit stärkeren Schmerzen im Schulter- und Armbereich ein HWS-Schulter-Arm-Syndrom. Da sich die Schmerzen in weiterer Folge deutlich verstärken, wird ein Notarzt gerufen. Dieser weist die Patientin mit der Diagnose Herzinfarkt in das Krankenhaus ein. Dort wird das Vorliegen eines Herzinfarkts bestätigt (vgl. BGH, NJW 1994, 801).

Fall 4

Nach der Erstversorgung durch den Notarzt legen Rettungssanitäter den Patienten in Seitenlage auf eine Trage und fixieren ihn mit einem Fußgurt und mit einem der beiden Brustgurte. Der zweite Brustgurt bleibt unter Berücksichtigung der Verletzungen offen. Die Trage wird hochgefahren und gerät bei dem Versuch, das Fahrgestell einrasten zu lassen, aus dem Gleichgewicht. Der Patient stürzt zu Boden und zieht sich schwerwiegende Verletzungen zu (OLG Köln, Urt. v. 22.8.2007, Az. 5 U 267/06, juris).

Fall 5

In der Leitstelle geht um 8.44 Uhr ein Notruf ein. Der Anrufer schildert den Gesundheitszustand seiner Frau und teilt mit, dass diese nicht ansprechbar sei. Der Disponent benachrichtigt den vertragsärztlichen Notdienst. Um 11.47 Uhr ruft der Anrufer neuerlich bei der Leitstelle an und fragt nach dem Verbleib des Arztes. Der Disponent teilt ihm mit, dass der Arzt benachrichtigt worden sei, es aber wegen der hohen Auftragslage zu Verzögerungen komme. Um 12.40 Uhr ruft der Anrufer ein drittes Mal bei der Leitstelle an. Der zu diesem Zeitpunkt tätige Disponent alarmiert sofort einen Notarzt. Der Notarzt kann nur noch den Tod der Patientin feststellen (VG Meiningen, Urt. v. 13.11.2006, Az. 6 D 60005/05, juris).

I. Sorgfaltspflichten

94 Das im Rettungswesen tätige Personal ist zu sorgfältigem Handeln verpflichtet. Wird gegen die Sorgfalt verstoßen und führt dies zu einem Schaden, kommt es gegebenenfalls zu einer Verpflichtung zur Zahlung von Schadensersatz und Schmerzensgeld (vgl. zivilrechtliche Haftung, Kapitel 4). Daneben kann ein Sorgfaltspflichtverstoß auch entsprechende strafrechtliche Folgen (Einleitung eines Strafverfahrens, gegebenenfalls Verurteilung zu einer Geld- oder Freiheitsstrafe) nach sich ziehen (vgl. strafrechtliche Verantwortung, Kapitel 5).

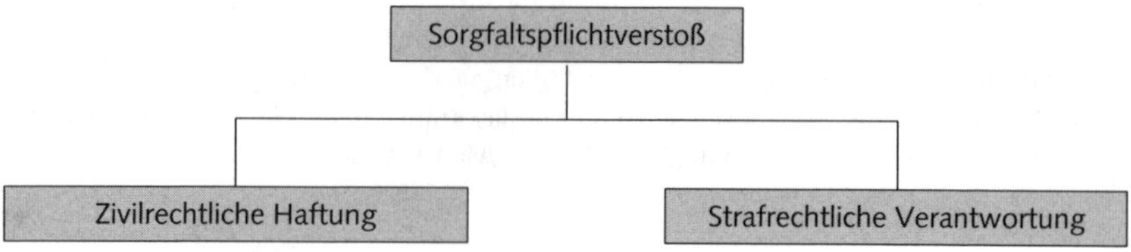

Abb. 9: Folgen eines Sorgfaltspflichtverstoßes

1. Sorgfaltsmaßstab

95 Der Sorgfaltsmaßstab richtet sich an einen einsichtigen, besonnenen und gewissenhaften Angehörigen der jeweiligen Berufsgruppe. So ist bei ärztlichem Personal auf den Fachstandard eines notfallmedizinisch ausgebildeten erfahrenen Arztes, bei nichtärztlichem Personal auf den Fachstandard eines erfahrenen Angehörigen der jeweiligen Berufsgruppe abzustellen.

– Vgl. BGH, NJW 2000, 2754

Maßgeblich ist der wissenschaftliche Stand der Medizin (Standard) zum Zeitpunkt der jeweiligen Behandlung. Überholte Methoden begründen einen Sorgfaltspflichtverstoß, nachträgliche medizinische Weiterentwicklungen bleiben unberücksichtigt. 96

Die von medizinischen Fachgesellschaften, Verbänden und Vereinigungen erlassenen Leitlinien, Stellungnahmen und Empfehlungen können nicht unbesehen als Maßstab für den Standard übernommen werden; sie ersetzen auch kein Sachverständigengutachten. Freilich haben sich Sachverständige mit zum Zeitpunkt der Behandlung existierenden Leitlinien, Stellungnahmen und Empfehlungen auseinanderzusetzen. 97

- BGH, GesR 2008, 361
- BGH, VersR 2011, 1202

Die erforderliche Sorgfalt darf nicht mit der üblichen Sorgfalt verwechselt werden. So können Unsitten, welche den durch die allgemeinen Verkehrsrücksichten auferlegten Pflichten zuwiderlaufen, ihre Berechtigung nicht darin finden, dass sie in einem mehr oder minder großen Kreis geübt werden. 98

- RG, RGSt 39, 2

Die erforderliche Sorgfalt hat sich an der konkreten Situation zu orientieren und hat damit sowohl die zur Verfügung stehenden medizinischen Mittel als auch den Zeitdruck bei vital indizierten, dringlichen Maßnahmen zu berücksichtigen. 99

- BGH, NJW 1985, 1392

2. Fallgruppen im Rettungswesen

In der Rechtsprechung haben sich *Fallgruppen der Sorgfaltspflichten in der Medizin* herausgebildet. Ein Verstoß gegen diese Pflichten durch fehlerhaftes Tun oder Unterlassen ist dabei in der Regel – unter Berücksichtigung der konkreten Umstände des jeweiligen Einzelfalls – als Behandlungsfehler zu werten. 100

Rettungshandlung

Eine Rettungshandlung ist so vorzunehmen, dass andere nicht gefährdet werden. Die Sicherheit hat Vorrang vor der Schnelligkeit des Einsatzes. So entsprechen etwa der Start und Landung eines Rettungshubschraubers ohne Sperrung der Gegenfahrbahn oder zumindest Warnhinweise an den Gegenverkehr keiner sorgfaltsgemäßen Rettungshandlung. 95

- OLG München, Urt. v. 9.8.2013, Az. 10 U 427/13, juris

Anamnese

102 Auch im Rahmen des Rettungsdienstes hat grundsätzlich eine umfassende Anamnese zu erfolgen. So ist etwa bei einem Verkehrsunfall auch der Unfallablauf zu berücksichtigen, um auf mögliche Schäden schließen zu können,
- BGH, NJW 1989, 2332

bei bewusstseinsgetrübten oder bewusstlosen Patienten ist die Umgebung am Einsatzort mit einzubeziehen, etwa auf Hinweise einer Arzneimittelintoxikation zu achten.

Bei vital indizierten, lebensrettenden Maßnahmen kann eine lückenhafte Anamnese gleichwohl gerechtfertigt sein, falls die Maßnahmen sonst keine Hilfe mehr bringen können.
- BGH, NJW 1959, 814

Untersuchung und Befunderhebung

103 Der Patient ist umfassend zu untersuchen, die medizinisch gebotene Befunde sind vollständig zu erheben. Auch im Rettungsdienst sind nicht nur akute Beschwerden zu behandeln, sondern ist das Krankheitsbild im Rahmen der vorhandenen Möglichkeiten vollständig zu ermitteln.
- KG, VersR 1987, 992: Notarzt
- OLG Stuttgart, VersR 1994, 313: Notarzt/vertragsärztlicher Notdienst

So gehört etwa als Mindestanforderung bei einem chronisch an Herz und Lungen erkrankten Patienten, Puls und Blutdruck zu ermitteln und Herz und Lunge abzuhören.
- Hamburger Berufsgerichtshof für die Heilberufe, NJW 1989, 2967: vertragsärztlicher Notdienst

Bei einer am liegenden Patienten festgestellten Beinschwäche und einem Verdacht auf eine zerebrale Ursache ist eine Untersuchung auf Lähmungserscheinungen vorzunehmen.
- OLG Köln, VersR 1999, 366: vertragsärztlicher Notdienst

Klagt ein Patient über stärkste Kopfschmerzen, ist eine körperliche Untersuchung geboten.
- OLG Koblenz, ArztR 2013, 88: vertragsärztlicher Notdienst

Um eine Leichenstarre für den Tod als sicheres Anzeichen annehmen zu können, ist der Körper eines Säuglings auf Totenflecke, die dann bereits hätten sichtbar sein müssen, hin zu untersuchen.
- VG Berlin, Beschl. v. 20.12.2004, Az. 80 A 34.03, juris: Feuerwehrbeamter als Rettungsdienstverantwortlicher

Medizinisch-technische Geräte sind in den indizierten Situationen auch einzusetzen. So muss etwa bei kardialen Beschwerden wenigstens ein EKG geschrieben werden.
- LG München I, VersR 2004, 649: vertragsärztlicher Notdienst

Ist eine weitergehende Untersuchung erforderlich, die vor Ort nicht vorgenommen werden kann, ist die unverzügliche Einweisung des Patienten in ein Krankenhaus zur Erhebung der erforderlichen Befunde vorzunehmen beziehungsweise anzuordnen.
- BGH, NJW 1994, 801: Notarzt
- BGH, VersR 2008, 221: vertragsärztlicher Notdienst
- KG, Berlin VersR 1987, 992: Notarzt
- OLG Naumburg, MedR 2002, 515: vertragsärztlicher Notdienst
- LG München I, VersR 2004, 649: vertragsärztlicher Notdienst

Eine telefonische Ferndiagnose ersetzt keine Untersuchung und Befunderhebung.
- BGH, NJW 1979, 1248

> In **Fall 3** kann der Arzt im vertragsärztlichen Notdienst die geklagten Beschwerden nicht hinreichend abklären und kommt aufgrund einer unzureichenden Befunderhebung zu einer unzutreffenden Diagnose. Zum Zwecke der von ihm selbst nicht durchführbaren diagnostischen Abklärung eines möglichen Herzinfarktes (Ausschlussdiagnostik) hätte er die Patientin in ein Krankenhaus einweisen müssen (BGH, NJW 1994, 801).

Diagnose

Die Diagnose ist sorgfältig und nach Erhebung aller relevanter Befunde zu 104
stellen. Allerdings sind Irrtümer bei der Diagnosestellung in der Praxis oft nicht die Folge eines vorwerfbaren Verhaltens, weil die Symptome einer Erkrankung nicht immer eindeutig sind, sondern auf verschiedene Ursachen hinweisen können. Auch kann jeder Patient wegen der Unterschiedlichkeiten im menschlichen Organismus die Anzeichen derselben Krankheit in anderer Ausprägung aufweisen. Diagnoseirrtümer, die objektiv auf eine Fehlinterpretation der Befunde zurückzuführen sind, werden deshalb nur mit Zurückhaltung als sorgfaltswidrig gewertet.
- BGH, NJW 2003, 2827
- OLG Zweibrücken, VersR 2000, 605: vertragsärztlicher Notdienst
- OLG Naumburg, MedR 2002, 515: vertragsärztlicher Notdienst

Dies gilt allerdings nicht, wenn Symptome vorliegen, die für eine bestimmte Erkrankung kennzeichnend sind, sie sich geradezu aufdrängen, diese aber nicht ausreichend berücksichtigt werden.

- BGH, NJW 2003, 2827
- BGH, NJW 2008, 1381

Hieran ändert sich auch nichts bei einem Rückgang der Symptome zum Zeitpunkt der Untersuchung.
- LG München I, VersR 2004, 649: vertragsärztlicher Notdienst

Bei unklarer Diagnose ist dem weiteren Vorgehen die vital bedrohlichste Erkrankung zugrunde zu legen.
- LG München I, VersR 2004, 649: vertragsärztlicher Notdienst
- LG Potsdam, ZMGR 2009, 257: vertragsärztlicher Notdienst

So ist etwa bei einer erstmaligen Herzsymptomatik mit entsprechender Herz-Kreislaufsituation wie kardiale Beschwerden oder Atemnot bis zum Beweis des Gegenteils von einem Herzinfarkt auszugehen. Dies gilt insbesondere dann, wenn ein Arzt notfallmäßig zu einem Patienten mit diesen Beschwerden gerufen wird.
- LG München I, VersR 2004, 649: vertragsärztlicher Notdienst

Therapiewahl

105 Bei der Wahl der Therapieform ist der Patient nicht unnötig zu gefährden. Zwar ist nicht stets der sicherste therapeutische Weg zu wählen, allerdings muss ein höheres Risiko in den besonderen Sachzwängen des konkreten Falles eine sachliche Rechtfertigung finden.
- BGH, NJW 1987, 2927
- BGH, NJW 2007, 2774

Zunächst sind lebensrettende Maßnahmen durchzuführen.
- VG Gießen, GesR 2013, 161: Notarzt

Kontraindizierte Therapien oder Therapien mit der Gefahr erheblicher Risiken oder Nebenwirkungen begründen einen Sorgfaltspflichtverstoß.
- OLG Nürnberg, VersR 1988, 1050
- LG Hamburg, Urt. v. 5.2.2013, Az. 632 KLs 6/12, juris

Auch ist zunächst die Transportfähigkeit zu prüfen und gegebenenfalls herzustellen, bevor der Transport in das Aufnahmekrankenhaus erfolgt. Nicht die schnellstmögliche Beförderung des Patienten ist entscheidend, sondern die schnelle und qualifizierte Hilfeleistung am Einsatzort und während der Beförderung.
- OLG Stuttgart, VersR 1994, 1068

Die Therapiewahl ist kein einmaliger Vorgang bei Beginn der Therapie, sondern muss überprüft werden, sobald neue Umstände und Erkenntnisse vorliegen, die etwa durch Kontrolluntersuchungen erkannt werden.
- BGH, NJW 2007, 2774

Therapie

Die Durchführung der Therapie hat sorgfältig zu erfolgen, die Fehlerquellen 106
sind vielfältig. So handelt etwa sorgfaltswidrig, wer unter Außerachtlassung der erforderlichen Sorgfalt einen Tubus in der Speiseröhre statt in der Luftröhre platziert.
- BGH, NJW 2005, 429: Notarzt

Verlaufsüberwachung

Das Ausmaß der Verlaufsüberwachung des Patienten richtet sich nach dem 107
Beschwerdebild. So sind etwa Patienten mit Atemstörungen ständig zu überwachen.
- OLG Düsseldorf, NJW 1986, 1548

Kontrollfunktionen sind einzusetzen.
- LG Hamburg, Urteil v. 5.2.2013, Az. 632 KLs 6/12

Auf Komplikationen, etwa einen Sauerstoffmangel oder einen auffallend abgesunkenen Blutdruck, ist entsprechend zu reagieren.
- BGH, NJW 1968, 2291
- OLG Hamm, VersR 1983, 883
- VG Gießen, GesR 2013, 161

Hierzu ist Voraussetzung, dass der Patient während des Transports im Patientenraum betreut wird. Dies auch dann, wenn es dem Wunsch eines Angehörigen entspricht, im Patientenraum mitzufahren.
- VG Münster, Urteil v. 22.0.2012, Az. 20 K 1707/12.O, juris. Rettungsassistent als Transportführer

Hinzuziehung von Personal und Rettungsmitteln

Bei Vorliegen einer Indikation besteht die Notwendigkeit zur Hinzuziehung 108
von Personal und/oder Rettungsmitteln. Insbesondere im Hinblick auf den Notarzteinsatz existieren in den einzelnen Bundesländern entsprechende Indikationskataloge. Dabei wird häufig zwischen patientenbezogenen und notfallbezogenen Indikationen unterschieden. Patientenbezogene Indikationen betreffen den Verdacht auf fehlende oder deutlich beeinträchtigte Vitalfunktionen, notfallbezogene Indikationen umfassen schwere Verkehrsunfälle mit Hinweis auf Personenschaden, Unfälle mit Kindern, Brände/

Rauchgasentwicklung mit Hinweis auf Personenbeteiligung, Explosions-, thermische oder chemische Unfälle, Stromunfälle mit Hinweise auf Personenbeteiligung, Wasserunfälle, Ertrinkungsunfälle, Eiseinbruch, Maschinenunfall mit Einklemmung, Verschüttung, drohender Suizid, Sturz aus Höhe (≥ 3 m), Schuss-/Stich-/Hiebverletzungen im Kopf-, Hals- oder Rumpfbereich, Geiselnahme oder sonstige Verbrechen mit unmittelbarer Gefahr für Menschenleben, unmittelbar einsetzende oder stattgefundene Geburt sowie Vergiftungen (so etwa die Anlage 1 der Sächsischen Landesrettungsdienstplanverordnung; vgl. auch den Indikationskatalog der Bundesärztekammer für den Notarzteinsatz, Stand: 22.2.2013, www.bundesärztekammer.de).

Hygiene

109 Hygienevorschriften, etwa im Hinblick auf die Schutzkleidung, Desinfektionsmaßnahmen oder der Sterilität von Medizinprodukten, sind gewissenhaft einzuhalten. Die Rechtsprechung setzt hier einen strengen Maßstab an. Grund hierfür ist, dass es sich um Maßnahmen handeln kann (aber nicht muss), die für die Behandlerseite objektiv vollbeherrschbar sind.

- BGH, NJW 2007, 1682
- Vgl. Lissel, in: Ratzel/Lissel, § 3 Rn. 108–114

Information (therapeutische Aufklärung)

110 Die Information (therapeutische Aufklärung oder Sicherungsaufklärung) des Patienten über Maßnahmen und Verhaltensregeln dient der Sicherung des Therapieerfolgs und der Abwehr von Gefahren (vgl. auch § 630c BGB).

- BGH, NJW 2005, 427

Hierzu gehört auch die Information über die Notwendigkeit und Dringlichkeit der gebotenen Maßnahmen und die eindringliche Warnung vor den medizinischen Folgen und Gefahren, die bei einer Verweigerung der Behandlung oder des Transports entstehen können.

- BGH, NJW 1991, 748
- OLG Düsseldorf, VersR 2006, 841

Erfolgt kein Transport in das Krankenhaus, sind aber dramatische Veränderungen eines Beschwerdebildes in kurzer Zeit möglich, so hat der Notarzt dafür Sorge zu tragen, dass hierauf reagiert werden kann. Er muss dem den Transport verweigernden Patienten darüber in Kenntnis setzen, wann das Erscheinungsbild sofortiges Handeln erfordert. Allgemeine Ratschläge, sich

bei Verschlechterung des Zustandes an einen Notarzt oder ein Krankenhaus zu wenden, reichen nicht aus.
– OLG Oldenburg, VersR 1998, 720

Auswahl des Aufnahmekrankenhauses

Patienten sind in eine geeignete Einrichtung zu transportieren. Bei Notfallpatienten hat die möglichst schnelle Stabilisierung der Vitalfunktionen in einer nahe gelegenen Einrichtung Vorrang vor der Versorgung in einer speziellen, aber entfernteren Fachabteilung. **111**
– vgl. OLG Köln, Urt. v. 22.8.2007, Az. 5 U 267/06, juris: Notarzt

Bei erkennbar isolierten Verletzungen oder Krankheitsbildern kann hingegen die Aufnahme in eine spezielle Fachabteilung veranlasst sein.

Notfälle sind im Aufnahmekrankenhaus voranzumelden, damit die klinische Versorgung des Patienten vorbereitet werden kann. Die Übergabe des Patienten hat an entsprechend geeignetes Personal zu erfolgen.

Transport

Der Transport hat sorgfältig zu erfolgen. Sicherungsmaßnahmen sind einzusetzen, sofern medizinische Gründe nicht entgegenstehen. Sorgfaltswidrig handelt, wer den Patienten nicht ausreichend sichert **112**
– OLG Köln, Urt. v. 22.8.2007, Az. 5 U 267/06, juris

oder infolge einer Unachtsamkeit einen Verkehrsunfall verursacht.
– BGH, NJW 1991, 2954
– BGH, NJW 1997, 2109

In **Fall 4** werden die vorgesehenen Sicherungsgurte mit Rücksicht auf die Verletzungen des Patienten nicht vollständig eingesetzt. Hierdurch bestehende Risiken müssen allerdings anderweitig, insbesondere durch die Hinzuziehung weiterer Personen, etwa des Notarztes, beseitigt oder jedenfalls vermindert werden (OLG Köln, Urt. v. 22.8.2007, Az. 5 U 267/06, juris).

Dokumentation

Gemäß § 630e BGB ist der Behandelnde verpflichtet, sämtliche aus fachlicher Sicht für die derzeitige und künftige Behandlung wesentlichen Maßnahmen und deren Ergebnisse zu dokumentieren, insbesondere die Anamnese, Diagnosen, Untersuchungen, Untersuchungsergebnisse, Befunde, Therapien und ihre Wirkungen, Eingriffe und ihre Wirkungen, Informationen, Einwilligungen (ebenfalls Verweigerungen) und Aufklärungen. **113**

So sind unter anderem zu dokumentieren die Art und der Ablauf einer Reanimation,
- OLG Köln, OLGR 2002, 113

die therapeutische Aufklärung bei möglicher schwerer Herzerkrankung und Verweigerung des Patienten zur Vornahme der dringend erforderlichen Untersuchung und/oder des Transports
- OLG Bamberg, VersR 2005, 1292

sowie wichtige Hinweise für die Nachbehandelnden.
- OLG Schleswig, MedR 2006, 376

Maßgeblich ist, was aus medizinischen Gründen geboten ist. Eine Dokumentation, die medizinisch nicht geboten ist, ist auch aus Rechtsgründen nicht erforderlich.
- BGH, NJW 1993, 2375
- BGH, NJW 1999, 3408

Die für die Weiterbehandlung erforderlichen Daten sind der Aufnahmeeinrichtung zu übergeben (vgl. etwa Art. 46 BayRDG).

In den einzelnen Bundesländern existieren spezielle Vorgaben zur Dokumentation im Rettungswesen. So sind etwa in Rheinland-Pfalz für jeden Notarzteinsatz Notarzteinsatzprotokolle (DIVI-Protokolle) zu erstellen und entsprechend weiterzuleiten (Ziff. E. III Landesrettungsdienstplan Rheinland-Pfalz). Auch ohne ärztliche Begleitung bedarf es einer entsprechenden Dokumentation.
- VG Berlin, Beschluss v. 20.12.2004, Az. 80 A 34.03, juris: Feuerwehrbeamter als Rettungsdienstverantwortlicher

Zusammenwirken im Rahmen der Arbeitsteilung

114 In Fällen der horizontalen Arbeitsteilung sind eine gegenseitige Information zwischen den am Einsatz beteiligten Personen und eine entsprechende Koordination der beabsichtigten Maßnahmen erforderlich. Hierdurch ist den spezifischen Gefahren der Arbeitsteilung entgegenzuwirken. Dies sind Gefahren, die sich aus einer etwaigen Unverträglichkeit der eingesetzten Methoden oder Instrumente ergeben oder auch dadurch, dass Maßnahmen irrtümlich gänzlich unterbleiben oder aber mehrfach durchgeführt werden.
- BGH, NJW 1999, 1779
- OLG Jena, VersR 2008, 401

Im Rahmen der *Delegation* und *Weisung* von medizinischen Maßnahmen hat das übergeordnete Personal die Delegations- beziehungsweise Weisungsfähigkeit der Maßnahme sorgfältig zu prüfen sowie den jeweiligen Delegations- beziehungsweise Weisungsempfänger sorgfältig auszuwählen, zu instruieren und zu überwachen. Der Delegations- beziehungsweise Weisungsempfänger hat die Übertragungsfähigkeit der Maßnahme zu prüfen und, falls er sich zur Durchführung der Maßnahme nicht in der Lage sieht, dies dem Delegierenden/Anweisenden zu signalisieren. Hält er die Maßnahme für offensichtlich falsch, muss er dies kundtun (vgl. im Einzelnen Rn. 80).

Maßnahmen im Rahmen der Notkompetenz

Maßnahmen im Rahmen der Notkompetenz bedürfen vorab der Prüfung **115**
des Vorliegens einer Notstandslage (gegenwärtige Gefahr für Leib oder Leben des Patienten, die sich nicht anders als durch die Verletzung anderer Interessen abwenden lässt) und der Notstandshandlung (zur Abwendung einer Gefahr für Leib oder Leben des Patienten geeignet, erforderlich und angemessen) (s. Rn. 86 ff.).

Tätigkeit als Disponent in der Rettungsleitstelle

Für den Leitstellendisponenten bestehen umfangreiche Sorgfaltspflichten. **116**
Unter anderem muss er bei Notrufen qualifiziert nachfragen,

– VG Meiningen, Urt. v. 13.11.2006, Az. 6 D 60005/05, juris

Rettungsmittel nach pflichtgemäßer Einschätzung unter Berücksichtigung der übermittelten Fakten über den Gesundheitszustand auswählen (vgl. auch Rn. 53)

– VG Meiningen, Urt. v. 13.11.2006, Az. 6 D 60005/05, juris

sowie den gesamten Rettungseinsatz koordinieren, lenken und überwachen.

– OLG Zweibrücken, OLGR 2001, 288

In **Fall 5** trifft der Disponent eine falsche Disposition. Entgegen den rettungsdienstlichen Regelungen, die einen Indikationskatalog für den Notarzteinsatz beinhalten, wonach bei Bewusstlosigkeit und erheblicher Bewusstseineintrübung zwingend der Einsatz eines Notarztes vorgeschrieben ist, wird lediglich der vertragsärztliche Notdienst benachrichtigt. Dabei wird nicht beachtet, dass der vertragsärztliche Notdienst keine Hilfsfrist hat und üblicherweise längere Wartezeiten entstehen (VG Meiningen, Urt. v. 13.11.2006, Az. 6 D 60005/05, juris).

II. Einwilligung und Aufklärung

117 Vor Durchführung einer *medizinischen Maßnahme*, insbesondere eines Eingriffs in den Körper oder die Gesundheit, ist der Behandelnde verpflichtet, die Einwilligung des Patienten einzuholen (vgl. § 630d Abs. 1 BGB). Nach der Rechtsprechung erfüllt jede in die körperliche Unversehrtheit eingreifende medizinische Maßnahme den Tatbestand der Körperverletzung. Hierbei ist es gleichgültig, ob die Heilbehandlung lege artis durchgeführt und erfolgreich ist oder nicht. Sie bedarf daher einer Rechtfertigung, in der Regel einer Einwilligung des Patienten.

- RG, RGSt 25, 375
- BGH, GesR 2011, 237

118 Führt eine mangels (wirksamer) Einwilligung nicht gerechtfertigte Behandlungsmaßnahme zu einem Schaden, kommt es gegebenenfalls zu einer Verpflichtung zur Zahlung von Schadensersatz und Schmerzensgeld (vgl. zivilrechtliche Haftung, Kapitel 4). Daneben kann sie auch entsprechende strafrechtliche Folgen (Einleitung eines Strafverfahrens wegen Körperverletzung) nach sich ziehen (vgl. strafrechtliche Verantwortung, Kapitel 5).

1. Einwilligung

119 Voraussetzung einer wirksamen Einwilligung ist die Einwilligungsfähigkeit, d.h. die Einsichts- und Urteilsfähigkeit des Patienten. Der Patient muss in der Lage sein, Art und Bedeutung, Verlauf und Folgen einer Behandlungsmaßnahme zu beurteilen sowie das Für und Wider abzuwägen. Die Unvernünftigkeit einer Einwilligung oder deren Verweigerung ist für sich kein Grund, die Einwilligungsfähigkeit zu verneinen.

120 Die Einwilligungsfähigkeit kann vor allem bei Minderjährigen, psychisch Kranken oder behinderten Menschen sowie bei Patienten unter Betreuung zweifelhaft sein. Bei *Minderjährigen* ist die Einwilligungsfähigkeit nicht generell, sondern mit Blick auf den Reifegrad des Patienten und die Art der konkreten Maßnahme zu beurteilen. Weitgehend übereinstimmend wird als untere Grenze das Alter von 14 Jahren angenommen. Zwischen 14 und 17 Jahren ist auf die geistige sittliche Reife des Minderjährigen sowie auf die Schwere und Dringlichkeit der jeweiligen Behandlungsmaßnahme abzustellen. Fehlt die Einwilligungsfähigkeit, obliegt die Einwilligung den Personensorgeberechtigten. *Psychisch Kranke oder behinderte Menschen* sowie Patienten *unter Betreuung* sind nicht per se einwilligungsunfähig. Vielmehr ist auch deren Einwilligungsfähigkeit für die jeweils konkrete Behandlungsmaßnahme zu prüfen. Entscheidend ist, ob der Patient trotz sei-

ner psychischen Krankheit, Behinderung oder des Umstands der Betreuung in der Lage ist, die entscheidungsrelevanten Umstände verstehen und zu bewerten. Ist dies nicht der Fall, ist auf die Einwilligung des in Gesundheitsangelegenheiten Bevollmächtigten oder gesetzlichen Betreuers abzustellen.

– vgl. Lissel, Notfall Rettungsmed 2014, Heft 2 (im Druck)

Die Einwilligung kann *ausdrücklich*, aber auch *durch schlüssiges Verhalten* erklärt werden. Eine bloße Passivität reicht jedoch nicht aus. Vielmehr muss die Einwilligung – in welcher Weise auch immer – nach außen sichtbar werden. **121**

Wirksam ist die ausdrückliche oder stillschweigende Einwilligung nur, wenn sie *frei von Irrtum, Täuschung, Drohung oder Zwang* erklärt wurde. Gibt sich etwa jemand wahrheitswidrig als Arzt aus, ist die unter dieser Täuschung erschlichene Einwilligung in eine ärztliche Behandlung unwirksam, **122**

– LG Krefeld, Urt. v. 5.6.2007, Az. 35 Js 208/01, juris

ebenso, wenn wahrheitswidrig angegeben wird, zu einer Operation würde die medizinisch gebotene Hinzuziehung eines Anästhesisten erfolgen.

– BGH, NJW 2011, 2895

Die Einwilligung wirkt nur rechtfertigend, wenn sie nicht gegen die guten Sitten verstößt (§ 228 StGB). Letzteres ist dann der Fall, wenn der Eingriff gegen das Anstandsgefühl aller billig und gerecht Denkenden verstößt und ihr deshalb die rechtliche Billigung nach der für das Zusammenleben grundlegenden Ordnung zu versagen ist. **123**

– OLG München, Urt. v. 26.9.2013, Az. 4 StRR 150/13, juris

Dies richtet sich vorrangig nach der Art und der Schwere der Körperverletzung und des damit einhergehenden Gefahrengrades für Leib und Leben des Opfers.

– BGH, NJW 2004, 2458
– OLG München, Urt. v. 26.9.2013, Az. 4 StRR 150/13, juris

Die Einwilligung muss zeitlich *vor* der medizinischen Behandlungsmaßnahme erklärt sein und während der Behandlung *fortbestehen*. Sie kann jederzeit und ohne Angabe von Gründen formlos widerrufen werden (§ 630 d Abs. 3 BGB). **124**

2. Aufklärung

125 Die wirksame Einwilligung setzt die die Kenntnis der Tragweite und Folgen der Behandlungsmaßnahme voraus. Hieraus resultiert die Aufklärungspflicht (§ 630 d Abs. 1 BGB, § 630 e BGB). Der Patient (gegebenenfalls auch der Personensorgeberechtigte, in Gesundheitsangelegenheiten Bevollmächtigte oder gesetzliche Betreuer, vgl. § 630 e Abs. 4, 5 BGB) ist in verständlicher Form über sämtliche für die Einwilligung wesentlichen Umstände aufzuklären. Dazu gehören insbesondere Art, Umfang, Durchführung, zu erwartende Folgen und Risiken der Maßnahme sowie ihre Notwendigkeit, Dringlichkeit, Eignung und Erfolgsaussichten im Hinblick auf die Diagnose oder die Therapie. Bei der Aufklärung ist auch auf Alternativen zur Maßnahme hinzuweisen, wenn mehrere medizinisch gleichermaßen indizierte und übliche Methoden zu wesentlich unterschiedlichen Belastungen, Risiken oder Heilungschancen führen können (§ 630 e Abs. 1 BGB). Inhaltlich ist über die Behandlung im „Großen und Ganzen“ aufzuklären, dem Patienten muss ein zutreffender Eindruck von der Schwere des Eingriffs und von der Art der Belastungen vermittelt werden, die für seine körperliche Integrität und seine Lebensführung auf ihn zukommen können. Eine solche Aufklärung hat regelmäßig auch einen Hinweis auf das schwerste in Betracht kommende Risiko zu beinhalten.

- BGH, NJW 1991, 2346
- BGH, GesR 2011, 237

126 Die Aufklärung lässt sich in die Diagnose-, Verlaufs- und Risikoaufklärung unterteilen. Die *Diagnoseaufklärung* ist die Mitteilung des Befundes, d.h. die Information, an welchen Krankheiten beziehungsweise Verletzungen der Patient leidet. Die *Verlaufsaufklärung* informiert den Patienten über die Art und Schwere sowie die Ausführung der medizinischen Behandlung. Die *Risikoaufklärung* dient der Information über wesentliche Risiken und Folgen der Behandlung sowie über Neben- oder Wechselwirkungen. Der Patient muss die Risiken kennenlernen, die dem Eingriff spezifisch anhaften und bei ihrer Verwirklichung die Lebensführung des Patienten besonders belasten. Auf eine bestimmte Risikodichte kommt es nicht an.

- BGH, NJW 1996, 779
- BGH, NJW-RR 2010, 833
- OLG Hamm, GesR 2011, 477

127 Die Aufklärung erfolgt in einem *Aufklärungsgespräch* zwischen dem Behandelnden oder durch eine Person, die über die zur Durchführung der Maßnahme notwendige Ausbildung verfügt, und dem Patienten (vgl.

§ 630e Abs. 2 BGB). Die ärztliche Aufklärung kann nicht an das nichtärztliche Personal delegiert werden.
– OLG Dresden, GesR 2003, 157

Nimmt das nichtärztliche Personal ohne anwesenden Arzt aufklärungsbedürftige medizinische Behandlungsmaßnahmen am Patienten vor, muss es den Patienten hierüber selbständig aufklären.

Die Aufklärung hat grundsätzlich so frühzeitig zu erfolgen, dass der Patient seine Entscheidung über die Einwilligung wohlüberlegt treffen kann (§ 630e Abs. 2 BGB). **128**

Verschiedene Gründe können in Ausnahmefällen zu einer *Einschränkung der Aufklärung* führen. Ist der Patient über aufklärungsbedürftige Tatsachen, etwa durch bereits in der Vergangenheit durchgeführte Eingriffe, hinreichend informiert, so ist eine weitere Aufklärung nicht notwendig, weil erwartet werden kann, dass die einmal erfolgte Aufklärung immer wieder bewusst wird. Hierüber haben sich die Aufklärungspflichtigen jedoch zu vergewissern. **129**
– OLG Düsseldorf, VersR 2009, 546
– OLG Hamm, MedR 2011, 723

Eine Aufklärung ist ferner nicht erforderlich, wenn der Patient hierauf ausdrücklich verzichtet (§ 630e Abs. 3 BGB). Hierfür gelten jedoch strenge Anforderungen, der Verzicht muss eindeutig und ernsthaft erklärt werden. Richtigerweise ist zumindest auch eine Grundaufklärung über Art und Schweregrad der Behandlung zu fordern, damit der Patient weiß, worauf er in weiterer Folge verzichtet.

Schließlich können in äußerst seltenen Fällen auch Kontraindikationen zu einer verminderten Aufklärung führen. Dies gilt in Fällen, in denen der Patient durch die Aufklärung physisch und psychisch so sehr belastet würde, dass es zu einer ernsten und nicht behebbaren Gesundheitsschädigung des Patienten kommen würde.
– BGH, NJW 1959, 814

Die alleinige Befürchtung, der Patient würde aus Angst seine Einwilligung versagen, reicht jedoch nicht aus, um eine entsprechende Einschränkung der Aufklärung zu bejahen.

Im Rettungswesen können diese allgemeinen Grundsätze der Aufklärung im Rahmen einer bestehenden Notfallsituation häufig *nur modifiziert Anwendung* finden. So ist der Umfang der Aufklärungspflicht umgekehrt proportional zur Dringlichkeit des Eingriffs. Je dringlicher die medizinische **130**

Behandlungsmaßnahme zu bewerten ist, desto geringer sind die Anforderungen an den Umfang der Aufklärungspflicht.

- BGH, NJW 1972, 335
- BGH, NJW 1973, 557
- BGH, GesR 2011, 237

Ist eine Maßnahme unaufschiebbar, bedarf es keiner Aufklärung (§ 630e Abs. 3 BGB).

Eine Einschränkung ergibt sich auch in jenen Fällen, in denen das ganze Ausmaß aus zeitlichen oder diagnostisch-methodischen Gründen nicht feststellbar ist.

Schließlich besteht eine Reduktion des Aufklärungsumfangs, wenn für die medizinische Behandlung keine Alternative besteht. Die Notfallrettung beinhaltet die unmittelbare Lebensrettung. Dies geschieht durch Standardmaßnahmen der Notfallmedizin, alternative Therapieformen bestehen hier nur selten.

3. Mutmaßliche Einwilligung, rechtfertigender Notstand

131 Fehlt die tatsächliche Einwilligung und ist diese nicht oder nicht rechtzeitig einholbar (etwa bei Bewusstlosigkeit des Patienten), kommt eine *mutmaßliche Einwilligung* in Betracht (vgl. § 630d Abs. 1 BGB). Von einer mutmaßlichen Einwilligung kann dann ausgegangen werden, wenn bei objektiver Würdigung der Situation die Einwilligung des Patienten in den Eingriff mit an Sicherheit grenzender Wahrscheinlichkeit zu erwarten gewesen wäre. Dies ist anhand der persönlichen Umstände und Interessen des Betroffenen (Wünsche, Bedürfnisse und Wertvorstellungen) zu ermitteln. Objektive Kriterien, insbesondere die Beurteilung einer Maßnahme als vernünftig, finden keine eigenständige Beachtung. Zur Ermittlung des Willens des Patienten können Mitteilungen von Angehörigen oder frühere Äußerungen des Patienten als Indizien für den mutmaßlichen Willen herangezogen werden. Fehlen Anhaltspunkte für den mutmaßlichen Willen des Patienten, so kann sich der Behandelnde bei vitaler oder absoluter Indikation am Bild des verständigen Patienten orientieren.

- OLG Hamm, OLGR 2002, 309
- OLG Naumburg, NJW-RR 2008, 270

In diesen Fällen ist zu unterstellen, dass der Patient gerettet werden will und mit der Behandlung einverstanden sein würde.

Auf den mutmaßlichen Willen ist nur abzustellen, wenn keine Patientenverfügung vorliegt oder diese nicht wirksam ist. Gemäß § 1901 a BGB hat für den Fall, dass ein einwilligungsfähiger Volljähriger für den Fall seiner Einwilligungsunfähigkeit schriftlich festgelegt hat, ob er in bestimmte, zum Zeitpunkt der Festlegung noch nicht unmittelbar bevorstehende Untersuchungen seines Gesundheitszustands, Heilbehandlungen oder ärztliche Eingriffe einwilligt oder sie untersagt (Patientenverfügung), der Betreuer beziehungsweise Vorsorgebevollmächtigte zu prüfen, ob diese Festlegungen auf die aktuelle Lebens- und Behandlungssituation zutreffen. Ist dies der Fall, hat er dem Willen des Patienten Ausdruck und Geltung zu verschaffen. Eine Patientenverfügung kann jederzeit formlos widerrufen werden. Für ihre Wirksamkeit muss eine Patientenverfügung die Behandlungssituationen, in denen sie gelten soll, konkret beschreiben, allgemeine Erklärungen genügen nicht. Die Patientenverfügung richtet sich auch an die den Patienten behandelnden Personen. Allerdings ist es im Rettungswesen durch die Zeitdringlichkeit in aller Regel nicht möglich, die Wirksamkeit einer Patientenverfügung (abschließend) zu prüfen. Daher ist bei einem Atem- und Kreislaufstillstand zunächst mit der Reanimation zu beginnen, bis zweifelsfrei geklärt ist, ob die Patientenverfügung wirksam ist und eine der darin getroffenen Behandlungssituationen gegeben ist. **132**

- Knauer/Brose, in: Spickhoff, § 216 Rn. 19
- Stolz, BtPrax 2011, 103 ff.

In äußerst seltenen Ausnahmefällen kann eine Rechtfertigung zur Behandlung des Patienten auch auf dem Rechtfertigungsgrund des *rechtfertigenden Notstandes* (§ 34 StGB) beruhen, so insbesondere dann, wenn bei der Behandlung von Minderjährigen eine rechtsmissbräuchliche Weigerung der Personensorgeberechtigten vorliegt und eine Anrufung des Familiengerichts (§ 1666 BGB) aufgrund der Dringlichkeit nicht mehr möglich ist. **133**

Zusammenfassende Übersicht (vereinfacht): **134**

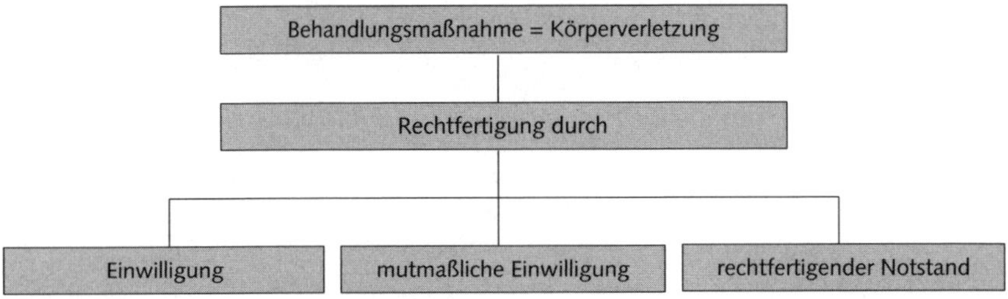

Abb. 10: Rechtfertigung einer Behandlungsmaßnahme

4. Kapitel
Haftungsrecht

Literatur: Brennecke, Ärztliche Geschäftsführung ohne Auftrag, 2010; Diederichsen, Aktuelle Rechtsprechung des BGH zum Arzthaftungsrechtschwerpunkt Notfall- und Intensivmedizin, GesR 2011, 257 ff.; Geiß/Greiner, Arzthaftpflichtrecht, 6. Auflage 2009; Katzenmeier, Arzthaftungsrecht, 2002; Martis/Winkhart, Arzthaftungsrecht, 3. Auflage 2009; Palandt, Bürgerliches Gesetzbuch, 73. Auflage 2014; Schaub, Arbeitsrechts-Handbuch, 15. Auflage 2013; Steffen/Pauge, Arzthaftungsrecht, 12. Auflage 2012; s. auch d. Literatur im 3. Kapitel

Fall 6
Eine Notärztin hat vor einer Injektion im Hals-Schulter-Bereich des Patienten jegliche Desinfektionsmaßnahmen unterlassen. Der Patient erleidet eine Sepsis mit einer beatmungspflichtigen Störung der äußeren Atmung und beginnendem Funktionsversagen von Leber und Niere. Dies macht eine mehrwöchige intensivmedizinische Behandlung erforderlich, zudem kommt es zu einem Absterben des Bindegewebes an beiden Armen mit anschließenden Verwachsungen und Narbenbildung (OLG Naumburg, VersR 2010, 216).

Fall 7
Nach einer ärztlichen Untersuchung wird der Patient trotz entsprechender Beschwerden und eindeutiger Hinweise im EKG auf einen bevorstehenden Herzinfarkt nicht notfallmäßig zur Durchführung einer Herzkatheteruntersuchung in die Klinik eingewiesen. Im weiteren Verlauf erleidet der Patient einen Herzinfarkt. Der Arzt behauptet, den Patienten auf die Erforderlichkeit der Notfalleinweisung hingewiesen zu haben, dieser habe aber abgelehnt. In der Dokumentation finden sich zu diesem Punkt keine Angaben (OLG Bamberg, VersR 2005, 1292).

I. Gesetzliche Grundlagen

Die Frage einer zivilrechtlichen Haftung des im Rettungswesen tätigen Personals beziehungsweise des jeweiligen Anstellungsträgers stellt sich immer dann, wenn es im Rahmen der Tätigkeit im Rettungsdienst zu einem Schaden gekommen ist. Häufig macht der Geschädigte, in der Regel der Patient, entsprechende Ansprüche auf Schmerzensgeld und Schadensersatz geltend. **135**

136 Die Ansprüche ergeben sich je nachdem, ob die Tätigkeit im Rettungsdienst dem Öffentlichen Recht oder den Privatrecht zugeordnet wird (vgl. Rn. 11 ff.), aus unterschiedlichen gesetzlichen Normen (so genannten Anspruchsgrundlagen). Bei einer öffentlich-rechtlichen Tätigkeit kommen Ansprüche aus Amtshaftung, bei einer privatrechtlichen Tätigkeit Ansprüche aus Vertrag (beziehungsweise Geschäftsführung ohne Auftrag) sowie aus unerlaubter Handlung in Betracht.

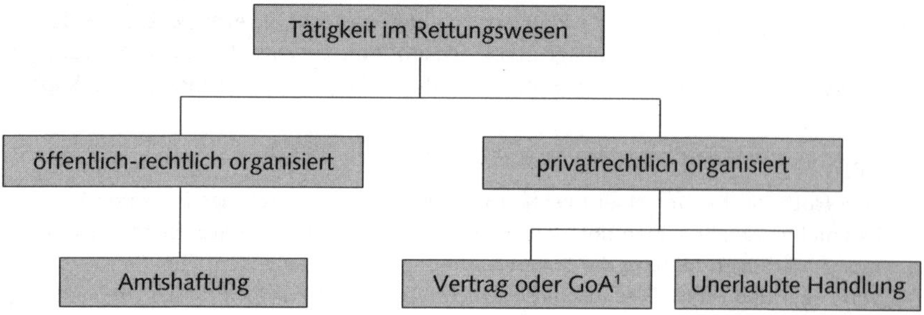

[1] Geschäftsführung ohne Auftrag

Abb. 11: Haftungsansprüche

1. Amtshaftung (§ 839 BGB, Art. 34 GG)

137 Wird die Tätigkeit im Rettungsdienst dem Öffentlichen Recht zugeordnet, kommen die Grundsätze der Amtshaftung zur Anwendung. Gemäß § 839 Abs. 1 BGB hat ein Beamter, der die ihm einem Dritten gegenüber obliegende Amtspflicht verletzt, diesem den daraus entstehenden Schaden zu ersetzen. Der Begriff des Beamten wird hier im staatsrechtlichen Sinne verstanden; er umfasst lediglich Personen, die in einem öffentlich-rechtlichen Dienst- und Treueverhältnis zum Staat oder einer juristischen Person des öffentlichen Rechts stehen.

138 Art. 34 GG verlagert die aus § 839 BGB den Beamten persönlich treffende Haftung auf den Staat beziehungsweise den jeweiligen Anstellungsträger, soweit der Beamte in Ausübung eines ihm anvertrauten öffentlichen Amtes gehandelt hat. Darüber hinaus erweitert Art. 34 GG die Haftung auf Personen, die in Ausübung eines ihnen anvertrauten öffentlichen Amtes ihnen einem Dritten gegenüber obliegende Amtspflicht verletzen, unabhängig, ob diese in einem öffentlich-rechtlichen oder privatrechtlichen Dienstverhältnis stehen (so genannter haftungsrechtlicher Beamtenbegriff).

Der Amtshaftungsanspruch ergibt sich damit aus einem Zusammenspiel von § 839 BGB und Art. 34 GG. Der Anstellungsträger haftet für Sorgfaltspflichtverletzungen seines Personals (etwa aufgrund eines Behandlungsfehlers) nach öffentlich-rechtlichen Vorschriften. Eine Anwendung privatrechtlicher Vorschriften kommt nicht in Betracht. 139

Eine direkte Haftung des Personals gegenüber dem geschädigten Patienten besteht nicht. Bei Vorsatz oder grober Fahrlässigkeit kann der Anstellungsträger jedoch Rückgriff nehmen, das heißt, den geleisteten Betrag zurückfordern (Art. 34 Satz 2 GG). Grundlage ist dabei das bestehende Anstellungsverhältnis. 140

2. Vertragliche Haftung (§ 280 BGB)

Wird die Tätigkeit im Rettungsdienst dem Privatrecht zugeordnet, kommen vertragliche Ansprüche des Patienten aus einem Behandlungsvertrag in Betracht. Der Behandlungsvertrag ist seit Inkrafttreten des Gesetzes zur Verbesserung der Rechte von Patientinnen und Patienten am 20. Februar 2013 (BGBl. I 2013, S. 277) in § 630a BGB geregelt. Vertragsinhalt ist nicht die erfolgreiche Herstellung der Gesundheit, sondern vielmehr die sorgfaltsgemäße Behandlung des Patienten. Vertragsparteien sind der Patient und der jeweilige Anstellungsträger des im Rettungswesen tätigen Personals. Das Personal schließt in der Regel keine eigenen Verträge mit dem Patienten ab, sondern wird als Erfüllungsgehilfe des Anstellungsträgers tätig. Anderes ist nur in jenen Fällen denkbar, in denen ein niedergelassener Arzt als Notarzt tätig wird. 141

Der Anspruch des Patienten aus dem Behandlungsvertrag ergibt sich aus § 280 BGB. Hiernach kann der Gläubiger (der geschädigte Patient) Ersatz desjenigen Schadens verlangen, der durch eine Pflichtverletzung des Schuldners (etwa aufgrund eines Behandlungsfehlers) entstanden ist. 142

Eine direkte Haftung des Personals gegenüber dem geschädigten Patienten ist damit ausgeschlossen. Im Rahmen der so genannten Arbeitnehmerhaftung kann es jedoch zu einer Haftung aus dem Arbeitsverhältnis mit dem Anstellungsträger kommen. Sofern der Anstellungsträger aufgrund eines Vertragsverhältnisses mit dem Patienten Schadensersatz leistet, kann er diese Summe im Wege des Rückgriffes von dem den Schaden verursachenden Arbeitnehmer zurückfordern. Die Haftung des Arbeitnehmers unterliegt jedoch gewissen Beschränkungen, die die Rechtsprechung für betrieblich veranlasste und aufgrund eines Arbeitsverhältnisses geleistete Tätigkeiten entwickelt hat. Hiernach ist eine Haftung ausgeschlossen, wenn 143 der Arbeitnehmer den Schaden nur aufgrund leichter Fahrlässigkeit verursacht hat. Bei mittlerer Fahrlässigkeit wird der Schaden geteilt, bei grober Fahrlässigkeit besteht in der Regel, bei vorsätzlichem Handeln regelmäßig eine Haftung in vollem Umfang. Neben dem Grad der Fahrlässigkeit sind aber auch die Gesamtumstände des jeweiligen Einzelfalls zu berücksichtigen. Insbesondere werden die aus der Sphäre des Anstellungsträgers stammenden gefahrsteigernder Faktoren, etwa die mangelhafte Organisation oder Gestaltung der Arbeitsbedingungen (beispielsweise bei Übermüdung des Personals aufgrund angeordneter Überschreitungen der Arbeitszeiten), im Rahmen eines Mitverschuldens zugunsten des Arbeitnehmers mit einbezogen. Aber auch weitere Faktoren, etwa die Höhe des Schadens sowie die Voraussehbarkeit und Versicherbarkeit des Risikos, finden entsprechende Berücksichtigung. Die Grundsätze der Haftungsbeschränkung gelten allein für das Innenverhältnis zwischen Personal und Anstellungsträger; somit nicht gegenüber dem geschädigten Patienten.

3. Haftung aus Geschäftsführung ohne Auftrag (§§ 677 ff. BGB)

144 Wird die Tätigkeit im Rettungsdienst dem Privatrecht zugeordnet und kann es mangels Einwilligung des Patienten (etwa bei Bewusstlosigkeit) zu keinem Vertragsverhältnis kommen, entsteht mit der Geschäftsführung ohne Auftrag ein gesetzliches Schuldverhältnis. Geschäftsführer ist der Anstellungsträger des im Rettungswesen tätigen Personals, letzteres wird als dessen Erfüllungsgehilfe tätig.

145 Der Anspruch eines geschädigten Patienten ergibt sich in diesen Fällen aus §§ 677 ff. BGB. § 677 BGB begründet eine Verpflichtung des Geschäftsführers, Geschäfte eines anderen so zu führen, wie es das Interesse des Geschäftsherrn (des Patienten) mit Rücksicht auf dessen wirklichen oder mutmaßlichen Willen erfordert. Hierzu gehört, eine drohende dringende Gefahr für den Patienten abzuwenden. Kommt es zu einer Sorgfaltspflichtverletzung des im Rettungsdienst tätigen Personals, haftet hierfür der Anstellungsträger.

146 Gemäß § 680 BGB hat der Geschäftsführer nur Vorsatz und grobe Fahrlässigkeit zu vertreten, soweit die Geschäftsführung die Abwendung einer drohenden dringenden Gefahr bezweckt. Diese Privilegierung des Geschäftsführers im Rahmen der Gefahrenabwehr gilt der Ermutigung zu Hilfeleistungen in Notsituationen. Eine Notsituation liegt bei einer drohenden dringenden Gefahr für Leib oder Leben des Patienten vor. Ob die Vorschrift im Rahmen der Tätigkeit im Rettungswesen Anwendung finden kann, ist umstritten. Für berufsmäßige Nothelfer sind Notsituation der Normalfall. Sachgerechter erscheint, die Notsituation im Rahmen der Sorgfaltsanforderungen zu berücksichtigen.

Eine direkte Haftung des Personals gegenüber dem geschädigten Patienten besteht nicht. Es kann jedoch im Rahmen der bereits dargestellten Arbeitnehmerhaftung zu einer entsprechenden Haftung aus dem Arbeitsverhältnis mit dem Anstellungsträger kommen, wobei auch insoweit die durch die Rechtsprechung entwickelten Haftungsbeschränkungen anzuwenden sind (vgl. hierzu bereits Rn. 143). **147**

4. Haftung aus unerlaubter Handlung (§§ 823, 831 BGB)

Wird die Tätigkeit im Rettungsdienst dem Privatrecht zugeordnet, kommt neben einer vertraglichen Haftung (beziehungsweise einer Haftung aus Geschäftsführung ohne Auftrag) auch eine Haftung aus unerlaubter Handlung in Betracht. Die hierfür relevanten Vorschriften richten sich sowohl an das im Rettungswesen tätige Personal selbst (§ 823 BGB) als auch an den Anstellungsträger (§ 831 BGB). **148**

Ausgangspunkt der Regelungen ist der Schutz bestimmter Rechtsgüter (unter anderem Leben, Körper, Gesundheit) vor Eingriffen durch andere Personen. Kommt es zu einer rechtswidrigen Verletzung eines dieser Rechtsgüter (etwa eine Schädigung des Patienten aufgrund eines Sorgfaltspflichtverstoßes), liegt eine unerlaubte Handlung vor. **149**

Wird das im Rettungswesen tätige Personal direkt in Anspruch genommen, hat es einen Anspruch gegen den Anstellungsträger auf Freistellung insoweit, als es im Falle der Anwendung der dargestellten Grundsätze zur Arbeitnehmerhaftung von einer Haftung ausgeschlossen wäre. **150**

II. Haftungsvoraussetzungen

Hat der Patient im Rahmen der Tätigkeit im Rettungsdienst einen Schaden erlitten, stellt sich die Frage, unter welchen Voraussetzungen ein Anspruch auf Schmerzensgeld und Schadensersatz besteht. Der Schaden kann einerseits auf einen Verstoß gegen die erforderliche Sorgfalt, andererseits auf einen infolge einer fehlerhaften oder fehlenden Aufklärung rechtswidrigen Eingriff zurückzuführen sein. **151**

1. Behandlungsfehler

152 Im Rahmen des Behandlungsfehlervorwurfs setzt ein entsprechender Anspruch den Eintritt eines Schadens, ein sorgfaltswidriges Handeln oder Unterlassen des im Rettungswesen tätigen Personals sowie die Kausalität (Ursächlichkeit) zwischen dem sorgfaltswidrigen Verhalten und dem Schaden voraus. Das Vorliegen der einzelnen Voraussetzungen hat in der Regel der Patient zu beweisen.

153 Unter Umständen kommen dem Patienten Beweiserleichterungen zugute. Können Gefahren durch sachgerechte Organisation und Koordinierung des Behandlungsgeschehens durch das im Rettungswesen tätige Personal objektiv voll beherrscht werden (so genannter vollbeherrschbarer Bereich), liegt die Beweislast für die Fehler- und Verschuldensfreiheit bei der Behandlungsseite (§ 630 h Abs. 1 BGB).
- BGH, NJW 1984, 1400
- BGH, NJW 2007, 1682
- OLG Hamm, MedR 2006, 288

In **Fall 6** gehört die ordnungsgemäße Durchführung von Desinfektionsmaßnahmen (anders als der Erfolg einer Desinfektionsmaßnahme) zum voll beherrschbaren Bereich. Es ist eine bloße Organisationsfrage, wenigstens den Versuch einer erfolgreichen Desinfektion zu unternehmen. Die Einhaltung der Hygienestandards gehört auch im notärztlichen Einsatz, zu den unverzichtbaren, fundamentalen Anforderungen ärztlichen Handelns (OLG Naumburg, VersR 2010, 216).

154 Wird eindeutig gegen bewährte Behandlungsregeln oder gesicherte medizinische Erkenntnisse verstoßen und ein Fehler begangen, der aus objektiver Sicht nicht mehr verständlich erscheint, weil er dem Angehörigen der betreffenden Berufsgruppe schlechterdings nicht unterlaufen darf
- BGH, NJW 2012, 227
- LG München I, VersR 2004, 649: vertragsärztlicher Notdienst

(so genannter grober Behandlungsfehler), kommt es zur Umkehr der Beweislast für die Kausalität zwischen dem Primärschaden und dem Behandlungsfehler, wenn dieser Fehler grundsätzlich geeignet ist, eine Verletzung des Lebens, des Körpers oder der Gesundheit der tatsächlich eingetretenen Art herbeizuführen (§ 630 h Abs. 5 Satz 1 BGB). Eine Beweislastumkehr kommt allerdings dann nicht in Betracht, wenn das im Rettungswesen tätige Personal beweisen kann, dass die Kausalität äußerst unwahrscheinlich ist.

- BGH, NJW 2004, 2011
- BGH, NJW 2008, 1304

Eine unterlassene Befunderhebung kann schon unterhalb der Schwelle zum groben Behandlungsfehler zu einer Umkehr der Beweislast für die Kausalität zwischen dem Primärschaden und dem Behandlungsfehler führen. Dies ist dann der Fall, wenn es der Behandelnde unterlassen hat, einen medizinisch gebotenen Befund rechtzeitig zu erheben oder zu sichern, soweit der Befund mit hinreichender Wahrscheinlichkeit ein Ergebnis erbracht hätte, das Anlass zu weiteren Maßnahmen gegeben hätte, und wenn das Unterlassen solcher Maßnahmen grob fehlerhaft gewesen wäre (§ 630 h Abs. 5 Satz 2 BGB). Auch insoweit kommt eine Beweislastumkehr nicht in Betracht, wenn das im Rettungswesen tätige Personal beweisen kann, dass die Kausalität äußerst unwahrscheinlich ist. 155

- BGH, NJW 2004, 2011
- BGH, NJW-RR 2010, 833
- BGH, NJW 2011, 2508
- OLG Zweibrücken, MedR 2000, 537

Eine unvollständige Behandlungsdokumentation führt hingegen nicht unmittelbar zu einer Beweislastumkehr hinsichtlich der Kausalität. Vielmehr führt die Nichtdokumentation einer dokumentationspflichtigen Maßnahme zu der Vermutung, dass die Maßnahme unterblieben ist (§ 630 h Abs. 3 BGB). 156

- BGH, NJW 1995, 1611
- BGH, VersR 1999, 190
- OLG Karlsruhe, GesR 2006, 211

In **Fall 7** ist die Information des Patienten über die Erforderlichkeit einer dringend indizierten Untersuchung, die geeignet ist, einen drohenden Herzinfarkt zu verhindern, und die Weigerung des Patienten aufzeichnungspflichtig. Durch die Nichtdokumentation dieser Maßnahmen ist bis zum Beweis des Gegenteils darauf zu schließen, dass die Information des Patienten unterblieben ist. Nach den Feststellungen des Sachverständigen wäre der Herzinfarkt durch die in der Klinik durchgeführten Herzkatheteruntersuchung mit an Sicherheit grenzender Wahrscheinlichkeit vermieden worden (OLG Bamberg, VersR 2005, 1292).

Eine Beweislastumkehr kommt nur in Betracht, wenn die unterbliebene Dokumentation einen Behandlungsfehler indiziert, der als solcher die Grundlage für eine Beweislastumkehr bildet.

- BGH, NJW 1993, 2375
- BGH, NJW 1999, 3408

2. Aufklärungsfehler

157 Im Rahmen des Aufklärungsfehlervorwurfs setzt ein entsprechender Anspruch den Eintritt eines Schadens,

- vgl. hierzu BGH, BGHZ 176, 342

eine mangels (wirksamer) Einwilligung nicht gerechtfertigte Behandlung sowie die Kausalität (Ursächlichkeit) zwischen der Behandlung und dem Schaden voraus. Dies gilt auch dann, wenn die Behandlung im Übrigen sorgfaltsgemäß erfolgte. Der Patient hat den Eintritt eines Schadens und die Kausalität zu beweisen, der Behandelnde hat zu beweisen, dass er eine Einwilligung gemäß § 630 d BGB eingeholt und entsprechend den Anforderungen des § 630 e BGB aufgeklärt hat (§ 630 h Abs. 2 BGB). Hieraus ergibt sich die Notwendigkeit zur Dokumentation der Aufklärung.

158 Sind der Schaden und die Ursächlichkeit der Behandlung festgestellt, kann der Behandelnde aber seinerseits die (wirksame) Einwilligung nicht beweisen, etwa weil die Aufklärung nicht den Anforderungen des § 630 e BGB genügt, kann er sich darauf berufen und muss beweisen, dass der Patient auch im Fall einer ordnungsgemäßen Aufklärung in die konkrete Maßnahme eingewilligt hätte (§ 630 h Abs. 2 BGB, hypothetische Einwilligung). Er ist mit dem Beweis aber nur zu belasten, wenn der Patient plausibel darlegt, dass er sich bei ordnungsgemäßer Aufklärung in einem echten Entscheidungskonflikt befunden hätte.

- BGH, NJW 2007, 2771
- BGH, NJW 2007, 2774
- BGH, BGHZ 192, 298

III. Haftungsumfang

159 Der *Schadensersatz* richtet sich nach den allgemeinen Vorschriften des BGB (§§ 249 ff., §§ 823 ff. BGB). Gemäß § 249 BGB ist der Geschädigte so zu stellen, als ob der zum Schadensersatz verpflichtende Umstand nicht eingetreten wäre. Der Schadensersatz umfasst in Fällen der Schädigung eines Patienten insbesondere die Kosten für Heilbehandlung, Kur und Pflege, behindertengerechten Umbau von Wohnung und Kraftfahrzeug, entgangene

Haushaltsführung, Verdienstausfall sowie Kosten für beruflichen Wiedereinstieg oder Umschulung.

- Vgl. ausführlich Ratzel/Lissel, Handbuch des Medizinschadensrechts, 2013

Nach § 253 Abs. 2 BGB kann wegen eines Schadens, der kein Vermögens- **160**
schaden ist, zudem *Schmerzensgeld* gefordert werden, sofern wegen einer Verletzung des Körpers, der Gesundheit oder der Freiheit Schadensersatz zu leisten ist. Im Gegensatz zur früheren Rechtslage gilt dies aufgrund des am 1.8.2002 in Kraft getretenen Zweiten Gesetzes zur Änderung schadensersatzrechtlicher Vorschriften (BGBl. I 2002, S. 2674) inzwischen auch in Fällen der vertraglichen Haftung.

5. Kapitel
Strafrecht

Literatur: Baumann/Weber/Mitsch, Strafrecht Allgemeiner Teil, 11. Auflage 2003; Bender, Grenzen der Schweigepflicht des Arztes bei Kenntnis von Misshandlungen oder entwürdigenden Behandlungen durch Eltern, MedR 2002, 626 ff.; Boll, Strafrechtliche Risiken bei Hilfeleistung ohne Arzt, Notfall Rettungsmed 2004, 345 ff.; Bruns/Andreas/Debong, Ärztliche Schweigepflicht im Krankenhaus, ArztR 1999, 32 ff.; Fehn, Die strafrechtliche Bedeutung des Behandlungsfehlers, GesR 2007, 385 ff.; Fischer, Strafgesetzbuch und Nebengesetze, 60. Auflage 2013; Frister/Lindemann/Peters, Arztstrafrecht, 2011; Gola/Schomerus, Bundesdatenschutzgesetz, 11. Auflage 2012; Jescheck/Weigend, Lehrbuch des Strafrechts AT, 5. Auflage 1996; Killinger, Polizeiliche Strafverfolgungsmaßnahmen am Notfallort, Notfall Rettungsmed 2012, 152 ff.; Lackner/Kühl, Strafgesetzbuch Kommentar, 27. Auflage 2011; Lissel, Die Schweigepflicht bei der Behandlung von Patienten, Notfall Rettungsmed 2006, 205 ff. = Der Gynäkologe 2006, 556 ff.; Muschallik, Die Befreiung von der ärztlichen Schweigepflicht und vom Zeugnisverweigerungsrecht im Strafprozess, 1984; Peters, Grenzüberschreitender Einsatz eines Notarztes, Notfall Rettungsmed 2007, 237 f.; Roxin, Strafrecht Allgemeiner Teil, Band 1, 4. Auflage 2006, Band 2, 2003; Roxin/Schroth, Handbuch des Medizinstrafrechts, 4. Auflage 2010; Schönke/Schröder, Strafgesetzbuch Kommentar, 28. Auflage 2010; Simitis, Bundesdatenschutzgesetz, 7. Auflage 2011; Ulsenheimer, Arztstrafrecht in der Praxis, 4. Auflage 2008; Wessels/Beulke/Satzger, Strafrecht Allgemeiner Teil, 43. Auflage 2013; Wilhelm, Probleme der medizinischen Arbeitsteilung aus strafrechtlicher Sicht, MedR 1983, 45 ff.

Fall 8
Ein Notarzt unterlässt die Prüfung, ob bei einem Beatmungsgerät der akustische Signalton für die Herztöne eingeschaltet ist. Tatsächlich ist der Signalton wie auch die Alarmfunktion nicht betriebsbereit. Durch eine unzureichende Beatmung kommt es zum Herzstillstand und letztlich zum Tod der Patientin (in Anlehnung an LG Hamburg, Urt. v. 5.2.2013, Az. 632 KLs 6/12, juris).

Fall 9
Ein Notarzt wird im Rahmen seines Einsatzes aufgrund eines Verkehrsunfalls von am Unfallort anwesenden Polizeibeamten nach einer etwaigen Alkoholisierung des nicht ansprechbaren Patienten befragt. Später wird er von Angehörigen des Patienten auf den Gesundheitszustand des Patienten und das Transportziel angesprochen. Darf der Notarzt die gewünschten Auskünfte geben (Lissel, Notfall Rettungsmed 2006, 205 ff.)?

I. Grundlagen der strafrechtlichen Verantwortung

1. Begriff und Aufgabe des Strafrechts

161 Das Strafrecht bestimmt die einzelnen Voraussetzungen der Strafbarkeit eines bestimmten Verhaltens und deren Sanktionierung in Form von Strafen und Maßregeln der Besserung und Sicherung. Es hat die Aufgabe, *Rechtsgüter* des Einzelnen oder der Allgemeinheit zu schützen. Rechtsgüter sind Lebensgüter, Sozialwerte und rechtlich anerkannte Interessen, die aufgrund ihrer Bedeutung für das geordnete menschliche Zusammenleben in der Gesellschaft einen entsprechenden Rechtsschutz genießen. Die Rechtsgüter des Einzelnen (etwa das Leben, die körperliche Unversehrtheit, die persönliche Freiheit) werden als Individualrechtsgüter, die Rechtsgüter der Allgemeinheit (etwa der Bestand des Staates und seiner Einrichtungen, die Rechtspflege) als Universalrechtsgüter bezeichnet.

162 Nicht zum Strafrecht gehört das Ordnungswidrigkeitenrecht, weil es im Gegensatz zum Strafrecht keine Strafen oder Maßregeln der Besserung und Sicherung vorsieht, sondern ein Verhalten lediglich durch die Ahndung mit einer Geldbuße sanktioniert (§ 1 OWiG).

163 Die Feststellung der strafrechtlichen Verantwortung erfolgt im Rahmen eines *Strafverfahrens*. Das hierfür maßgebliche Gesetz ist die Strafprozessordnung (StPO). Das Strafverfahren gliedert sich in das Ermittlungsverfahren, das Zwischenverfahren und das Hauptverfahren. Nach Durchführung des Ermittlungsverfahrens durch die Staatsanwaltschaft prüft das zuständige Gericht im Zwischenverfahren, ob das Hauptverfahren eröffnet wird. Das Hauptverfahren (Vorbereitung und Durchführung der Hauptverhandlung) endet in der Regel mit einem Urteil.

2. Deliktsaufbau im Strafrecht

164 Ob ein Verhalten strafbar ist, richtet sich nach dem Gesetz. Gemäß Art. 103 Abs. 2 GG und § 1 StGB kann eine Tat nur bestraft werden, wenn die Strafbarkeit gesetzlich bestimmt war, bevor die Tat begangen wurde. Eine *Straftat* ist eine tatbestandsmäßige, rechtswidrige und schuldhafte Handlung. Hieraus ergibt sich folgendes Grundmodell für den Deliktsaufbau:

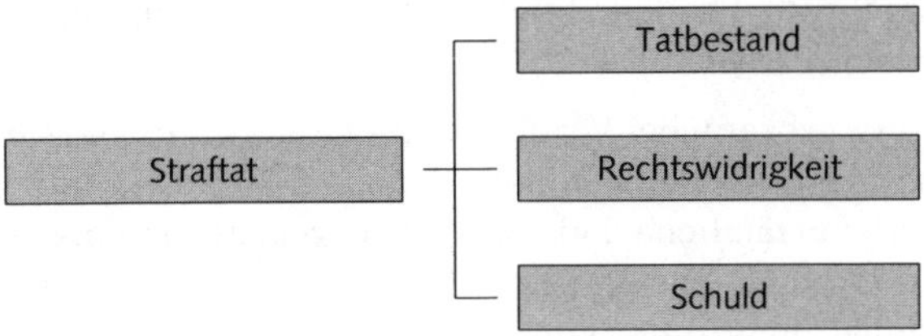

Abb. 12: Deliktsaufbau im Strafrecht

Strafbar ist damit nur eine tatbestandsmäßige, rechtswidrige und schuldhafte Handlung. Diese Voraussetzungen müssen kumulativ erfüllt sein, andernfalls liegt kein strafbares Verhalten vor. Im weiteren Verlauf werden diese Begriffe näher erläutert. 165

Als *Tatbestand* gelten die gesetzlichen Merkmale der jeweiligen Strafbestimmung. Der Tatbestand bestimmt damit, welche Handlung im Einzelnen strafbar ist. Eine Handlung ist tatbestandsmäßig, wenn sie mit der Verwirklichung der gesetzlichen Merkmale eines Delikts übereinstimmt. Während der objektive Tatbestand das äußere Erscheinungsbild der Tat betrifft, stellt der subjektive Tatbestand auf die innere Einstellung des Täters (vorsätzliches oder fahrlässiges Handeln) ab. 166

Rechtswidrig ist eine Handlung dann, wenn sie einen gesetzlichen Tatbestand verwirklicht und nicht durch einen Rechtfertigungsgrund (zum Beispiel die ausdrückliche oder mutmaßliche Einwilligung des Rechtsgutsinhabers, der rechtfertigende Notstand nach § 34 StGB oder die rechtfertigende Pflichtenkollision) gerechtfertigt wird. 167

Im Rahmen der *Schuld* geht es um die Einstellung des Täters zu den Verhaltensanforderungen der Strafrechtsordnung. Dabei stellt sich die Frage, ob dem Täter die tatbestandsmäßige und rechtswidrige Tat persönlich vorzuwerfen ist. 168

– Vgl. BGH, NJW 1953, 513

Schuldhaft kann nur handeln, wer im Zeitpunkt der Tat schuldfähig ist. Dies ist nicht der Fall, wer bei Begehung der Tat noch nicht vierzehn Jahre alt ist (§ 19 StGB) oder bei Begehung der Tat wegen einer krankhaften seelischen Störung, wegen einer tiefgreifenden Bewusstseinsstörung oder wegen Schwachsinns oder einer schweren anderen seelischen Abartigkeit unfähig ist, das Unrecht der Tat einzusehen oder nach dieser Einsicht zu handeln (§ 20 StGB). Ist die Fähigkeit, das Unrecht der Tat einzusehen oder nach dieser Einsicht zu handeln, aus einem dieser Gründe erheblich vermindert (zum Beispiel bei erheblichem Alkoholgenuss), kann die Strafe gemildert werden (§ 21 StGB).

Der Schuldvorwurf kann bei Vorliegen eines Entschuldigungsgrundes (zum Beispiel der entschuldigende Notstand nach § 35 StGB) entfallen. Nimmt etwa ein Arzt vorsätzliche Falschangaben gegenüber einer gemäß § 12 Transplantationsgesetz zuständigen Vermittlungsstelle vor, um die Zuteilungsreihenfolge zugunsten seines Patienten zu beeinflussen, wäre die Frage eines entschuldigenden Notstands zu erörtern, sofern es sich bei dem Patienten um einen Angehörigen des Arztes handeln sollte.
– OLG Braunschweig, NJW-Spezial 2013, 505

3. Strafbarkeit durch aktives Tun und Unterlassen

169 Strafbar ist in der Regel nur ein *aktives Tun*. Nur bei wenigen Delikten ist von vornherein ein Unterlassen tatbestandsmäßige Voraussetzung für die Strafbarkeit, etwa bei der unterlassenen Hilfeleistung nach § 323 c StGB (vgl. im Einzelnen Rn. 197 ff.).

170 Der Tatbestand eines Begehungsdelikts kann jedoch regelmäßig auch durch ein *Unterlassen* erfüllt werden. Strafbar macht sich auch, wer es unterlässt, den „Erfolg" (etwa die Schädigung des Patienten) abzuwenden, der zum Tatbestand eines Strafgesetzes gehört (§ 13 StGB). Ein solches Unterlassen kann jedoch einem aktiven Tun erst dann gleichgestellt werden, wenn den Unterlassenden eine rechtliche Pflicht trifft, dafür zu sorgen, dass der tatbestandsmäßige Erfolg nicht eintritt. Diese rechtliche Pflicht wird als Garantenpflicht bezeichnet und ergibt sich aus der *Garantenstellung* des Unterlassenden. Die Garantenstellung entsteht bereits mit der Übernahme des Dienstes.
– BGH, NJW 2000, 2741

Arzt und nichtärztliches Personal sind verpflichtet, einem Einsatzbefehl zu folgen und alle erforderlichen und zumutbaren Maßnahmen zu ergreifen, um eine drohende Schädigung des Patienten abzuwenden.
– Vgl. BGH, MedR 2002, 89: Rettungssanitäter

171 Werden erforderliche und zumutbare Rettungsmaßnahmen nicht durchgeführt, kommt eine Strafbarkeit des im Rettungswesen tätigen Personals wegen unterlassener Hilfeleistung in Betracht (vgl. im Einzelnen Rn. 197 ff.). Sofern ein solches Unterlassen kausal, also ursächlich ist für eine Schädigung des Patienten, kann eine Strafbarkeit wegen einer Körperverletzung (beziehungsweise Tötung) durch Unterlassen gegeben sein (vgl. im Einzelnen Rn. 192 ff.).

4. Vorsatz und Fahrlässigkeit

172 Mit Strafe bedroht ist vorsätzliches Verhalten; fahrlässiges Verhalten nur dann, wenn dies im Gesetz ausdrücklich bestimmt ist (§ 15 StGB). Der *Vorsatz* ist der Wille zur Verwirklichung eines Tatbestandes in Kenntnis seiner objektiven Tatumstände. Dies wird häufig auch mit der Formel „Wissen und Wollen der Tatbestandsverwirklichung" umschrieben. Vorsätzliches Verhalten liegt bereits dann vor, wenn der Täter die Verwirklichung eines Tatbestandes für möglich hält und sie billigend in Kauf nimmt beziehungsweise sich damit abfindet (so genannter Eventualvorsatz).

- BGH, BGHSt 36, 1
- OLG Braunschweig, NJW-Spezial 2013, 505

173 *Fahrlässigkeit* wird definiert als die Verwirklichung des gesetzlichen Tatbestandes durch eine pflichtwidrige Außerachtlassung der im Verkehr erforderlichen Sorgfalt.

- BGH, BGHSt 10, 315

Kommt es etwa im Rahmen der Behandlung des Patienten aufgrund eines Behandlungsfehlers zu einem Schaden des Patienten, kommt eine Strafbarkeit wegen fahrlässiger Körperverletzung oder fahrlässiger Tötung in Betracht (vgl. im Einzelnen Rn. 202 ff.).

174 Unterschieden wird grundsätzlich zwischen der *unbewussten Fahrlässigkeit*, bei der der Täter den gesetzlichen Tatbestand verwirklicht, ohne den Sorgfaltsverstoß zu erkennen, und der *bewussten Fahrlässigkeit*, bei welcher der Täter die Verwirklichung des gesetzlichen Tatbestandes für möglich hält, jedoch pflichtwidrig darauf vertraut, dass er nicht eintreten werde.

- BGH, NJW 2010, 2595

Dieser Unterscheidung kommt bei der Frage der Strafzumessung Bedeutung zu.

175 *Grobe Fahrlässigkeit* ist gegeben, wenn eindeutig gegen bewährte Behandlungsregeln oder gesicherte medizinische Erkenntnisse verstoßen und ein Fehler begangen wird, der aus objektiver Sicht nicht mehr verständlich erscheint, weil er dem Angehörigen der betreffenden Berufsgruppe schlechterdings nicht unterlaufen darf.

- BGH, NJW 2012, 227

Das Vorliegen grober Fahrlässigkeit findet im Rahmen der Strafzumessung erschwerend Berücksichtigung.

5. Strafbarkeit des Versuchs

176 Gemäß § 23 StGB ist der Versuch eines Verbrechens stets strafbar, der Versuch eines Vergehens nur dann, wenn das Gesetz es ausdrücklich bestimmt. *Verbrechen* sind rechtswidrige Taten, die im Mindestmaß mit Freiheitsstrafe von einem Jahr oder darüber bedroht sind, *Vergehen* sind rechtswidrige Taten, die im Mindestmaß mit einer geringeren Freiheitsstrafe oder mit Geldstrafe bedroht sind (§ 12 StGB). Eine Straftat versucht, wer nach seiner Vorstellung von der Tat zur Verwirklichung des Tatbestandes unmittelbar ansetzt und Handlungen vornimmt, die nach dem Tatplan im ungestörten Fortgang unmittelbar zur Tatbestandserfüllung führen sollen.
- BGH, BGHSt 30, 363
- BGH, BGHSt 40, 257

II. Einzelne Tatbestände des StGB

1. Körperverletzung (§ 223 StGB)

177 Gemäß § 223 StGB ist strafbar, wer eine andere Person körperlich misshandelt oder an der Gesundheit schädigt. Der Versuch ist strafbar.

178 *Rechtsgut* der Vorschrift ist die körperliche Unversehrtheit und die Gesundheit eines anderen Menschen.

179 Die Tathandlung besteht in der körperlichen Misshandlung oder Schädigung der Gesundheit. Beides kann zusammentreffen. Eine *körperliche Misshandlung* ist eine üble, unangemessene Behandlung, durch die das körperliche Wohlbefinden oder die körperliche Unversehrtheit mehr als nur unerheblich beeinträchtigt wird. Als *Schädigung der Gesundheit* gilt das Hervorrufen oder Steigern eines krankhaften Zustands.
- OLG München, NStZ 2008, 632

180 Nach der Rechtsprechung erfüllt jede in die körperliche Unversehrtheit eingreifende *Behandlungsmaßnahme* den Tatbestand der Körperverletzung. Diese kann gerechtfertigt sein durch die Einwilligung beziehungsweise mutmaßliche Einwilligung des Patienten, in äußerst seltenen Ausnahmefällen auch durch den rechtfertigenden Notstand (vgl. im Einzelnen bereits Rn. 117 ff.).

2. Gefährliche Körperverletzung (§ 224 StGB)

Gemäß § 224 StGB ist strafbar, wer die Körperverletzung unter anderem mittels einer Waffe oder eines anderen gefährlichen Werkzeugs oder mittels einer das Leben gefährdenden Behandlung begeht. Der Versuch ist strafbar. **181**

Die Vorschrift beinhaltet Qualifizierungstatbestände der Körperverletzung des § 223 StGB. Die Qualifikation besteht in der *gefährlichen Art der Tatausführung*. § 224 StGB sieht daher gegenüber § 223 StGB ein deutlich höheres Strafmaß vor. **182**

Ein *Werkzeug* ist jeder Gegenstand, mit dem durch Einwirkung auf den Körper eine Verletzung zugefügt werden kann. Ein Werkzeug ist dann als gefährlich anzusehen, wenn es sich nach seiner objektiven Beschaffenheit und der Art seiner Benutzung im Einzelfall dazu eignet, erhebliche Körperverletzungen hervorzurufen. Hierunter können auch medizinische Instrumente (etwa eine Injektionsspritze) fallen, wobei teilweise unterschieden wird, ob sie lege artis eingesetzt werden oder nicht. **183**
- BGH, NJW 1978, 1206
- BGH, NStZ 1987, 174

Mittels *einer das Leben gefährdenden Behandlung* wird die Körperverletzung begangen, wenn die Behandlung generell geeignet ist, das Leben zu gefährden. Dabei ist vor allem die individuelle Schädlichkeit der Einwirkung zu berücksichtigen. **184**
- BGH, NStZ-RR 2013, 342
- BGH, NStZ 2013, 345

Eine konkrete Lebensgefahr braucht damit nicht verbunden zu sein.

3. Schwere Körperverletzung (§ 226 StGB)

Gemäß § 226 StGB ist strafbar, wenn die Körperverletzung dazu führt, dass die verletzte Person das Sehvermögen auf einem Auge oder beiden Augen, das Gehör, das Sprechvermögen oder die Fortpflanzungsfähigkeit verliert, ein wichtiges Glied des Körpers verliert oder dauernd nicht mehr gebrauchen kann oder in erheblicher Weise dauernd entstellt wird oder in Siechtum, Lähmung oder geistige Krankheit oder Behinderung verfällt. **185**

Die Vorschrift enthält weitere Qualifizierungstatbestände der Körperverletzung des § 223 StGB. Die Qualifikation besteht in der durch die Körperverletzung fahrlässig verursachten *schweren Folge*. § 226 StGB sieht gegenüber § 223 StGB ein deutlich höheres Strafmaß vor. **186**

187 Den im Tatbestand der Vorschrift genannten Merkmalen ist gemeinsam, dass sich eine Heilung nicht oder zumindest der Zeit nach nicht bestimmen lässt oder Heilungsmaßnahmen wegen besonderer Gefahren für den Verletzten nicht zumutbar sind.

188 Für eine Strafbarkeit müssen die schweren Folgen fahrlässig herbeigeführt worden sein (§ 18 StGB). Maßgeblich ist, ob der Täter in seiner konkreten Lage und nach seinen persönlichen Kenntnissen und Fähigkeiten die schwere Folge voraussehen konnte oder ob die Gefahr einer schweren Folge so weit außerhalb aller Lebenserfahrung lag, dass sie ihm nicht zugerechnet werden kann.
- BGH, NStZ 1995, 287
- BGH, NStZ-RR 2009, 309

4. Körperverletzung mit Todesfolge (§ 227 StGB)

189 Wird durch die Körperverletzung der Tod der verletzten Person verursacht, führt dies zu einem höheren Strafmaß.

190 Die Verursachung setzt einen *engen Zusammenhang* zwischen der Körperverletzung und der Todesfolge voraus. Durch den Tod muss sich die der Verwirklichung des Grunddelikts eigentümliche tatbestandsspezifische Gefahr verwirklicht haben.
- BGH, NJW 2012, 735

191 Für eine Strafbarkeit muss die Todesfolge zumindest fahrlässig herbeigeführt worden sein (§ 18 StGB). Maßgeblich ist, ob der Täter in seiner konkreten Lage und nach seinen persönlichen Kenntnissen und Fähigkeiten den Todeseintritt voraussehen konnte oder ob diese so weit außerhalb aller Lebenserfahrung lag, dass sie ihm nicht zugerechnet werden kann. Diese Frage stellte sich etwa bei einem Brechmitteleinsatz eines Arztes gegen einen Drogendealer.
- BGH, NJW 2010, 2595
- BGH, NJW 2012, 735

5. Körperverletzung durch Unterlassen (§§ 223, 13 StGB)

192 Eine Körperverletzung kann auch durch Unterlassen verwirklicht werden. Durch die Garantenstellung im Rettungswesen sind Arzt und nichtärztliches Personal verpflichtet, einem Einsatzbefehl zu folgen und alle objektiv erforderlichen und nach den Umständen zumutbaren Maßnahmen zu er-

greifen, um eine drohende Schädigung des Patienten abzuwenden (vgl. bereits Rn. 170).

Die Maßnahmen müssen objektiv *erforderlich* und nach den Umständen *zumutbar* sein. Erforderlich sind Maßnahmen dann, wenn ohne sie die Gefahr besteht, dass ein weiterer Personenschaden entsteht. 193

– BGH, MDR 2013, 971

Im Hinblick auf die Zumutbarkeit gilt, dass die Maßnahmen ohne erhebliche Eigengefahr des Hilfspflichtigen möglich sein müssen. Einer konkreten Lebensgefährdung muss sich niemand aussetzen,

– BGH, MDR 2013, 971

wohl aber einer Gefahr der Ansteckung an einer Krankheit.

– Stree/Busch, in: Schönke/Schröder, Vorbem. §§ 13 ff. Rn. 156

Die Ausübung des Notarztdienstes auf ausländischem Staatsgebiet ohne entsprechende völkerrechtliche Regelung soll aufgrund der damit verbundenen unkalkulierbaren Risiken nicht zumutbar sein.

– LG Görlitz, MedR 2005, 172

Die Maßnahmen dürfen nicht ohne die Einwilligung des (einwilligungsfähigen) Patienten erfolgen. Eine Verweigerung der Behandlung und/oder des Transports durch den Patienten ist auch dann zu akzeptieren, wenn dieser die Behandlung und/oder den Transport trotz eindringlicher Information über die Notwendigkeit und Dringlichkeit einer weitergehenden Untersuchung oder Behandlung und die mit einer Weigerung verbundenen möglichen Folgen (vgl. Rn. 110) wider alle medizinische Vernunft ablehnt. Die eindringliche Information wie auch die Weigerung des Patienten ist zu dokumentieren (vgl. Rn. 113). Bei vitaler oder absoluter Indikation besteht gleichwohl die Verpflichtung, den Patienten nicht alleine am Einsatzort zurückzulassen. Nach Möglichkeit sind Angehörige oder der Hausarzt des Patienten zu informieren, damit diese auf den Patienten einwirken können. In Fällen der Unterbringung ist die fehlende Einwilligung des Patienten unbeachtlich (vgl. Rn. 362). 194

Eine *Rechtfertigung* für ein Unterlassen kann sich in jenen Fällen ergeben, in denen mehrere Patienten gleichzeitig zu versorgen sind. Für solche Fälle wurde die Figur der so genannten *rechtfertigenden Pflichtenkollision* entwickelt, bei der den Unterlassenden mehrere rechtlich begründete Handlungspflichten treffen, von denen er nur eine auf Kosten der anderen erfüllen kann. In diesen Fällen ist eine Handlung dann nicht rechtswidrig, wenn bei rangverschiedenen Handlungspflichten die höherrangige Pflicht und 195 bei gleichrangigen Pflichten zumindest eine der beiden Handlungspflichten erfüllt wird.

196 Das Rangverhältnis der kollidierenden Pflichten hängt von der Stellung der gefährdeten Rechtsgüter und der Wahrscheinlichkeit des Erfolgseintritts ab. Sind Patienten am Einsatzort unterschiedlich stark verletzt, ist ein vital verletzter Patient einem Leichtverletzten vorzuziehen, da das Leben des Patienten der Gesundheit des anderen Patienten vorgeht (rangverschiedene Handlungspflichten). Bei mehreren gleich schwer verletzten Notfallpatienten kann eine gezielte Auswahl nicht stattfinden. Hier ist auf die zufällige Priorität der Rettung durch die Entscheidung der Behandelnden abzustellen (gleichrangige Handlungspflichten).

6. Unterlassene Hilfeleistung (§ 323 c StGB)

197 Gemäß § 323 c StGB ist strafbar, wer bei Unglücksfällen oder gemeiner Gefahr oder Not nicht Hilfe leistet, obwohl dies erforderlich und ihm den Umständen nach zuzumuten, insbesondere ohne erhebliche eigene Gefahr und ohne Verletzung anderer wichtiger Pflichten möglich ist.

198 Die Verpflichtung zur Hilfeleistung gilt für jedermann, eine Garantenpflicht ist nicht erforderlich. Damit stellt die Vorschrift *keine besondere Pflicht* für Ärzte oder nichtärztliches Personal im Rettungswesen dar.
- BGH, BGHSt 2, 296

199 Im Rettungswesen ist vor allem der *Unglücksfall* von Bedeutung. Ein Unglücksfall ist ein plötzlich eintretendes Ereignis, das erheblichen Schaden an Menschen oder Sachen anrichtet und weiteren Schaden zu verursachen droht.
- BGH, BGHSt 3, 65
- BGH, BGHSt 57, 42

Dies können sein Unfälle,
- BGH, BGHSt 11, 135

Straftaten,
- BGH, BGHSt 3, 65
- BGH, NStZ 1997, 22

eine im Verlauf einer Krankheit eintretende plötzliche und rasch verschlimmernde Verschlechterung
- BGH, NJW 1983, 350
- BGH, NStZ 1985, 409
- OLG Düsseldorf, Beschl. v. 13.1.1995, Az. 1 Ws 1041/94, juris

oder auch ein plötzliches Eintreten einer Schwangerschaft oder Geburt in eine kritische Phase.
- BGH, NJW 1983, 350
- OLG Düsseldorf, NJW 1991, 2979

Unerheblich ist dabei, ob sich der Hilfsbedürftige selbst in die Notlage gebracht hat oder nicht.

Die Hilfe muss objektiv *erforderlich* und nach den Umständen *zumutbar* **200** sein (vgl. hierzu bereits Rn. 193).

Vollendet ist die Tat, wenn der Unterlassende die rechtlich gebotene Hilfe- **201** leistung nicht erbracht hat. Auf einen diesbezüglichen Erfolg (etwa die Schädigung des Patienten) kommt es nicht an.

7. Fahrlässige Körperverletzung (§ 229 StGB), fahrlässige Tötung (§ 222 StGB)

Strafbar ist, wer durch Fahrlässigkeit eine Körperverletzung (§ 229 StGB) **202** beziehungsweise den Tod eines Menschen (§ 222 StGB) verursacht.

Die Körperverletzung oder der Tod eines Menschen muss fahrlässig verur- **203** sacht worden sein. Ein fahrlässiges Verhalten liegt bei einem objektiv sorgfaltswidrigen Handeln oder Unterlassen vor (vgl. bereits ausführlich Rn. 193).

Das sorgfaltswidrige Handeln oder Unterlassen muss zu dem Schaden ge- **204** führt haben. Maßgeblich ist der Eintritt der konkreten Gefährdungslage, die unmittelbar zum Schaden geführt hat.
- BGH, BGHSt 53, 55
- LG Hamburg, Urt. v. 18.9.2012, Az. 628 Kls 3/12, juris

Kausalität und Schaden müssen *objektiv und subjektiv voraussehbar* sein. **205** Allerdings müssen nicht alle Einzelheiten vorhersehbar sein, es genügt, dass sie in ihrem Gewicht im Wesentlichen voraussehbar waren.
- BGH, BGHSt 39, 322
- BGH, BGHSt 53, 55

Die objektive Voraussehbarkeit ist nicht mehr gegeben, wenn der Schaden so weit außerhalb aller Lebenserfahrung liegt, dass mit ihm vernünftigerweise nicht mehr gerechnet werden musste.
- LG Hamburg, Urt. v. 18.9.2012, Az. 628 Kls 3/12, juris

Bei der subjektiven Voraussehbarkeit ist auf die persönlichen Kenntnisse und Fähigkeiten des Täters abzustellen.

206 In diesem Zusammenhang stellt sich aber regelmäßig die Frage, ob der Täter die Behandlung des Patienten beziehungsweise den Dienst im Rettungswesen überhaupt hätte übernehmen dürfen. Fahrlässig schuldhaft handelt, wer eine Tätigkeit vornimmt, obwohl er weiß (bewusste Fahrlässigkeit) oder erkennen kann (unbewusste Fahrlässigkeit), dass ihm die dafür erforderlichen Kenntnisse fehlen.

– BGH, NJW 2010, 2595

Wer vorsätzlich oder fahrlässig hiergegen verstößt, handelt pflichtwidrig im Rahmen des so genannten *Übernahmeverschuldens*. Hieraus ergibt sich, dass in Ausbildung stehendes Personal – ob ärztlich oder nichtärztlich – nur zusätzlich zum Notfalleinsatz eingesetzt werden darf.

In **Fall 8** stellen die fehlende Kontrolle der Beatmungssituation sowie das Nichtbemerken des ausgeschalteten Alarmknopfes ein objektiv sorgfaltswidriges und damit fahrlässiges Verhalten des Notarztes dar. Das sorgfaltswidrige Verhalten führte auch zum Tode der Patientin. Nach den Feststellungen des Sachverständigen wurde der Herzstillstand der Patientin allein durch die unzureichende Beatmung und einen dadurch hervorgerufenen Sauerstoffmangel mit schwerem Hirnschaden hervorgerufen. Dies war für den Notarzt auch objektiv und subjektiv voraussehbar (in Anlehnung an LG Hamburg, Urt. v. 5.2.2013, Az. 632 KLs 6/12, juris).

8. Verletzung von Privatgeheimnissen (§ 203 StGB) – Schweigepflicht –

207 Gemäß § 203 StGB ist strafbar, wer unbefugt ein fremdes Geheimnis offenbart, das ihm unter anderem als Arzt oder Angehöriger eines anderen Heilberufs, der für die Berufsausübung oder die Führung der Berufsbezeichnung eine staatlich geregelte Ausbildung erfordert, anvertraut worden oder sonst bekannt geworden ist. Den Genannten stehen ihre berufsmäßig tätigen Gehilfen und die Personen gleich, die bei ihnen zur Vorbereitung auf den Beruf tätig sind.

208 Die Schweigepflicht ergibt sich nicht nur aus der strafrechtlichen Vorschrift des § 203 StGB. Rechtsgrundlage der ärztlichen Schweigepflicht ist vielmehr § 9 Musterberufsordnung für Ärzte (MBO) in Verbindung mit der Berufsordnung der jeweiligen Landesärztekammer. Zudem ergibt sich die Schweigepflicht aus zivilrechtlichen Vorschriften (§§ 280, 823 BGB). Darüber hinaus bestehen Schweigepflichten auch im Sozial- und Arbeitsrecht. Verletzungen der Schweigepflicht können daher sowohl strafrechtliche als auch berufsrechtliche Folgen auslösen und zugleich zu zivilrechtlichen

Ansprüchen des Betroffenen auf Schadensersatz und Schmerzensgeld führen. Wenngleich die einzelnen Regelungen nicht ganz identisch ausgestaltet sind, kann die Ausgestaltung der strafrechtlichen Schweigepflicht als maßgebliches Kriterium herangezogen werden.

Die Schweigepflicht dient dem Schutz des *persönlichen Lebens- und Geheimbereichs* eines anderen, im Rahmen der medizinischen Behandlung dem des Patienten. Dieser soll sich bedenkenlos dem ärztlichen und nichtärztlichen Personal im Rettungswesen anvertrauen können, ohne befürchten zu müssen, dass Informationen über sich, seine Krankheit oder seinen Gesundheitszustand an Dritte gelangen. **209**

Gegenstand der Schweigepflicht sind *Geheimnisse,* die den persönlichen Lebens- und Geheimbereich eines anderen Menschen betreffen. Geheim sind Tatsachen nur dann, wenn sie lediglich dem Betroffenen selbst oder zumindest nur einer eingeschränkten Anzahl von Personen bekannt oder zugänglich sind und an deren Geheimhaltung der Betroffene ein berechtigtes (schutzwürdiges) Interesse hat. **210**
– OLG Köln, NJW 2000, 3656

Offenkundige Tatsachen, die allgemein zugänglich sind, fallen nicht darunter. Während Geheimnisse des persönlichen Lebensbereichs Tatsachen umfassen, die die Person und Familie des Betroffenen betreffen, haben Geheimnisse des Geheimbereichs Beruf und Geschäft des Betroffenen zum Inhalt. Schutzwürdig sind Geheimnisse dann, wenn die Geheimhaltung unter Würdigung von Lage und Standpunkt des Betroffenen verständlich und nachvollziehbar ist.
– OLG Köln, NJW 2000, 3656

Der Schutz dauert über den Tod des Betroffenen fort (§ 203 Abs. 4 StGB).
– OLG Naumburg, NJW 2005, 2017
– OLG München, MedR 2009, 49
– OLG München, GesR 2011, 674

Der Schweigepflicht unterliegen damit *alle Kenntnisse,* die durch die berufliche Tätigkeit erlangt werden, also etwa die Identität des Betroffenen, **211**
– BGH, NJW 2000, 1426
– OLG Düsseldorf, ArztR 1998, 150
– OLG Karlsruhe, VersR 2007, 245

die Tatsache und der Grund der Behandlung,
– BGH, NJW 2000, 1426
– OLG Karlsruhe, VersR 2007, 245

die Anamnese, die Untersuchungsbefunde, die Diagnose, der Gesundheitszustand,
- OLG Brandenburg, OLGR 2000, 380

die Therapie, das Transportziel und die Behandlungsdokumentation.
- BGH, NJW 1996, 775
- OLG München, MedR 2009, 49

Das Geheimnis muss in keiner direkten Verbindung zu der Behandlung stehen. Damit unterliegen auch Kenntnisse über persönliche Dinge des Patienten, etwa familiärer, beruflicher oder finanzieller Art, der Schweigepflicht. Diese können sich auch auf Einzelheiten und die näheren Begleitumstände einer Behandlung beziehen, die Anhaltspunkte für eine Identifizierung des Patienten sein können. Dazu gehört auch, mit welchem Fahrzeug und in wessen Begleitung ein Patient angetroffen wird.
- BGH, NJW 1985, 2203

212 Neben den berufsrechtlichen Vorschriften normiert insbesondere die Vorschrift des § 203 StGB, *wer der Schweigepflicht unterliegt*. Dies sind unter anderem Angehörige eines Heilberufs, der für die Berufsausübung oder die Führung der Berufsbezeichnung eine staatlich geregelte Ausbildung erfordert. Hierzu zählen etwa Ärzte, Notfallsanitäter, Rettungsassistenten, Hebammen und Entbindungspfleger, Krankenschwester und Krankenpfleger. Dies gilt auch für Personen, die zur Vorbereitung auf den Beruf tätig sind. Gleichgestellt sind deren berufsmäßig tätige Gehilfen. Dies sind Personen, die eine im beruflichen Wirkungskreis unterstützende Tätigkeit ausüben, etwa als Rettungssanitäter oder Rettungshelfer. Der arbeitsrechtliche Status der Personen, die der Schweigepflicht unterliegen, ist unbeachtlich, d. h. es ist irrelevant, ob sie als Beamte, Angestellte oder Ehrenamtliche tätig sind.

Grundsätzlich entscheiden berufsmäßig tätige Gehilfen und in Ausbildung stehende Personen über die Berechtigung oder Verpflichtung der Offenbarung in eigener Verantwortung. Ist der Hauptberufsträger jedoch Arzt, haben sie eine von diesem abgeleitete Schweigepflicht (§ 9 Abs. 3 MBO). Sie haben zu schweigen, bis der Arzt seinerseits zur Offenbarung berechtigt ist. Dies gilt auch dann, wenn der Gehilfe des Arztes selbst Hauptberufsträger ist (etwa der Notfallsanitäter oder Rettungsassistent als Gehilfe des Notarztes).

213 Eine *Verletzung der Schweigepflicht* liegt vor, wenn Geheimnisse eines anderen durch ausdrückliches oder schlüssiges Verhalten an dritte Personen, welche diese nicht, nicht in diesem Ausmaß oder nicht sicher kennen, unbefugt offenbart werden.

- BGH, NJW 1995, 2915

Dies umfasst auch das Mitteilen der Geheimnisse gegenüber Angehörigen von einwilligungsfähigen Patienten. Hierunter zählen auch minderjährige Patienten, sofern sie die natürliche Einsichts- und Urteilsfähigkeit besitzen (vgl. bereits Rn. 120).

- Vgl. LG Köln, GesR 2009, 43

Ein unbefugtes Offenbaren besteht auch gegenüber Personen, die ihrerseits einer Schweigepflicht unterliegen, etwa gegenüber (am Einsatz oder der Behandlung nicht beteiligten) ärztlichen oder nichtärztlichen Kollegen, oder auch gegenüber der Polizei.

- BGH, NJW 1991, 2955
- BGH, NJW 1992, 737
- BayObLG, NJW 1995, 1623
- OLG Köln, GesR 2006, 93

Das unbefugte Offenbaren ist auch durch Unterlassen möglich, insbesondere durch die Verschaffung der Möglichkeit der Kenntnisnahme von Geheimnissen durch Dritte, etwa aufgrund der sorgfaltswidrigen Aufbewahrung der Einsatz- und Behandlungsdokumentation.

Ein unbefugtes Offenbaren liegt nicht vor, wenn keine Individualisierung erfolgt, etwa bei der Mitteilung in anonymisierter Form.

In bestimmten Fällen ist der Schweigepflichtige zur Offenbarung der Geheimnisse berechtigt oder sogar verpflichtet. In diesen Fällen liegt ein entsprechender Rechtfertigungsgrund für den Eingriff in den persönlichen Lebens- und Geheimbereich des Patienten vor. Eine *Rechtfertigung* kann sich aufgrund der Einwilligung des Betroffenen, aufgrund von gesetzlichen Offenbarungspflichten oder aufgrund des rechtfertigenden Notstandes ergeben. **214**

Der Patient kann in die Offenbarung *einwilligen* und damit den Schweigepflichtigen von seiner Schweigepflicht entbinden. Eine Voraussetzung dazu ist, dass der Patient einwilligungsfähig ist. Hierunter zählen, wie bereits ausgeführt, auch minderjährige Patienten, sofern sie die natürliche Einsichts- und Urteilsfähigkeit besitzen. Ist der Patient nicht einwilligungsfähig, können die Personensorgeberechtigten, die in Gesundheitsangelegenheiten Bevollmächtigten oder gesetzlichen Betreuer den Schweigepflichtigen von seiner Schweigepflicht entbinden. Eine weitere Voraussetzung besteht darin, dass der Patient eine zutreffende Vorstellung davon hat, wo- **215**

rin er einwilligt und die Bedeutung und Tragweite seiner Entscheidung zu überblicken vermag.
– Vgl. OLG Karlsruhe, NJW 1998, 831

Liegt eine wirksame Entbindung in diesem Sinne vor, besteht die Befugnis, Mitteilungen an jene Personen zu machen, denen gegenüber man entbunden worden ist, dies jedoch nur im Umfang der Entbindung. Der Widerruf der Einwilligung ist jederzeit möglich.

Neben der ausdrücklichen Einwilligung ist auch eine Einwilligung durch schlüssiges Verhalten möglich. Das schlüssige Verhalten muss jedoch als solches erkennbar und eindeutig sein (vgl. Rn. 121).

216 Fehlt die ausdrückliche oder schlüssige Einwilligung zur Offenbarung der Geheimnisse und ist diese nicht oder nicht rechtzeitig einholbar (etwa bei Bewusstlosigkeit des Patienten), kommt eine *mutmaßliche Einwilligung* in Betracht. Von einer mutmaßlichen Einwilligung kann jedoch nur dann ausgegangen werden, wenn bei objektiver Würdigung der Situation die Einwilligung des Patienten mit an Sicherheit grenzender Wahrscheinlichkeit zu erwarten gewesen wäre (vgl. Rn. 131) und er damit kein Interesse an der Wahrung des Geheimnisses hat.
– BGH, NJW 1991, 2955
– OLG München, GesR 2011, 674

Dies ist etwa der Fall im Rahmen der Übergabe des Patienten zur nachfolgenden Behandlung sowie bei Benachrichtigung der Angehörigen beziehungsweise der gesetzlichen Vertreter (sofern keine gegenteiligen Anhaltspunkte erkennbar sind) oder bei entsprechender Mitteilung an die Polizei zur Wahrung der Rechte des Patienten, zum Beispiel aufgrund der Schädigung des Patienten durch eine Straftat.

217 In mehreren Fällen besteht auch eine *gesetzliche Pflicht zur Offenbarung,* so insbesondere
– bei Meldepflichten im Zusammenhang mit übertragbaren Krankheiten (§ 6 IfSG, vgl. Rn. 341),
– zur Verhinderung von Verbrechen wie Mord, Totschlag, Raub, räuberischer Erpressung oder Straftaten gegen die persönliche Freiheit (§ 138 StGB) sowie
– im Rahmen der gesetzlichen Krankenversicherung (§ 294 ff. SGB V).

218 Eine Offenbarungsbefugnis kann sich schließlich aus dem Rechtfertigungsgrund des *rechtfertigenden Notstandes* nach § 34 StGB ergeben. Hiernach handelt nicht rechtswidrig, wer in einer gegenwärtigen, nicht anders abwendbaren Gefahr für Leben, Leib, Freiheit, Eigentum oder ein anderes

Rechtsgut eine Tat begeht, um die Gefahr von sich oder einem anderen abzuwenden. Hierzu muss bei einer Abwägung der widerstreitenden Interessen das geschützte Interesse das beeinträchtigte wesentlich überwiegen und die Tat ein angemessenes Mittel sein, die Gefahr abzuwenden (vgl. im Einzelnen bereits Rn. 86 ff.).

Damit kann bei erheblichen Gefahren für den Patienten selbst, für Dritte oder für die Allgemeinheit eine Offenbarung gerechtfertigt sein. Eine Offenbarung aufgrund des rechtfertigenden Notstandes kommt unter anderem in Betracht bei bestehendem Verdacht auf Misshandlung beziehungsweise Missbrauch von Schutzbefohlenen,

- BayObLG, NJW 1995, 1623: Sexueller Missbrauch
- KG, GesR 2013, 656: Kindesmisshandlung

bei Unterbringungsbedürftigkeit (vgl. Rn. 355 ff.) oder Suizidankündigung des Patienten, bei Weigerung des Patienten zur Information gefährdeter Personen über die bestehende Gefahr einer gefährlichen Infektion,

- OLG Frankfurt/Main, NJW 2000, 875: HIV

bei Behandlungs- oder Transportverweigerung des Patienten trotz vitaler oder absoluter Indikation (vgl. Rn. 194),

- BGH, NJW 1983, 350: Eileiterschwangerschaft

sowie bei der Weigerung auf einen Verzicht auf Fahrten im Straßenverkehr trotz schwerwiegender Gefahren für die Sicherheit des Straßenverkehrs.

- BGH, NJW 1968, 2288: Schizophrenie
- OGH, ÖJZ 2003, 389: Krankhafte Bewusstseinsstörung

Das Strafverfolgungsinteresse des Staates ist hingegen grundsätzlich kein höherwertiges Rechtsgut als die Schweigepflicht. Fragen nach einem Unfall im Straßenverkehr, etwa zur Trunkenheit oder Verstößen gegen das Betäubungsmittelgesetz (Drogen) dürfen nicht beantwortet werden. Eine Offenbarungsbefugnis besteht nur, sofern dadurch zukünftige schwerste Straftaten verhindert werden können. So wird etwa vertreten, dass die bei einem Patienten gefundenen Drogen mit entsprechender Mitteilung der Polizei übergeben werden darf, um ein zukünftiges Inverkehrbringen der Drogen zu verhindern. Dies erscheint jedoch unter dem Gesichtspunkt der Erforderlichkeit zweifelhaft. Vielmehr dürfte genügen, die Drogen ohne Offenbarung der Identität des Patienten zu übergeben.

In **Fall 9** stellen die Frage einer möglichen Alkoholisierung des Patienten, dessen Gesundheitszustand und das Transportziel der Schweigepflicht unterliegende Geheimnisse dar. Nachdem der Patient nicht ansprechbar ist, kommt eine ausdrückliche oder schlüssige Einwilligung zur Offenbarung der Geheimnisse nicht in Betracht. Im Hinblick auf die Frage der Angehörigen nach Gesundheitszustand und Transportziel kann von einer mutmaßlichen Einwilligung des Patienten ausgegangen werden, so dass der Notarzt die gewünschten Auskünfte erteilen kann. Die Frage der Polizeibeamten nach einer möglichen Alkoholisierung des Patienten darf hingegen nicht beantwortet werden. Das Strafverfolgungsinteresse tritt hinter die Schweigepflicht des Notarztes zurück.

Exkurs: Zeugnisverweigerungsrecht

219 Grundsätzlich hat jeder die Pflicht, vor Gerichten als Zeuge auszusagen. Mit der Schweigepflicht ist ein Zeugnisverweigerungsrecht verbunden, das für das Strafverfahren in der Strafprozessordnung (StPO), für das Zivilverfahren in der Zivilprozessordnung (ZPO) verankert ist. Das Zeugnisverweigerungsrecht stimmt jedoch inhaltlich, insbesondere in Bezug auf den Umfang und den Adressatenkreis, nicht völlig mit der Schweigepflicht im Sinne des § 203 StGB überein.

220 Im *Zivilverfahren* ergibt sich das Zeugnisverweigerungsrecht aus § 383 Abs. 1 Nr. 6 ZPO. Hiernach sind unter anderem Personen, denen kraft ihres Amtes, Standes oder Gewerbes Tatsachen anvertraut sind, deren Geheimhaltung durch ihre Natur oder durch gesetzliche Vorschrift geboten ist, in Betreff der Tatsachen, auf welche sich die Verpflichtung zur Verschwiegenheit bezieht, zur Verweigerung des Zeugnisses berechtigt. Ärzte und nichtärztliches Personal haben ein eigenständiges Zeugnisverweigerungsrecht. Werden sie von der Schweigepflicht entbunden, dürfen sie das Zeugnis nicht verweigern (§ 385 Abs. 2 ZPO), andernfalls sind sie durch das materielle Recht zur Zeugnisverweigerung verpflichtet.

221 Im *Strafverfahren* sind unter anderem Ärzte, Apotheker und Hebammen gemäß § 53 Abs. 1 Nr. 3 StPO zur Verweigerung des Zeugnisses über das, was ihnen in dieser Eigenschaft anvertraut worden oder bekannt geworden ist, berechtigt. Nach § 53 a Abs. 1 StPO stehen ihnen ihre Gehilfen (Notfallsanitäter, Rettungsassistenten und Rettungssanitäter) und jene Personen gleich, die zur Vorbereitung auf den Beruf an der berufsmäßigen Tätigkeit teilnehmen. Diese haben ein vom Hauptverpflichteten abgeleitetes Zeugnisverweigerungsrecht. Wird der Arzt von der Schweigepflicht entbunden, darf er das Zeugnis nicht verweigern (§ 53 Abs. 2 StPO). Diese Entbindung gilt zugleich auch für die Hilfspersonen (§ 53 a Abs. 2 StPO).

Das Zeugnisverweigerungsrecht wird durch § 97 StPO ergänzt. Diese Vorschrift schützt die Behandlungsdokumentation gegen eine Beschlagnahme und dient damit als Umgehungsschutz des Zeugnisverweigerungsrechts.

Unabhängig vom Bestehen eines Zeugnisverweigerungsrechts ist einer ge- **222**
richtlichen Zeugenladung Folge zu leisten. Einem ordnungsgemäß geladenen Zeugen, der nicht erscheint, werden die durch das Ausbleiben verursachten Kosten auferlegt. Zugleich werden Ordnungsmittel (Ordnungsgeld, Ordnungshaft) festgesetzt. Darüber hinaus kann die zwangsweise Vorführung angeordnet werden (§ 51 StPO, § 380 ZPO). Im Zivilverfahren ist eine Berufung des Zeugen auf das Zeugnisverweigerungsrecht schon vor dem Ladungstermin möglich. In diesem Fall ist er nicht verpflichtet, zu diesem Termin zu erscheinen (vgl. § 386 ZPO).

Das Gericht muss dem Arzt oder nichtärztlichen Personal die Entbindung der Schweigepflicht nicht nachweisen. Es genügt, dass es mitteilt, dass eine entsprechende Entbindungserklärung vorliegt. In diesen Fällen besteht keine Berechtigung, das Zeugnis aus diesem Grund zu verweigern.
– SG Frankfurt/Main, MedR 1999, 577

Exkurs: Datenschutzrecht

Die Schweigepflicht wird durch die Vorschriften zum Datenschutz ergänzt. **223**
Datenschutz und Schweigepflicht verdrängen sich nicht, sondern stehen nebeneinander, wobei es auch zu Überschneidungen kommt. Die verfassungsrechtliche Basis des Datenschutzes ist das Grundrecht auf informationelle Selbstbestimmung. Dieses trägt Gefährdungen und Verletzungen der Persönlichkeit Rechnung, die sich für den Einzelnen, insbesondere unter den Bedingungen der modernen Datenverarbeitung, aus informationsbezogenen Maßnahmen ergeben können. Es gibt dem Einzelnen die Befugnis, grundsätzlich selbst über die Preisgabe und Verwendung seiner personenbezogenen Daten zu bestimmen.
– BVerfG, NJW 1984, 419
– BVerfG, NJW 2007, 2464
– BVerfG, NJW 2008, 1505

Zwischenzeitlich besteht eine hohe Regelungsdichte *gesetzlicher Grundla-* **224**
gen des Datenschutzes. Zweck dieser Regelungen ist es, den Einzelnen davor zu schützen, dass er durch den Umgang mit seinen personenbezogenen Daten in seinem Persönlichkeitsrecht beeinträchtigt wird. Personenbezogene Daten sind Einzelangaben über persönliche oder sachliche Verhältnisse bestimmter oder bestimmbarer natürlicher Personen (§ 3 Abs. 1 BDSG).

Neben den allgemeinen Bestimmungen des Bundesdatenschutzgesetzes und der jeweiligen Landesdatenschutzgesetze besteht eine Vielzahl bereichsspezifischer Regelungen. So existieren teilweise eigene Landesgesetze zum Datenschutz im Gesundheitswesen oder in Krankenhäusern. Des Weiteren gibt es in zahlreichen weiteren Regelungsmaterien einzelne Abschnitte zum Datenschutz, etwa im Sozialgesetzbuch, in den Landeskrankenhausgesetzen oder in den Rettungsdienstgesetzen. Bei kirchlicher Trägerschaft gelten wiederum eigene Bestimmungen.

Bereichsspezifische Datenschutzregelungen auf Bundes- beziehungsweise Länderebene gehen den allgemeinen Regelungen des Bundesdatenschutzgesetzes beziehungsweise der jeweiligen Landesdatenschutzgesetze vor. Bereichsspezifische Datenschutzregelungen auf Bundesebene sind gegenüber dem Datenschutzrecht der Länder vorrangig. Die Regelungen des Datenschutzes lassen jedoch die Schweigepflicht unberührt. Ist der Schutz der Schweigepflicht weitergehend, gilt dieser. Ist das Schutzniveau geringer, gelten für Daten, die zugleich in den Anwendungsbereich der datenschutzrechtlichen Bestimmungen fallen, diese.

- BGH, NJW 1992, 737
- OLG Bremen, NJW 1992, 757

225 Im *Anwendungsbereich der Rettungsdienstgesetze* gelten die dort genannten Bestimmungen über die Erhebung, Veränderung, Speicherung, Nutzung, Übermittlung und Löschung personenbezogener Daten. Personenbezogene Daten im Sinne dieser Gesetze sind Einzelangaben über persönliche oder sachliche Verhältnisse bestimmter oder bestimmbarer natürlicher Personen, die Leistungen der Notfallrettung oder des Krankentransportes in Anspruch nehmen, sowie ihrer Begleitpersonen und sonstigen Bezugspersonen, die dem Unternehmer im Zusammenhang mit seiner betrieblichen Tätigkeit bekannt werden (§ 31 RDG Baden-Württemberg).

226 Diese Daten dürfen erhoben, verändert, gespeichert und genutzt werden, sofern dies zur Durchführung von Notfallrettung und Krankentransport (einschließlich der anschließenden medizinischen Versorgung des Patienten), zum Nachweis der ordnungsgemäßen Ausführung des Einsatzauftrages sowie zur verwaltungsmäßigen Abwicklung des Einsatzauftrages (insbesondere der Abrechnung der erbrachten Leistungen) erforderlich ist (vgl. § 32 RDG Baden-Württemberg, Art. 47 BayRDG, § 4 RDG Berlin, §§ 61 ff. BremHilfeG, § 5 HmbRDG, § 24 HRDG, § 21 SRettG, § 71 SächsBRKG, § 5 RDG Schleswig-Holstein, § 30 ThürRettG).

Zur Qualitätssicherung sowie zur Ausbildung, Fortbildung und Weiterbildung des in der Notfallrettung und im Krankentransport eingesetzten Personals dürfen sie hingegen nur dann verändert, gespeichert und genutzt werden, soweit diese Zwecke nicht mit anonymisierten Daten erreicht werden können und nicht überwiegend schutzwürdige Interessen des Betroffenen beeinträchtigt werden (vgl. § 61 ff. BremHilfeG, § 5 HmbRDG, § 21 SRettG, § 71 SächsBRKG).

Eine Übermittlung der Daten an Personen und Stellen außerhalb des Betriebes ist nur in engen Grenzen möglich, so etwa zur Erfüllung der oben genannten Aufgaben oder zur Abwehr von Ansprüchen beziehungsweise zur Verteidigung im Falle einer Verfolgung wegen Straftaten oder Ordnungswidrigkeiten (§ 32 RDG Baden-Württemberg, ähnlich § 4 RDG Berlin, § 64 BremHilfeG, § 21 SRettG).

9. Urkundenfälschung (§ 267 StGB)

Gemäß § 267 StGB ist strafbar, wer zur Täuschung im Rechtsverkehr eine **227** unechte Urkunde herstellt, eine echte Urkunde verfälscht oder eine unechte oder verfälschte Urkunde gebraucht. Bereits der Versuch ist strafbar.

Die Vorschrift soll die Sicherheit und Verlässlichkeit des Rechtsverkehrs **228** mit Urkunden sicherstellen.
– Vgl. BGH, NJW 1994, 2628

Als *Urkunde* gilt jede verkörperte (einer Sache anhaftende) Gedankener- **229** klärung, die im Rechtsverkehr zum Beweis geeignet und bestimmt ist und ihren Aussteller erkennen lässt. Hierunter fällt im Rettungswesen die Behandlungsdokumentation ebenso wie der Transportschein. Die Behandlungsdokumentation dient der Therapie- und Beweissicherung. Durch entsprechende Eintragungen, etwa zu erhobenen Befunden oder durchgeführten Therapiemaßnahmen, wird ein Dokumentationsbogen zu einer Urkunde.
– OLG Koblenz, NJW 1995, 1624

Beim Transportschein erklärt der ausstellende Arzt die Erforderlichkeit des jeweiligen Transports einschließlich der Transportart.

Tathandlung ist das Herstellen einer unechten Urkunde, das Verfälschen ei- **230** ner echten Urkunde beziehungsweise das Gebrauchen einer unechten oder verfälschten Urkunde. Eine Urkunde ist unecht, wenn der Anschein erweckt wird, ihr Aussteller sei eine andere Person als diejenige, von der sie herrührt; echt ist eine Urkunde, wenn sie von jenem stammt, der als Aussteller erkennbar ist. Im Fall der unechten Urkunde täuscht der Hersteller über die Person des Ausstellers. Bei der echten Urkunde wird die ursprüng-

liche Gedankenerklärung der Urkunde nachträglich verändert. Ein Gebrauchen der Urkunde schließlich liegt vor, wenn sie dem zu Täuschenden so zugänglich gemacht wird, dass er die Möglichkeit zur Kenntnisnahme hat. Jedes nachträgliche Verändern der Behandlungsdokumentation oder des Transportscheins ist als Tathandlung zu qualifizieren.
– OLG Koblenz, NJW 1995, 1624

Entsteht durch die Tathandlung ein Vermögensschaden, etwa dem Sozialversicherungsträger aufgrund der Abrechnung eines teureren Transports, kommt zudem eine Strafbarkeit wegen Betruges (§ 263 StGB) in Betracht.

10. Missbrauch von Notrufen und Beeinträchtigung von Unfallverhütungs- und Nothilfemitteln (§ 145 StGB)

231 Gemäß § 145 Abs. 1 StGB ist strafbar, wer absichtlich oder wissentlich Notrufe oder Notzeichen missbraucht oder vortäuscht, dass wegen eines Unglücksfalles die Hilfe anderer erforderlich sei. Ebenso ist strafbar, wer absichtlich oder wissentlich die zur Verhütung von Unglücksfällen dienenden Schutzvorrichtungen oder die zur Hilfeleistung bei Unglücksfällen bestimmten Rettungsgeräte oder anderen Sachen beseitigt, verändert oder unbrauchbar macht (§ 145 Abs. 2 StGB).

232 Die Vorschrift schützt das Interesse der Allgemeinheit an ungestörter und verlässlicher Hilfe in Notlagen. Es soll sichergestellt werden, dass vor allem in Fällen, in denen eine Pflicht zur Hilfeleistung besteht, Notrufe oder Notzeichen nicht missbraucht werden und fremde Hilfe nur in Anspruch genommen wird, wenn sie erforderlich ist. Darüber hinaus soll die Funktionsfähigkeit der Anlagen, Einrichtungen und Geräte gesichert und nicht durch eine missbräuchliche Inanspruchnahme beeinträchtigt werden.

233 Als Notrufe und Notzeichen im Sinne des Absatz 1 gelten alle akustischen und optischen Signale, die auf eine Notlage und damit zusammenhängend auf das Bedürfnis nach fremder Hilfe oder auf eine erhebliche Gefahr aufmerksam machen (etwa Feuermelder, Funk-, Blink- und Winksignale, Notrufnummer). Ein *Missbrauch* liegt vor, wenn die gemeldete Notsituation nicht besteht,
– BGH, NJW 1986, 1698

was schon bei einem grundlosen Anwählen der Notrufnummer gegeben ist; auf einen Gesprächsinhalt beziehungsweise Äußerungen des Anrufers kommt es nicht an.
– OLG Bamberg, NStZ 2012, 156

Ein *Vortäuschen* liegt vor, wenn anders als durch einen Notruf oder ein Notzeichen wahrheitswidrig der Anschein erweckt wird, wegen eines Unglücksfalles sei die Hilfe anderer erforderlich. Auf welche Weise die Erforderlichkeit fremder Hilfe vorgetäuscht wird, spielt keine Rolle.
– OLG Frankfurt/Main, NStZ-RR 2002, 209

Zu den zur Hilfeleistung bei Unglücksfällen bestimmten Rettungsgeräten in **234**
Absatz 2 gehören unter anderem auch Rettungsfahrzeuge. Tatbestandsmäßig ist hier das *Beseitigen, Verändern oder Unbrauchbarmachen* des Geräts, das zu einer entsprechenden Beeinträchtigung der Funktionsfähigkeit führt. Wer etwa den im Zündschloss steckenden Schlüssel eines am Einsatzort stehenden Rettungswagens abzieht und wegwirft, in dem Bewusstsein, dass dies die Abfahrt des Rettungswagens nicht unerheblich verzögert, macht sich strafbar.
– AG Emmendingen, NJW 2008, 3511

6. Kapitel
Straßenverkehrsrecht

Literatur: Burmann/Heß/Jahnke/Janker, Straßenverkehrsrecht, 22. Auflage 2012; Cimolino/Dickmann, Die Sonder- und Wegerechte von Notarzteinsatzfahrzeugen im Straßenverkehr, NZV 2008, 118 ff.; Dickmann, Sonderechte mit dem Privat-PKW? – Problematiken des § 35 StVO für Mitglieder der Freiwilligen Feuerwehren, NZV 2003, 220 ff.; Fischer, Strafgesetzbuch und Nebengesetze, 60. Auflage 2013; Hempel, Straßenverkehrsrecht und Rettungsdienst, Notfall Rettungsmed 2007, 367 ff.; Hentschel/König/Dauer, Straßenverkehrsrecht, 42. Auflage 2013; Klenk, Sonder- und Wegerechte bei der Begleitfahrt des Notarzteinsatzfahrzeugs? – Nicht die Regel sondern eine Ausnahme, NZV 2012, 593 ff.; Kullik, „Sonderrecht“ (§ 35 Abs. 1 StVO) und „Wegerecht“ (§ 38 Abs. 1 StVO) – eine Gegenüberstellung, NZV 1994, 58 ff.; Lackner/Kühl, Strafgesetzbuch Kommentar, 27. Auflage 2011; Lehmann, Armer Rettungsdienst! Die Schlechterbehandlung des Rettungsdiensts nach § 35 StVO gegenüber Institutionen nach § 35 Abs. StVO verstößt gegen Art. 3 Abs. 1 GG, NZV 2011, 228 ff.; Lissel, Sorgfaltspflichten bei Einsatzfahrten im Rettungsdienst, Notfall Rettungsmed 2009, 218 ff.; Müller, Sonderrechte und Wegerecht für Rückfahrten vom Einsatzort?, SVR 2006, 250 ff.; Müller, Verhaltensrichtlinien für die Nutzung von Sonderrechten mit Privatfahrzeugen, SVR 2011, 321 ff.; Nimis, Sonderrechte im Rettungsdienst – Sonderprobleme?, NZV 2009, 582 ff.; Rebler, Die Haftung im Straßenverkehr bei der Inanspruchnahme von Sonderrechten, PVR 2003, 308 ff.; Schönke/Schröder, Strafgesetzbuch Kommentar, 28. Auflage 2010; Schröder, Die Nutzung von Sonderrechten im Rendezvoussystem der Notfallrettung, NZV 2008, 281 ff.; Wendlinger, Fahrerlaubnisrecht – Ermessensausübung bei der Überprüfung der charakterlichen Fahreignung, NZV 2006, 505 ff.

Fall 10

Auf der Einsatzfahrt zu einer „bewusstlosen Person“ verursacht der Fahrer eines Rettungswagens einen Verkehrsunfall. Ein anderer Verkehrsteilnehmer wird leicht verletzt, an dessen Fahrzeug entsteht ein erheblicher Sachschaden. Hat der Rettungswagen am Unfallort zu verbleiben oder kann der Fahrer seine Fahrt fortsetzen?

Fall 11

Auf dem Transport in das Krankenhaus begleitet der Notarzt den Patienten im Rettungswagen. Der Fahrer des Notarzteinsatzfahrzeugs fährt alleine zum Krankenhaus zurück. Kann er mit eingeschaltetem Blaulicht und Einsatzhorn in eine für ihn rotlichtanzeigende Kreuzung einfahren (BayObLG, VRS 59, 385)?

Fall 12
Der Fahrer eines Notarztwagens fährt im Rahmen eines Notfalleinsatzes mit eingeschaltetem Blaulicht und Einsatzhorn mit ca. 65 km/h in eine für ihn rotlichtanzeigende Kreuzung ein. Die Querstraße kann er wegen einer Sichtbehinderung nicht einsehen. Auf der Kreuzung stößt er mit einem querenden Fahrzeug zusammen. Der Einsatzfahrer beruft sich auf sein Wegerecht. Wer haftet (OLG Hamm, VersR 1996, 1428)?

235 Die Vorschriften des Straßenverkehrsrechts finden sich verstreut in mehreren Gesetzen und Verordnungen. Die folgende Darstellung beschränkt sich auf einzelne, für das Rettungswesen besonders relevante Bestimmungen.

I. Strafgesetzbuch (StGB)

236 Im Strafgesetzbuch finden sich in unterschiedlichen Abschnitten vereinzelt Vorschriften zum Straßenverkehr. Im Abschnitt der Straftaten gegen die öffentliche Ordnung ist das unerlaubte Entfernen vom Unfallort (§ 142 StGB) geregelt, der Abschnitt über gemeingefährliche Straftaten enthält – neben weiteren Bestimmungen – Vorschriften über die Gefährdung des Straßenverkehrs (§ 315 c StGB) und Trunkenheit im Verkehr (§ 316 StGB).

1. Unerlaubtes Entfernen vom Unfallort (§ 142 StGB)

237 Wer sich als Unfallbeteiligter nach einem Unfall im Straßenverkehr vom Unfallort entfernt, bevor er zugunsten der anderen Unfallbeteiligten und der Geschädigten die Feststellung seiner Person, seines Fahrzeuges und der Art der Beteiligung durch seine Anwesenheit und durch die Angabe, dass er an dem Unfall beteiligt ist, ermöglicht hat (§ 142 Abs. 1 Nr. 1 StGB) oder eine nach den Umständen angemessene Zeit gewartet hat, ohne dass jemand bereit war, die Feststellungen zu treffen (§ 142 Abs. 1 Nr. 2 StGB), macht sich strafbar. Nach § 142 Abs. 2 StGB wird ein Unfallbeteiligter bestraft, der sich nach Ablauf der Wartefrist oder berechtigt oder entschuldigt vom Unfallort entfernt hat und die Feststellungen nicht unverzüglich nachträglich ermöglicht. Das Gericht kann die Strafe mildern oder von einer Strafe ganz absehen, wenn der Unfallbeteiligte innerhalb von vierundzwanzig Stunden nach einem Unfall außerhalb des fließenden Verkehrs (etwa Beschädigungen beim Ein- oder Ausparken), der ausschließlich nicht bedeutenden Sachschaden (bis 1.300 Euro)
- OLG Jena, NZV 2005, 434
- OLG Dresden, NZV 2006, 104

zur Folge hat, freiwillig die Feststellungen nachträglich ermöglicht (§ 142 Abs. 4 StGB).

238 Ausgangspunkt der Vorschrift ist ein *Unfall im Straßenverkehr*, das heißt ein plötzliches Ereignis im öffentlichen Straßenverkehr, das mit dessen typischen Gefahren zusammenhängt und unmittelbar zu einem nicht völlig belanglosen Personen- oder Sachschaden geführt hat.
- OLG Düsseldorf, MDR 1997, 485
- OLG Hamm, NZV 2001, 37

Ein völlig belangloser Schaden liegt im Falle von Sachschaden dann vor, wenn mit der Geltendmachung von Ersatzansprüchen vernünftigerweise nicht zu rechnen ist, wobei die Obergrenze für solche Bagatellschäden zwischen 20 und 50 Euro angesetzt wird.
- OLG Celle, Schaden-Praxis 2006, 358
- OLG Nürnberg, NZV 2007, 535
- OLG Brandenburg, Schaden-Praxis 2007, 264

239 Die Tathandlung besteht in allen Fällen darin, dass sich ein *Unfallbeteiligter* nach einem Unfall im Straßenverkehr vom Unfallort *entfernt*. Unfallbeteiligt ist jeder, dessen Verhalten nach den Umständen zur Verursachung des Unfalls beigetragen haben kann (§ 142 Abs. 5 StGB). Dafür genügt es, dass nach dem äußeren Anschein der nicht ganz unbegründete Verdacht einer irgendwie gearteten – nicht notwendig schuldhaften – Mitverursachung des Unfalls erhoben werden kann.
- OLG Köln, NZV 1999, 173

Eine Entfernung vom Unfallort ist dann gegeben, wenn der Unfallbeteiligte den Unfallbereich und dessen unmittelbare räumliche Umgebung so weit verlassen hat, dass er seine Pflicht, die Feststellung seiner Unfallbeteiligung zu ermöglichen, nicht mehr erfüllen kann oder sich außerhalb des Bereiches befindet, in dem eine feststellungsbereite Person den Wartepflichtigen vermuten und gegebenenfalls durch Befragen ermitteln würde.
- OLG Jena, VRS 107, 176

240 Der Unfallbeteiligte erfüllt den Tatbestand des § 142 Abs. 1 Nr. 1 StGB, wenn er sich nach einem Unfall im Straßenverkehr vom Unfallort entfernt, bevor er zugunsten sämtlicher Berechtigter die Feststellung seiner Person, seines Fahrzeuges, und die Art seiner Beteiligung durch seine Anwesenheit und durch die Angabe, dass er an dem Unfall beteiligt ist, ermöglicht hat. Hierzu gehört auch der körperliche Zustand des Unfallbeteiligten, etwa der Grad einer Alkoholisierung.

- OLG Köln, NZV 1999, 173
- OLG Saarbrücken, zfs 2001, 518

Auf Verlangen des Berechtigten besteht auch die Pflicht, das Eintreffen der Polizei zur Aufnahme des Unfalls abzuwarten.
- OLG Köln, zfs 1989, 357

241 Gemäß § 142 Abs. 1 Nr. 2 StGB ist der Unfallbeteiligte verpflichtet, eine nach den Umständen *angemessene Zeit abzuwarten*. In Betracht kommen hier vor allem Fälle, in denen sich weder weitere Unfallbeteiligte noch Geschädigte am Unfallort befinden. Der Unfallbeteiligte muss selbst dann warten, wenn mit baldigem Erscheinen von feststellungsbereiten Personen nicht zu rechnen ist.
- BGH, BGHSt 4, 144

Die Dauer der Wartepflicht richtet sich nach den Gegebenheiten des Einzelfalls und den Maßstäben der Erforderlichkeit und Zumutbarkeit, wobei insbesondere auf Zeit, Ort und Schwere des Unfalls, die Verkehrsdichte und die Chancen wirksamer Aufklärung sowie die Höhe des Fremdschadens abzustellen ist. Der Unfallbeteiligte braucht grundsätzlich nur so lange zu warten, wie mit dem alsbaldigen Eintreffen feststellungsbereiter Personen an der Unfallstelle zu rechnen ist.
- OLG Köln, NJW 2002, 1359

Während etwa bei einem nächtlichen Unfall mit geringfügigen Schäden eine Wartezeit von 20 – 30 Minuten ausreichen kann, ist die Wartezeit bei einem Unfall am Tage, bei einer verkehrsreichen Straße oder bei einer größeren Schadenshöhe länger.
- OLG Köln, NJW 2002, 1359

Ersatzmaßnahmen wie etwa das Zurücklassen eines Zettels mit entsprechenden Angaben ersetzen die Wartepflicht nicht.
- KG, VRS 34, 108
- KG, Urt. v. 16.2.1998, Az. 1 Ss 153/97, juris

242 Zur Bejahung einer Strafbarkeit muss der Täter in beiden Fällen des § 142 Abs. 1 StGB vorsätzlich handeln. Vorsätzliches Handeln liegt nur vor, wenn der Täter erkannt oder zumindest mit der Möglichkeit gerechnet hat, dass ein Unfall stattgefunden hat, an dem er beteiligt ist und der durch den Unfall entstandene Fremdschaden nicht nur völlig belanglos ist und er die erforderlichen Feststellungen nicht ermöglicht beziehungsweise keine angemessene Zeit abgewartet hat.
- OLG Düsseldorf, NZV 1998, 383

- OLG Köln, NZV 2001, 526
- OLG Jena, VRS 110, 15

Dies setzt eine gesonderte Willensbildung nach dem Unfall voraus.
- OLG Düsseldorf, NZV 2008, 107

Nach § 142 Abs. 2 StGB wird ein Unfallbeteiligter bestraft, der sich nach **243**
Ablauf der Wartefrist oder berechtigt oder entschuldigt vom Unfallort entfernt hat und die Feststellungen nicht unverzüglich nachträglich ermöglicht. Ein bereits unerlaubtes Entfernen kann durch die nachträgliche Meldung nicht mehr beseitigt werden. Eine *Berechtigung zum Entfernen* liegt vor, wenn ein Rechtfertigungsgrund gegeben ist. Dies ist insbesondere im Falle des rechtfertigenden Notstandes (§ 34 StGB) gegeben: Hiernach handelt nicht rechtswidrig, wer in einer gegenwärtigen, nicht anders abwendbaren Gefahr für Leib oder Leben eine Tat begeht, um die Gefahr von sich oder einem anderen abzuwenden, sofern bei einer Abwägung der widerstreitenden Interessen das geschützte Interesse das beeinträchtigte wesentlich überwiegt und die Tat ein angemessenes Mittel ist, die Gefahr abzuwenden. Dies ist etwa der Fall bei der Fahrt eines Unfallverletzten in ein Krankenhaus,
- OLG Frankfurt/Main, VRS 28, 262

ebenso beim Transport eines Unfallverletzten in das Krankenhaus, weil die Hilfeleistungspflicht nach § 323c StGB der Wartepflicht regelmäßig vorgeht.
- BGH, BGHSt 5, 124
- BGH, BGHSt 16, 139
- OLG Stuttgart, MDR 1977, 773
- KG, VRS 34, 108

Der Umstand, dass sich ein Unfall mit einem Einsatzfahrzeug ereignet, begründet für sich alleine keine Berechtigung zur Weiterfahrt.
- OVG Greifswald, DÖV 1998, 256

Anderes kann sich ergeben, wenn sich das Fahrzeug auf einer *Einsatzfahrt* befindet. In diesen Fällen ist eine *Rechtsgüterabwägung* vorzunehmen. Sind am Unfallort Menschenleben bedroht, hat das Personal des Rettungsfahrzeugs am Unfallort zu bleiben, sich um die Verletzten zu kümmern und für deren Transport in das Krankenhaus zu sorgen. In diesem Fall ist über die Rettungsleitstelle ein anderes Einsatzfahrzeug anzufordern, welches den ursprünglichen Einsatz durchführt. Liegt hingegen lediglich Sachschaden vor oder sind Personen in nicht lebensbedrohlicher Weise verletzt, ist das Personal des Rettungsfahrzeugs berechtigt, den ursprünglichen Einsatz

fortzuführen, sofern es dabei um die Rettung von Menschenleben geht und ein entsprechendes Ersatzfahrzeug erst später am Einsatzort eintreffen würde. In diesem Fall entfernt sich der Unfallbeteiligte, um einer anderen Handlungspflicht, die auf andere Weise nicht erfüllt werden kann, nachzukommen.
– OLG Bremen, VRS 43, 29

Dies setzt voraus, dass sich das Personal des Rettungsfahrzeugs zunächst über den am Unfallort tatsächlich entstandenen Schaden vergewissert.

In **Fall 10** hat sich die Besatzung des Rettungswagens zunächst über die Schäden am Unfallort zu vergewissern. Da die Unfallbeteiligten nur leicht verletzt sind, fällt die Rechtsgüterabwägung zugunsten des Notfallpatienten aus. Der Fahrer des Rettungswagens ist damit berechtigt, sich vom Unfallort zu entfernen und seine Einsatzfahrt fortzusetzen.

244 Eine *entschuldigtes Entfernen* kommt in Fällen des entschuldigenden Notstandes (§ 35 StGB) in Betracht. Hiernach handelt ohne Schuld, wer die Unfallstelle zur Abwendung einer gegenwärtigen, nicht anders abwendbaren Gefahr für Leben, Leib oder Freiheit verlässt, um die Gefahr von sich, einem Angehörigen oder einer anderen ihm nahestehenden Person abzuwenden. Dies wurde etwa für den Fall bejaht, dass der Unfallbeteiligte einen schwer verletzten Angehörigen auf der Fahrt zum Krankenhaus im Fahrzeug des Rettungsdienstes begleitet
– OLG Köln, VRS 66, 128

oder auch für den Fall einer ernsthaften Bedrohung durch am Unfallort anwesende Personen.
– OLG Stuttgart, MDR 1977, 773

In allen Fällen des berechtigten oder entschuldigenden Entfernens ist über die Rettungsleitstelle die Polizei zu benachrichtigen, damit diese den Unfall aufnehmen kann.

245 Der Unfallbeteiligte genügt seiner Pflicht, die Feststellungen unverzüglich nachträglich zu ermöglichen, nur dann, wenn er *ohne schuldhaftes Zögern* dem Berechtigten oder einer nahe gelegenen Polizeidienststelle mitteilt, dass er an dem Unfall beteiligt gewesen ist und seine Anschrift, seinen Aufenthalt sowie das Kennzeichen und den Standort seines Fahrzeuges angibt (§ 142 Abs. 3 StGB). So hat etwa für den Fall, dass sich der Unfall am frühen Abend ereignet, die Benachrichtigung noch am selben Abend zu erfolgen.
– OLG Köln, zfs 1992, 67

Auch die Verwirklichung des § 142 Abs. 2 StGB setzt vorsätzliches Handeln voraus. 246

Vorsätzliches Handeln liegt nur vor, wenn der Täter erkannt oder zumindest mit der Möglichkeit gerechnet hat, dass ein Unfall stattgefunden hat, an dem er beteiligt ist und der durch den Unfall entstandene Fremdschaden nicht nur völlig belanglos ist und er die erforderlichen Feststellungen nicht unverzüglich nachträglich ermöglicht.

§ 142 StGB wird durch § 34 StVO ergänzt (vgl. insoweit Rn. 285 ff.). 247

2. Gefährdung des Straßenverkehrs (§ 315 c StGB)

Die Vorschrift des § 315 c StGB enthält zwei Varianten: Gemäß § 315 c Abs. 1 Nr. 1 StGB macht sich strafbar, wer im Straßenverkehr ein Fahrzeug führt, obwohl er infolge des Genusses alkoholischer Getränke oder anderer berauschender Mittel oder infolge geistiger oder körperlicher Mängel nicht in der Lage ist, das Fahrzeug sicher zu führen. Nach § 315 c Abs. 1 Nr. 2 StGB ist zu bestrafen, wer grob verkehrswidrig und rücksichtslos die Vorfahrt nicht beachtet, falsch überholt oder sonst bei Überholvorgängen falsch fährt, an Fußgängerüberwegen falsch fährt, an unübersichtlichen Stellen, an Straßenkreuzungen, Straßeneinmündungen oder Bahnübergängen zu schnell fährt oder nicht die rechte Seite der Fahrbahn einhält, auf Autobahnen wendet, rückwärts oder entgegen der Fahrtrichtung fährt oder dies versucht oder haltende oder liegen gebliebene Fahrzeuge nicht auf ausreichende Entfernung kenntlich macht, obwohl dies zur Sicherung des Verkehrs erforderlich ist. Voraussetzung für beide Varianten ist zudem, dass hierdurch Leib und Leben eines anderen Menschen oder fremde Sachen von bedeutendem Wert gefährdet werden. Der Versuch des § 315 c Abs. 1 Nr. 1 StGB ist strafbar (§ 315 c Abs. 2 StGB). 248

Tathandlung in § 315 c Abs. 1 Nr. 1 StGB ist das Führen eines Fahrzeuges im Zustand der *Fahruntüchtigkeit*. Diese liegt vor, wenn der Fahrzeugführer den Anforderungen des Straßenverkehrs nicht so gewachsen ist, wie es von einem durchschnittlichen Fahrzeugführer zu erwarten ist. Dabei muss die Fahruntüchtigkeit auf geistige oder körperliche Mängel zurückzuführen sein, etwa durch den Genuss alkoholischer Getränke oder anderer berauschender Mittel, durch Krankheit, Übermüdung oder Arzneimitteleinnahme 249

- OLG Zweibrücken, zfs 1991, 175
- BayObLG, NJW 2003, 3499

250 Die *besonders gefährlichen Verkehrsverstöße*, die in § 315c Abs. 1 Nr. 2 StGB abschließend aufgeführt sind, müssen grob verkehrswidrig und rücksichtslos begangen werden. Die grobe Verkehrswidrigkeit und Rücksichtslosigkeit müssen nebeneinander vorliegen.
- OLG Düsseldorf, NZV 2000, 337
- OLG Hamm, NZV 2006, 388

Grob verkehrswidrig sind besonders schwere Verstöße gegen Verkehrsvorschriften; rücksichtslos handelt, wer sich entweder eigensüchtig über bekannte Rücksichtspflichten hinwegsetzt oder wer sich aus Gleichgültigkeit auf seine Fahrerpflichten nicht besinnt und unbekümmert um mögliche Folgen „drauflosfährt".
- OLG Düsseldorf, NZV 2000, 337

251 Die Folge der Fahruntüchtigkeit beziehungsweise der besonders gefährlichen Verkehrsverstöße muss eine *konkrete Gefährdung* für Leib oder Leben eines anderen Menschen oder für fremde Sachen von bedeutendem Wert (ab 1.300 Euro)
- OLG Jena, NZV 2005, 434
- OLG Dresden, NZV 2006, 104

begründen; ein Schadenseintritt selbst ist nicht erforderlich. Voraussetzung ist jedoch ein innerer Zusammenhang zwischen der Fahruntüchtigkeit beziehungsweise der besonders gefährlichen Verkehrsverstöße zur herbeigeführten Gefahr: Die Gefährdung muss gerade auf der Fahruntüchtigkeit beziehungsweise auf den besonders gefährlichen Verkehrsverstößen beruhen und darf nicht nur zufällig eintreten.
- BGH, NStZ 2007, 222

Ein Schadenseintritt muss damit bereits in eine so bedrohliche Nähe gerückt sein, dass sich seine Vermeidung nur noch als Zufall darstellt.
- BGH, NJW 1985, 1036
- BGH, NJW 1995, 3131

252 Bei vorsätzlichem Handeln muss sich der Fahrzeugführer der Fahruntüchtigkeit oder der mit der Fahrweise verbundenen Gefährlichkeit sowie der konkreten Gefährdung bewusst sein.
- OLG Düsseldorf, NZV 2000, 337

Bei beiden Varianten genügt für die Bejahung der Strafbarkeit jedoch auch fahrlässiges Handeln beziehungsweise fahrlässige Gefahrverursachung (§ 315c Abs. 3 StGB).

3. Trunkenheit im Verkehr (§ 316 StGB)

Wer im öffentlichen Verkehr ein Fahrzeug führt, obwohl er infolge des Genusses alkoholischer Getränke oder anderer berauschender Mittel nicht in der Lage ist, das Fahrzeug sicher zu führen, begeht eine Straftat, wenn die Tat nicht bereits in § 315c StGB (vgl. Rn. 248ff.) mit Strafe bedroht ist. **253**

Tathandlung ist das Führen eines Fahrzeuges im öffentlichen Verkehr im Zustand der *(rauschbedingten) Fahruntüchtigkeit* infolge des Genusses von Alkohol oder anderer berauschender Mittel. Die Fahruntüchtigkeit ist auch dann Folge des Alkoholgenusses oder anderer berauschender Mittel, wenn andere, weitere Ursachen (zum Beispiel Krankheit, Übermüdung, Arzneimitteleinnahme) mitwirken. **254**

Bei der *absoluten Fahruntüchtigkeit* geht die Rechtsprechung unwiderleglich vom Vorliegen der Fahruntüchtigkeit aus. Sie ist bei einer Blutalkoholkonzentration ab 1,1 Promille gegeben. **255**

- BGH, NJW 1990, 2393
- OLG München, NZV 2006, 275

Bei der *relativen Fahruntüchtigkeit*, die bei einer Blutalkoholkonzentration ab bereits 0,3 Promille oder dem Genuss von anderen berauschenden Mitteln in Betracht kommt, müssen konkrete Umstände hinzutreten, dass der Genuss von Alkohol oder anderen berauschenden Mitteln zu einer Fahruntüchtigkeit geführt hat. Hier ist eine Gesamtbewertung anzustellen, wobei typische Anzeichen im Erscheinungs- und Verhaltensbild des Fahrers (alkoholtypische Ausfallerscheinungen) während der Fahrt oder im Rahmen der Anhaltesituation eine maßgebliche Rolle spielen. So können etwa eine auffällige, riskante, besonders sorglose oder leichtsinnige Fahrweise,

- OLG Zweibrücken, NStZ-RR 2004, 149

das Fahren von Schlangenlinien

- OLG Hamm, VRS 102, 278

oder auch ganz ungewöhnliche Fahrfehler

- OLG Köln, VRS 100, 123

ebenso typische Anzeichen darstellen wie erhebliche Auffälligkeiten nach dem Anhalten, etwa ein stark benommener, apathischer Eindruck, Mühe bei der Beantwortung von Fragen, eine lallende verwaschene Aussprache oder ein leicht unsicherer Gang.

- BGH, NJW 1999, 226
- OLG Frankfurt/Main, NStZ-RR 2002, 17

256 Für die Bejahung einer Strafbarkeit muss der Fahrer vorsätzlich ein Fahrzeug führen, wobei hinsichtlich der Kenntnis der Fahruntüchtigkeit bereits fahrlässiges Verhalten genügt (§ 316 Abs. 2 StGB). Ein vorsätzliches Vergehen liegt vor, wenn der Fahrzeugführer seine rauschbedingte Fahruntüchtigkeit kennt oder zumindest mit ihr rechnet und sie billigend in Kauf nimmt, gleichwohl aber am Verkehr teilnimmt.
– OLG Hamm, NZV 1998, 291

II. Straßenverkehrsgesetz (StVG)

257 Das Straßenverkehrsgesetz behandelt allgemeine Verkehrsvorschriften (etwa betreffend die Zulassung von Personen und Fahrzeugen zum Straßenverkehr), Fragen zur Haftpflicht (insbesondere die Haftung des Fahrzeughalters sowie des Fahrzeugführers), Straf- und Bußgeldvorschriften sowie Vorschriften über das Verkehrszentral-, Fahrzeug- und Fahrerlaubnisregister.

1. Fahrerlaubnis und Führerschein (§ 2 StVG)

258 Wer auf öffentlichen Straßen ein Kraftfahrzeug führt, bedarf der (allgemeinen) Fahrerlaubnis. Diese wird für bestimmte Klassen erteilt. Sie ist durch einen Führerschein nachzuweisen. Für die Erteilung der Fahrerlaubnis hat der Bewerber bestimmte Anforderungen zu erfüllen, deren nähere Ausgestaltung in der Fahrerlaubnis-Verordnung erfolgt (vgl. Rn. 291 ff.).

2. Fahren ohne Fahrerlaubnis (§ 21 StVG)

259 Das Fahren eines Kraftfahrzeuges ohne erforderliche (allgemeine) Fahrerlaubnis ist strafbar. Die Fahrerlaubnis besteht unabhängig von der Mitführung des Führerscheins. Wer seinen Führerschein bei der Fahrt vorsätzlich oder fahrlässig nicht mitführt, begeht keine Straftat, sondern lediglich eine Ordnungswidrigkeit. Strafbar ist auch die vorsätzliche oder fahrlässige Anordnung oder Zulassung des Halters eines Kraftfahrzeugs zur Führung des Fahrzeugs durch einen Fahrer, der die dazu erforderliche Fahrerlaubnis nicht besitzt.

260 Wer am öffentlichen Straßenverkehr mit einem Fahrzeug teilnimmt, zu dessen Führung eine (besondere) Fahrerlaubnis zur Fahrgastbeförderung erforderlich ist, diese aber im Gegensatz zur allgemeinen Fahrerlaubnis nicht besitzt, verstößt hingegen nicht gegen § 21 StVG, sondern begeht lediglich

eine Ordnungswidrigkeit im Sinne des § 24 StVG. Dies gilt ebenso für den Halter eines Kraftfahrzeugs, der die Fahrgastbeförderung anordnet oder zulässt, obwohl der Fahrer des Fahrzeugs die erforderliche Erlaubnis zur Fahrgastbeförderung nicht besitzt.

3. 0,5 Promille-Grenze (§ 24 a StVG)

Wer im öffentlichen Straßenverkehr vorsätzlich oder fahrlässig ein Kraftfahrzeug führt, obwohl er 0,25 mg/l oder mehr Alkohol in der Atemluft oder 0,5 Promille oder mehr Alkohol im Blut oder eine Alkoholmenge im Körper hat, die zu einer solchen Atem- oder Blutalkoholkonzentration führt, handelt ordnungswidrig. Ordnungswidrig handelt ferner, wer ein Kraftfahrzeug im Straßenverkehr unter der Wirkung von berauschenden Mitteln führt. Eine solche Wirkung liegt vor, wenn eine der in der Anlage zu § 24 a StVG genannte Substanz im Blut nachgewiesen wird. Dabei ist jedoch eine gegebenenfalls unterschiedliche Wirkungs- und Nachweisdauer der berauschenden Mittel zu berücksichtigen. **261**

- BVerfG, NJW 2005, 349

III. Straßenverkehrs-Ordnung (StVO)

Die Straßenverkehrs-Ordnung beinhaltet Regelungen zu allgemeinen Verkehrsregeln (etwa im Hinblick auf Geschwindigkeit, Abstand, Überholen, Vorfahrt, Abbiegen, Wenden und Rückwärtsfahren, Halten und Parken) sowie Zeichen (beispielsweise Verkehrs- und Gefahrenzeichen) und Verkehrseinrichtungen (wie etwa Schranken, Blinklicht- und Lichtzeichenanlagen). **262**

1. Grundregeln (§ 1 StVO)

Die Teilnahme am öffentlichen Straßenverkehr erfordert ständige Vorsicht und gegenseitige Rücksicht. Jeder Verkehrsteilnehmer hat sich so zu verhalten, dass kein anderer geschädigt, gefährdet oder mehr, als nach den Umständen unvermeidbar, behindert oder belästigt wird. Dies setzt in allen Situationen ein entsprechend *defensives und vorausschauendes Fahren* voraus. **263**

- OLG Karlsruhe, zfs 2001, 477
- OLG Rostock, MDR 2007, 1014

Liegt etwa ein Hindernis oder sind Fußgänger auf der Fahrbahn, ist die Geschwindigkeit sofort zu verlangsamen.
- KG, zfs 2001, 203
- OLG Celle, Schaden-Praxis 2004, 293

Dies gilt ebenso bei unübersichtlichen Situationen, etwa bei Sichtbehinderungen oder einem unklaren Geschehen am Fahrbahnrand.
- OLG Köln, VersR 2001, 1168
- OLG Hamburg, OLGR 2005, 343
- OLG Koblenz, Schaden-Praxis 2007, 313

Zugleich hat jeder Verkehrsteilnehmer durch Beachtung der gebotenen Vorsicht auch dazu beizutragen, dass bei Fehlern anderer ein drohender Unfall verhindert wird.
- OLG Köln, VersR 1997, 640
- OLG München, zfs 1998, 374
- OLG Hamm, Schaden-Praxis 2001, 229
- OLG Saarbrücken, MDR 2007, 1069

So hat etwa ein Verkehrsteilnehmer, der bei dichtem Verkehr an einer zum Stehen gekommenen Fahrzeugkolonne vorbeifährt, bei erkennbaren Verkehrslücken in Höhe von Kreuzungen und Einmündungen trotz seiner Vorfahrt seine Fahrweise so einrichten, dass er auch vor unvorsichtig aus der Lücke herausfahrenden Fahrzeugen rechtzeitig anhalten kann.
- KG, NZV 2006, 371

Wer vorsätzlich oder fahrlässig gegen die Verhaltensvorschrift verstößt, handelt ordnungswidrig im Sinne des § 24 StVG (§ 49 Abs. 1 Ziff. 1 StVO).

2. Zeichen und Weisungen der Polizeibeamten (§ 36 StVO)

264 Zeichen und Weisungen von Polizeibeamten sind zu befolgen. Sie gehen allen anderen Anordnungen und sonstigen Regeln vor, entbinden den Verkehrsteilnehmer jedoch nicht von seiner Sorgfaltspflicht. Zeichen und Weisungen ergehen aufgrund eines augenblicklichen Verkehrsbedürfnisses heraus an einen bestimmten Verkehrsteilnehmer oder einen begrenzten Teilnehmerkreis zur Regelung eines konkreten Verkehrsvorganges.
- BGH, NJW 1984, 1568

Wer ein Zeichen oder eine Weisung vorsätzlich oder fahrlässig nicht befolgt, handelt ordnungswidrig im Sinne des § 24 StVG (§ 49 Abs. 3 Ziff. 1 StVO).

3. Sonderrechte (§ 35 StVO)

Gemäß § 35 Abs. 1 StVO sind die Bundeswehr, die Bundespolizei, die Feuerwehr, der Katastrophenschutz, die Polizei und der Zolldienst von den Vorschriften der StVO befreit, soweit dies zur Erfüllung hoheitlicher Aufgaben dringend geboten ist. Dies gilt auch für *Fahrzeuge des Rettungsdienstes*, wenn höchste Eile geboten ist, um Menschenleben zu retten oder schwere gesundheitliche Schäden abzuwenden (§ 35 Abs. 5 a StVO). Umstritten ist, ob die Befreiung auch die Vorschriften der §§ 1, 36 StVO umfasst. **265**

– OLG Frankfurt, OLGR 1998, 341 gegen KG, NZV 2000, 510

Zu den *Fahrzeugen des Rettungsdienstes* im Sinne des § 35 Abs. 5 a StVO gehören alle Fahrzeuge, die ihrer Bestimmung nach der Lebensrettung dienen. Hierzu zählen auch Notarzteinsatzfahrzeuge. Rettungsdienstfahrzeuge der Feuerwehr fallen bereits unter § 35 Abs. 1 StVO. **266**

– BayObLG, VRS 65, 227

Privatfahrzeuge von Angehörigen des Rettungsdienstes, etwa auf dem Weg zur Rettungswache oder zum Einsatzort, *dienen nicht der Lebensrettung*. Ihnen stehen keine Sonderrechte zu. Für Privatfahrzeuge von Angehörigen der Feuerwehr soll jedoch nach Teilen der Rechtsprechung anderes gelten. So soll ein Angehöriger einer Freiwilligen Feuerwehr, der nach Auslösung eines Alarms mit seinem Privatfahrzeug zum Feuerwehrhaus fährt, die Sonderrechte des § 35 Abs. 1 StVO in Anspruch nehmen können.

– OLG Stuttgart, NZV 2002, 410
– OLG Stuttgart, NZV 2003, 244

Begründet wird diese Differenzierung unter anderem mit dem Wortlaut des § 35 StVO: Während § 35 Abs. 5 a StVO auf Fahrzeuge des Rettungsdienstes abstellt, spricht § 35 Abs. 1 StVO allgemein von Feuerwehr. Diese Ansicht ist jedoch nicht unproblematisch, weil Privatfahrzeuge über keine Signaleinrichtungen verfügen und sich bei der Inanspruchnahme von Sonderrechten äußerlich nicht von anderen Fahrzeugen unterscheiden. Daher dürfen Sonderrechte in diesen Fällen auch nur in zumindest notstandsähnlichen Ausnahmefällen ausgeübt werden.

– OLG Stuttgart, NZV 2002, 410
– OLG Stuttgart, NZV 2003, 244

Nach anderer Ansicht stehen den Angehörigen der Feuerwehr für die Fahrt zum Feuerwehrhaus keine Sonderrechte zu. Die Fahrt zum Feuerwehrhaus erfolgt nicht zur hoheitlichen Aufgabenerfüllung, sie dient allenfalls der Vorbereitung einer späteren hoheitlichen Aufgabe.

– OLG Frankfurt/Main, NZV 1992, 334

Unter Umständen können Verstöße gegen die StVO jedoch nach § 16 OWiG (rechtfertigender Notstand) gerechtfertigt sein. Die Voraussetzungen entsprechen jenen des § 34 StGB (vgl. bereits Rn. 86 ff.). Bei der Rechtsgüterabwägung ist auf den Einzelfall abzustellen. So kann eine mäßige Geschwindigkeitsüberschreitung eines Angehörigen der Feuerwehr mit seinem Privatfahrzeug zu relativ später Stunde auf einer ausgebauten Ausfallstraße ohne Gefährdung anderer Verkehrsteilnehmer bei einer Brandmeldung in einem Großmarkt gerechtfertigt sein.
– OLG Stuttgart, NZV 2002, 410

In anderem Zusammenhang kann auch eine Geschwindigkeitsüberschreitung durch einen Hausarzt auf dem Weg zu seinem Patienten gerechtfertigt sein, wenn die angenommene Lebensgefahr in derselben Zeit nicht anders, etwa durch den mit Sonderrechten ausgestatteten Rettungsdienst, abwendbar ist.
– BayObLG, NJW 2000, 888
– OLG Hamm, NStZ 2002, 307
– OLG Karlsruhe, MedR 2005, 43

267 Ob *höchste Eile* im Sinne des § 35 Abs. 5 a StVO geboten ist, um Menschenleben zu retten oder schwere gesundheitliche Schäden abzuwenden, richtet sich nach den jeweiligen Gesamtumständen. Nicht nur die Anfahrt zum Patienten oder der Transport des Patienten zum Krankenhaus, auch der Transport von Blutkonserven oder medizinischem Material kann die Inanspruchnahme der Sonderrechte erfordern. Maßgeblich ist, ob der Einsatzfahrer aus den ihm bekannten Umständen auf das Vorliegen eines entsprechenden Eilfalles schließen darf.
– OLG Düsseldorf, NZV 2010, 267

Für die Anfahrt zum Patienten ist damit in der Regel der Einsatzbefehl der Rettungsleitstelle maßgeblich.
– OLG Köln, VRS 59, 382
– OVG Lüneburg, zfs 1997, 397
– LG Saarbrücken, zfs 2012, 257

Der Disponent der Rettungsleitstelle nimmt den Notruf entgegen und verfügt daher in der Regel über weitergehende Informationen als der Einsatzfahrer. Besteht bereits Sichtkontakt zum Einsatzort, kann dies zu einer vom Disponenten der Rettungsleitstelle abweichenden Einschätzung führen. Beim Transport des Patienten zum Krankenhaus ist vor Ort (am Einsatzort, während des Transports) zu prüfen, ob höchste Eile geboten ist. Problematisch ist die Frage der höchsten Eile im Zusammenhang mit einem den

Transport begleitenden Notarzteinsatzfahrzeug (vgl. hierzu Rn. 276). Bei Rückfahrten zur Rettungswache ist höchste Eile regelmäßig nicht gegeben.

Die Inanspruchnahme von Sonderrechten befreit nur von der Einhaltung der Vorschriften der StVO, ändert die Verkehrsregeln (etwa das Vorfahrtsrecht) jedoch nicht. **268**
- BGH, NJW 1975, 648
- OLG Brandenburg, NZV 2011, 26

Diese Freistellung berechtigt damit nur, von den Verkehrsregeln unter Beachtung größtmöglicher Sorgfalt abzuweichen (etwa Überqueren einer Kreuzung bei roter Ampel, Überschreiten einer Höchstgeschwindigkeit, Fahren entgegen einer Einbahnstraße). Die Inanspruchnahme von Sonderrechten setzt nicht voraus, dass das blaue Blinklicht zusammen mit dem Einsatzhorn verwendet wird.
- OLG Köln, VersR 1996, 905
- KG, NZV 2005, 636
- KG, VersR 2005, 1549
- OLG Düsseldorf, NZV 2010, 267

Die Sonderrechte dürfen nur unter gebührender Berücksichtigung der öffentlichen Sicherheit und Ordnung ausgeübt werden (§ 35 Abs. 8 StVO). Dem Sonderrechtsfahrer wird damit eine *erhöhte Sorgfalt* auferlegt. Dabei hat er zu berücksichtigen, dass durch die Freistellung von den Vorschriften der StVO auch eine erhöhte Unfallgefahr entsteht. Je mehr sich der Einsatzfahrer über allgemeine Verkehrsregeln hinwegsetzt und dadurch die Unfallgefahren erhöht, desto größer ist die ihm obliegende Sorgfaltspflicht. **269**
- OLG Frankfurt/Main, OLGR 1998, 341
- KG, NZV 2005, 636
- KG, Schaden-Praxis 2007, 348
- KG, NZV 2008, 149
- LG Saarbrücken, zfs 2012, 257

Die Erfordernisse der Verkehrssicherheit haben Vorrang vor dem raschen Vorwärtskommen. Der Fahrer darf nicht in eine unübersehbare Verkehrslage hineinfahren, ohne sicher zu sein, noch halten zu können. Wer unter Inanspruchnahme von Sonderrechten in eine Kreuzung einfährt, muss sich im Schritttempo bewegen und darf sich in die Kreuzung nur hineintasten.
- OLG Braunschweig, VersR 1991, 126
- OLG München, Urt. v. 15.12.2006, Az. 10 U 4582/06, juris

Wer in Ausübung der Sonderrechte vorsätzlich oder fahrlässig die öffentliche Sicherheit und Ordnung nicht gebührend berücksichtigt, handelt ord- **270** nungswidrig im Sinne des § 24 StVG (§ 49 Abs. 4 Nr. 2 StVO). Wer Sonderrechte in Anspruch nimmt, obwohl die Voraussetzungen nicht gegeben sind, handelt nicht nach § 35 StVO ordnungswidrig, sondern nach den denjenigen Vorschriften, über die er sich unberechtigterweise hinwegsetzt.

271 Kommt es bei einer Sonderrechtsfahrt zu einem Unfall, kann dies eine zivilrechtliche Haftung oder eine strafrechtliche Verantwortlichkeit begründen. Hierbei kommt es maßgeblich auf die Geschwindigkeit des Einsatzfahrzeugs einerseits und auf die Erkennbarkeit und das Fahrverhalten des anderen Verkehrsteilnehmers andererseits an.

- KG, NZV 2005, 636: Haftung zu 100 %
- OLG Brandenburg, OLGR 1998, 225: Haftung zu 75 %
- OLG Hamm, VersR 1997, 1547: Haftung zu 67 %
- KG, Schaden-Praxis 2007, 348: Haftung zu 50 %
- OLG Frankfurt/Main, OLGR 1998, 341: Haftung zu 33,3 %
- OLG Jena, MDR 2007, 884: Haftung zu 20 %
- OLG Braunschweig, VersR 1991, 126: Fahrlässige Tötung/Körperverletzung

272 Zum Verhältnis zu § 38 StVO vgl. Rn. 284.

4. Blaues Blinklicht (§ 38 StVO)

273 Blaues Blinklicht *zusammen* mit dem Einsatzhorn (Wegerecht) darf nur verwendet werden, wenn höchste Eile geboten ist, um Menschenleben zu retten oder schwere gesundheitliche Schäden abzuwenden, eine Gefahr für die öffentliche Sicherheit und Ordnung abzuwenden, flüchtige Personen zu verfolgen oder bedeutende Sachwerte zu erhalten. Es ordnet an, dass alle übrigen Verkehrsteilnehmer sofort freie Bahn zu schaffen haben (§ 38 Abs. 1 StVO).

274 *Blaues Blinklicht alleine* ohne Einsatzhorn darf nur zur Warnung an Unfall- und sonstigen Einsatzstellen, bei Einsatzfahrten oder bei der Begleitung von Fahrzeugen oder von geschlossenen Verbänden verwendet werden (§ 38 Abs. 2 StVO).

275 Fahrzeuge, die eine oder mehrere Kennleuchten für blaues Blinklicht (Rundumlicht) führen dürfen, sind in § 52 Abs. 3 StVZO im Einzelnen aufgeführt. Sie müssen zusätzlich mit einer Warneinrichtung mit einer Folge von Klängen verschiedener Grundfrequenz (Einsatzhorn) ausgerüstet sein (§ 55 Abs. 3 StVZO). Hierzu zählen auch Kraftfahrzeuge des Rettungsdienstes, die für Krankentransport oder Notfallrettung besonders eingerichtet und nach dem Fahrzeugschein als Krankenkraftwagen anerkannt sind (§ 52

Abs. 3 Nr. 4 StVZO) sowie Einsatz- und Kommando-Kraftfahrzeuge der Feuerwehren und der anderen Einheiten und Einrichtungen des Katastrophenschutzes und des Rettungsdienstes (§ 52 Abs. 3 Nr. 2 StVZO). Hierzu ist nicht erforderlich, dass der Rettungsdienst selbst Halter des Fahrzeugs ist; vielmehr kann auch ein Autovermieter Halter sein, der das Fahrzeug an einen Rettungsdienst vermietet.
– BVerwG, NJW 2012, 2214

Ob *höchste Eile* geboten ist, um Menschenleben zu retten oder schwere ge- 276
sundheitliche Schäden abzuwenden, richtet sich nach den Gesamtumständen (vgl. hierzu im Einzelnen Rn. 267). Problematisch ist die Frage der höchsten Eile und damit die Frage der Zulässigkeit des Wegerechts (ebenso der Sonderrechte) für das einen Transport des Patienten in das Krankenhaus begleitende Notarzteinsatzfahrzeug. Liegt bereits ein Folgeeinsatz, bei dem Menschenleben zu retten oder schwere gesundheitliche Schäden abzuwenden sind, vor, ist höchste Eile geboten. Fraglich und in der rechtlichen Beurteilung umstritten ist hingegen die Begleitung des Rettungswagens ohne das Vorliegen eines entsprechenden Folgeauftrages. Zum Teil wird argumentiert, dass zumindest das die Straße für den nachfolgenden Rettungswagen „freiräumende" Notarzteinsatzfahrzeug das Wegerecht beziehungsweise die Sonderrechte in Anspruch nehmen darf, sofern eine Lebensgefahr oder die Gefahr einer schweren gesundheitlichen Schädigung des Patienten im Rettungswagen gegeben ist, da der Patient in diesen Fällen in der Regel zügiger und schonender in das Krankenhaus kommt. Andere bejahen die Zulässigkeit des Wegerechts aufgrund des Vorliegens einer Gefahr für die öffentliche Sicherheit in Form der Funktionsfähigkeit des Rettungsdienstes. Diese Ansicht mag im Ergebnis zwar für das Wegerecht gelten, ist jedoch für die Inanspruchnahme von Sonderrechten nicht haltbar (sofern es sich nicht um Rettungsfahrzeuge der Feuerwehr handelt, für die § 35 Abs. 1 StVO gilt), weil § 35 Abs. 5 a StVO nur von den Vorschriften der StVO befreit, um Menschenleben zu retten oder schwere gesundheitliche Schäden abzuwenden. Richtigerweise wird man die Zulässigkeit der Inanspruchnahme des Wegerechts und der Sonderrechte ohne konkreten Folgeauftrag daher nur im Ausnahmefall und auch dann nur aufgrund der medizinischen Einheit von Rettungswagen und Notarzteinsatzfahrzeug bejahen können. Durch das Notarzteinsatzfahrzeug stehen dem Notarzt gegebenenfalls weitere medizinisch-technische Geräte sowie Arzneimittel zur Verfügung, deren Einsatz am konkreten Patienten gefährdet wird, sofern es zu einer räumlichen Trennung von Rettungswagen und Notarzteinsatzfahrzeug kommt. Dies ist jedoch im Einzelfall zu prüfen.

In **Fall 11** darf der Fahrer des Notarzteinsatzfahrzeugs den Rettungswagen in der Regel weder mit eingeschaltetem Blaulicht und Einsatzhorn (Wegerecht) begleiten, noch in die für ihn rotlichtanzeigende Kreuzung einfahren (Sonderrechte).

277 Voraussetzung für die *Inanspruchnahme des Wegerechts* ist der Einsatz des blauen Blinklichts zusammen mit dem Einsatzhorn.
- OLG Düsseldorf, OLGR 1993, 294
- OLG Köln, VersR 1996, 905
- KG, VersR 2004, 486
- KG, VersR 2007, 413

Dies setzt ein rechtzeitiges Einschalten von blauem Blinklicht und Einsatzhorn, etwa für das Überqueren einer durch Rotlicht gesperrten Kreuzung voraus.
- KG, NZV 2008, 149: zumindest 10 Sekunden vor Überquerung der Haltelinie
- OLG Naumburg, NJW 2012, 1232
- VG Potsdam, NZV 2012, 310

Dabei ist zu beachten, dass andere Verkehrsteilnehmer der Verpflichtung, sofort freie Bahn zu schaffen, erst nachkommen können, nachdem sie diese Signale bemerken. Soll das Wegerecht für den gesamten Bereich der Kreuzung in Anspruch genommen werden, müssen die Signale so lange eingeschaltet bleiben, bis der Kreuzungsbereich vollständig verlassen wurde.
- KG, NZV 2008, 149

278 Blaues Blinklicht alleine ohne Einsatzhorn (§ 38 Abs. 2 StVO) kann auch bei Einsatzfahrten in bestimmten Fällen (etwa in der Nachtzeit) durchaus sinnvoll sein, es begründet jedoch kein Wegerecht, sondern dient nur als Warnzeichen und mahnt die anderen Verkehrsteilnehmer nur zu gesteigerter Vorsicht.
- OLG Düsseldorf, VersR 1978, 744
- OLG Köln, VersR 1996, 905
- KG, VersR 2007, 413

279 Das blaue Blinklicht zusammen mit dem Einsatzhorn wendet sich an alle übrigen Verkehrsteilnehmer. Es gebietet ihnen, *sofort freie Bahn* zu schaffen. Dies gilt unabhängig davon, ob die Voraussetzungen für eine entsprechende Einsatzfahrt auch tatsächlich vorliegen.
- KG, MDR 1997, 1121
- KG, NZV 2003, 126
- OLG Brandenburg, Urt. v. 28.10.2003, Az. 2 U 58/02, juris

- KG, VersR 2004, 755
- KG, VersR 2007, 413

„Sofort" bedeutet ohne schuldhaftes Zögern. Sobald ein Verkehrsteilnehmer ein Einsatzhorn – wenn auch nur schwach – hört, hat er seine Fahrweise darauf einzustellen. Er muss sich durch Herabsetzen der Geschwindigkeit darauf einstellen, notfalls auf kürzeste Entfernung anhalten zu müssen. Er muss mit gespannter Aufmerksamkeit bemüht sein, das Wegerechtsfahrzeug zu orten.
- OLG Hamm, VersR 1997, 1547

Auf welche Weise „freie Bahn" zu schaffen ist, hängt von der Verkehrssituation und den Verhältnissen vor Ort ab. Die Verkehrsteilnehmer müssen ihre Fahrweise unverzüglich darauf einrichten, das Wegerechtsfahrzeug passieren zu lassen und dessen Behinderung auszuschließen. Sie müssen in der Regel äußerst rechts heranfahren und dort entweder vorübergehend anhalten oder langsam weiterfahren.
- KG, Beschl. v. 19.12.1996, Az. 2 Ss 298/96, juris

Auch ein vorfahrtsberechtigter Verkehrsteilnehmer darf nicht in einen Kreuzungsbereich hineinfahren ohne sich zu vergewissern, ob das Wegerechtsfahrzeug nicht ebenfalls in die Kreuzung einfährt. Er hat vielmehr sofort anzuhalten, auch wenn das Wegerechtsfahrzeug für ihn noch nicht sichtbar ist.
- OLG Hamm, VersR 1997, 1547
- OLG Celle, PVR 2003, 232
- OLG Frankfurt/Main, NZV 2013, 396

Auch kann er nicht mit 40 km/h in eine unübersichtliche Kurve einfahren.
- OLG Brandenburg, Urt. v. 28.10.2003, Az. 2 U 58/02, juris

Begegnen sich mehrere Wegerechtsfahrzeuge, müssen sich deren Fahrer untereinander verständigen.
- KG, Urt. v. 8.4.1991, Az. 12 U 985/90, juris

Die Inanspruchnahme des Wegerechts ändert die Verkehrsregeln nicht und 280
befreit auch nicht von den Vorschriften der StVO.
- KG, Beschl. v. 19.12.1996, Az. 2 Ss 298/96, juris
- OLG Frankfurt/Main, OLGR 1999, 96
- OLG Brandenburg, Urt. v. 28.10.2003, Az. 2 U 58/02, juris
- OLG Frankfurt/Main, NZV 2013, 396

Die übrigen Verkehrsteilnehmer müssen jedoch auf ihre Vortritte (etwa das Vorfahrtsrecht) vorübergehend verzichten.
- OLG Nürnberg, Schaden-Praxis 2002, 358

- OLG Jena, MDR 2007, 884
- OLG Brandenburg, NZV 2011, 26
- OLG Frankfurt/Main, NZV 2013, 396

281 Dem Wegerechtsfahrer wird eine erhöhte *Sorgfalt* auferlegt. Dabei hat er zu berücksichtigen, dass durch die Inanspruchnahme des Wegerechts auch eine erhöhte Unfallgefahr entsteht. Er muss damit rechnen, dass einzelne Verkehrsteilnehmer das blaue Blinklicht und das Einsatzhorn nicht wahrgenommen haben. Darüber hinaus muss er den Verkehrsteilnehmern eine Reaktionszeit einräumen, um seinen Zeichen entsprechend zu handeln. Daher darf er nur dann in eine Kreuzung einfahren, wenn er sich, gegebenenfalls durch langsames Vortasten, davon überzeugt hat, dass alle Verkehrsteilnehmer ihn wahrgenommen haben und ihm den Vortritt gewähren.

- OLG Hamm, VersR 1997, 1547
- OLG Celle, Schaden-Praxis 1999, 224
- OLG Nürnberg, Schaden-Praxis 2002, 358
- OLG Celle, PVR 2003, 232
- OLG Celle, Schaden-Praxis 2005, 116
- OLG Jena, MDR 2007, 884
- KG, NZV 2008, 149
- OLG Naumburg, DAR 2013, 468
- LG Saarbrücken, zfs 2012, 257
- LG Hamburg, Urt. v. 18.9.2012, Az. 628 Kls 3/12, juris
- LG Halle, SVR 2013, 26

Wenngleich er dies in der Regel von jenen Verkehrsteilnehmern wird erwarten können, die sich in seiner unmittelbaren Umgebung (bis zu 50 m Entfernung) befinden,

- OLG Dresden, Schaden-Praxis 1996, 235
- KG, VRS 100, 329
- KG, NZV 2003, 126

darf er hierauf keineswegs „blindlings“ oder auf „gut Glück“ vertrauen.

- KG, NZV 2003, 126
- KG, VersR 2004, 755
- KG, NZV 2008, 149
- LG Hamburg, Urt. v. 18.9.2012, Az. 628 Kls 3/12, juris

Bei einer unübersichtlichen Kreuzung kann das die Verpflichtung bedeuten, nur in Schrittgeschwindigkeit einzufahren oder das Fahrzeug fast zum Stillstand abzubremsen, um auf diese Weise eine hinreichende Übersicht über die Verkehrslage zu gewinnen.

- OLG Hamm, VersR 1997, 1547

- OLG Frankfurt/Main, OLGR 1999, 96
- KG, NZV 2003, 126
- OLG Frankfurt/Main, Schaden-Praxis 2013, 212
- LG Halle, SVR 2013, 26

Bemerkt der Wegerechtsfahrer, dass sich ein Verkehrsteilnehmer – wenn auch langsam – noch in Richtung der Kreuzungsmitte bewegt, kann er nicht mit der erforderlichen Sicherheit davon ausgehen, dass der Verkehrsteilnehmer ihn wahrgenommen hat und ihm den Vortritt gewährt.
- OLG Frankfurt/Main, Schaden-Praxis 2013, 212

Wer vorsätzlich oder fahrlässig blaues Blinklicht zusammen mit dem Ein- **282**
satzhorn oder allein unberechtigt verwendet, handelt ordnungswidrig im Sinne des § 24 StVG (§ 49 Abs. 3 Nr. 3 StVO). Kommt es bei einer Wegerechtsfahrt zu einem Unfall, kann dies eine zivilrechtliche Haftung oder eine strafrechtliche Verantwortlichkeit begründen. Hierbei kommt es maßgeblich auf die Geschwindigkeit des Einsatzfahrzeugs einerseits und auf die Erkennbarkeit und das Fahrverhalten des anderen Verkehrsteilnehmers andererseits an.
- OLG Hamm, VersR 1996, 1428: Haftung zu 100 %
- OLG Brandenburg, OLGR 1998, 225: Haftung zu 75 %
- OLG Hamm, VersR 1997, 1547: Haftung zu 67 %
- OLG Celle, Schaden-Praxis 1999, 224: Haftung zu 50 %
- OLG Frankfurt/Main, OLGR 1998, 341: Haftung zu 33,3 %
- OLG Jena, MDR 2007, 884: Haftung zu 20 %
- OLG Braunschweig, VersR 1991, 126: Fahrlässige Tötung/Körperverletzung
- LG Hamburg, Urt. v. 18.9.2012, Az. 628 Kls 3/12, juris: Fahrlässige Tötung/Körperverletzung

In **Fall 12** liegt höchste Eile vor, um Menschenleben zu retten oder schwere gesundheitliche Schäden abzuwenden. Der Einsatzfahrer darf mit eingeschaltetem Blaulicht und Einsatzhorn fahren (§ 38 StVO). Die übrigen Verkehrsteilnehmer, so auch der querende Fahrer, sind verpflichtet, freie Bahn zu schaffen. Die Sonderrechte gestatten dem Einsatzfahrer die Einfahrt in die rotlichtanzeigende Kreuzung (§ 35 StVO). Beide Vorschriften verpflichten den Einsatzfahrer jedoch zu sorgfältigem Handeln. Durch die mit überhöhter Geschwindigkeit erfolgende Einfahrt in eine unübersichtliche Kreuzung verstößt er grob fahrlässig gegen diese Sorgfaltspflicht. Den querenden Fahrer trifft keine (Mit-) Haftung (OLG Hamm, VersR 1996, 1428).

283 In einzelnen Bundesländern haben die zuständigen Ministerien ergänzende Vorgaben zur Verwendung von blauem Blinklicht und Einsatzhorn erlassen. So ist etwa in *Nordrhein-Westfalen* unter anderem geregelt, dass blaues Blinklicht und Einsatzhorn auf Rückfahrten nicht verwendet werden dürfen und Ausnahmen nur zulässig sind, wenn die Sicherheit im Einsatzgebiet durch eine längere Abwesenheit des Einsatzfahrzeugs ernsthaft in Frage gestellt ist. Die Entscheidung hierüber trifft die Leitstelle (Ziff. 2.3 Runderlass des Ministeriums für Verkehr, Energie und Landesplanung, des Innenministeriums und des Ministeriums für Gesundheit, Soziales, Frauen und Familie vom 5. März 2004, MBl. NRW 2004, S. 383). Freilich gehen die geltenden Gesetze und Verordnungen solchen Erlässen vor.

284 Die Sonderrechte nach § 35 StVO und das Wegerecht nach § 38 StVO *decken sich nicht.* Die Sonderrechte gelten auch dann, wenn nicht mit blauem Blinklicht und Einsatzhorn gefahren wird, sofern die Voraussetzungen des § 35 StVO gegeben sind. Dagegen bleibt das Wegerechtsfahrzeug an die Vorschriften der StVO gebunden. Durch das Wegerecht werden lediglich den anderen Verkehrsteilnehmern Pflichten auferlegt. Die Freistellung von den Vorschriften der StVO steht den Wegerechtsfahrzeugen nur in Verbindung mit § 35 Abs. 1, 5a StVO zu. Dies ist im Rettungsdienst regelmäßig der Fall, sofern höchste Eile gegeben ist, um Menschenleben zu retten oder schwere gesundheitliche Schäden abzuwenden.

5. Verhalten bei Unfall (§ 34 StVO)

285 Ein *Unfall im Straßenverkehr* ist ein plötzliches Ereignis im öffentlichen Straßenverkehr, das mit dessen typischen Gefahren zusammenhängt und unmittelbar zu einem nicht völlig belanglosen Personen- oder Sachschaden führt (vgl. bereits Rn. 238).

286 Nach einem Unfall hat jeder Beteiligte unverzüglich *anzuhalten* (§ 34 Abs. 1 Nr. 1 StVO). Beteiligt an einem Unfall ist jeder, dessen Verhalten nach den Umständen zum Unfall beigetragen haben kann (§ 34 Abs. 2 StVO). Der Beteiligte hat den Verkehr (mit Warnblinklicht und Warndreieck) *zu sichern* und bei geringfügigem Schaden

- OLG Köln, Beschl. v. 12.12.1978, Az. Ss 932/78, juris: jedenfalls nicht mehr bei einem Schaden über umgerechnet ca. 600 Euro

beiseite zu fahren (§ 34 Abs. 1 Nr. 2 StVO, § 15 StVO). Auch bei einem nicht geringfügigen Schaden muss beiseite gefahren werden, wenn eine erhebliche Beeinträchtigung der Allgemeinheit droht. Dies ist etwa auf der Überholspur einer Autobahn der Fall. Hier ist die Fahrbahn, sofern möglich, un-

verzüglich freizumachen und das Fahrzeug auf dem rechten Seitenstreifen oder notfalls auf dem Mittelstreifen abzustellen.
- OLG Köln, OLGR 1991, 10
- OLG Zweibrücken, NZV 2001, 387

Jeder Beteiligte hat sich ferner über die Unfallfolgen zu vergewissern und Verletzten zu helfen (§ 34 Abs. 1 Nr. 3 und 4 StVO). Die Hilfeleistungspflicht verweist dabei ausdrücklich auf die Vorschrift der unterlassenen Hilfeleistung (§ 323 c StGB, vgl. hierzu bereits Rn. 197 ff.). **287**

Weiterhin hat jeder Beteiligte anderen am Unfall anwesenden Beteiligten und Geschädigten anzugeben, dass er am Unfall beteiligt war und auf Verlangen seinen Namen und seine Anschrift anzugeben sowie ihnen Führerschein und Fahrzeugschein vorzuweisen und nach bestem Wissen Angaben über seine Haftpflichtversicherung zu machen (§ 34 Abs. 1 Nr. 5 StVO). Er muss solange am Unfallort bleiben, bis er zugunsten der anderen Beteiligten und der Geschädigten die *Feststellung* seiner Person, seines Fahrzeuges und der Art seiner Beteiligung ermöglicht hat oder eine nach den Umständen angemessene Zeit (hierzu bereits Rn. 241) warten und am Unfallort Name und Anschrift hinterlassen, wenn niemand bereit war, die Feststellung zu treffen (§ 34 Abs. 1 Nr. 6 StVO). Unfallspuren dürfen nicht beseitigt werden, bevor die notwendigen Feststellungen getroffen worden sind (§ 34 Abs. 3 StVO). **288**

Schließlich muss jeder Beteiligte die Feststellungen unverzüglich nachträglich ermöglichen, wenn er sich berechtigt, entschuldigt oder nach Ablauf der Wartefrist vom Unfallort entfernt hat. Dazu hat er mindestens den Berechtigten oder einer nahe gelegenen Polizeidienststelle mitzuteilen, dass er am Unfall beteiligt gewesen ist und seine Anschrift, seinen Aufenthalt sowie das Kennzeichen und den Standort seines Fahrzeuges anzugeben und dieses zu unverzüglichen Feststellungen für eine ihm zumutbare Zeit zur Verfügung zu halten (§ 34 Abs. 1 Nr. 7 StVO). **289**

Wer vorsätzlich oder fahrlässig gegen § 34 Abs. 1 Nr. 1, 2, 5 oder 6 StVO oder gegen § 34 Abs. 3 StVO verstößt, handelt ordnungswidrig im Sinne des § 24 StVG, soweit die Verstöße nicht bereits durch § 142 StGB verfolgt werden (§ 49 Abs. 1 Nr. 29 StVO). Wird eine Strafe nicht verhängt, kann die Handlung als Ordnungswidrigkeit geahndet werden (§ 21 Abs. 2 OWiG). Wer fahrlässig einen Unfall nicht bemerkt, handelt hingegen nicht ordnungswidrig. **290**

IV. Fahrerlaubnis-Verordnung (FeV)

291 Die noch in der Erstauflage dargestellten Regelungen der Straßenverkehrs-Zulassungs-Ordnung wurden durch die Fahrerlaubnis-Verordnung vom 18. August 1998 (BGBl. I 1998, S. 2214) aufgehoben und deren Inhalt in die Verordnung überführt. Die Fahrerlaubnis-Verordnung ist zum 1. Januar 1999 in Kraft getreten. Sie beinhaltet die Anforderungen über die Zulassung von Personen zum Straßenverkehr und stellt insoweit eine Ausführungsverordnung zum Straßenverkehrsgesetz dar.

1. Erlaubnispflicht und Ausweispflicht für das Führen von Kraftfahrzeugen (§ 4 FeV)

292 Wer auf öffentlichen Straßen ein Kraftfahrzeug führt, bedarf einer Fahrerlaubnis. Diese ist durch eine gültige amtliche Bescheinigung (Führerschein) nachzuweisen. Der Führerschein ist beim Führen von Kraftfahrzeugen mitzuführen und zuständigen Personen (Polizeibeamte) auf Verlangen zur Prüfung auszuhändigen. Wer vorsätzlich oder fahrlässig seinen Führerschein bei der Fahrt nicht mitführt oder auf Verlangen nicht aushändigt, handelt ordnungswidrig im Sinne des § 24 StVG (§ 75 Nr. 4 FeV). Ihm kann die Weiterfahrt untersagt und diese im Wiederholungsfalle auch unterbunden werden, etwa durch Wegnahme der Fahrzeugschlüssel.

– KG, Beschl. v. 4.7.2001, Az. 1 Zs 605/01, 3 Ws 245/01, juris

2. Voraussetzungen für die Erteilung einer Fahrerlaubnis (§§ 7 – 20 FeV)

293 Die Voraussetzungen für die Erteilung einer Fahrerlaubnis umfassen unter anderem die Vorschriften über das Mindestalter (§ 10 FeV) und die körperliche und geistige Eignung (§ 11 FeV) des Bewerbers, die Unterziehung zu einem Sehtest bei einer amtlich anerkannten Sehteststelle (§ 12 FeV) sowie die Ableistung der theoretischen und praktischen Fahrerlaubnisprüfung (§§ 15 – 18 FeV). Bewerber um eine Fahrerlaubnis der Klassen AM, A1, A2, A, B, BE, L oder T müssen an einer Unterweisung in lebensrettenden Sofortmaßnahmen, jene der Klassen C, C1, CE, C1E, D, D1, DE oder D1E an einer Ausbildung in Erster Hilfe teilnehmen (§ 19 FeV). Eine Ausbildung in Erster Hilfe ersetzt dabei eine Unterweisung in lebensrettenden Sofortmaßnahmen. Als Nachweis über die Teilnahme an einer Unterweisung in lebensrettenden Sofortmaßnahmen und einer Ausbildung in Erster Hilfe gilt unter anderem die Vorlage eines Zeugnisses über die bestandene ärztliche Staatsprüfung oder über eine abgeschlossene Ausbildung als Notfallsanitä-

ter, Rettungsassistent oder eine Bescheinigung über eine Sanitätsausbildung oder rettungsdienstliche Ausbildung oder die Ausbildung als Rettungsschwimmer (§ 19 Abs. 5 FeV).

3. Fahrerlaubnis zur Fahrgastbeförderung (§ 48 FeV)

Wer einen Krankenkraftwagen führt, bedarf neben der allgemeinen Fahrer- 294
laubnis einer zusätzlichen Erlaubnis, wenn in dem Fahrzeug entgeltlich oder geschäftsmäßig Fahrgäste befördert werden (Fahrerlaubnis zur Fahrgastbeförderung). Dies gilt jedoch nicht für Krankenkraftwagen der Bundeswehr, Bundespolizei, Polizei, Feuerwehren und der nach Landesrecht anerkannten Rettungsdienste sowie für Krankenkraftwagen des Katastrophenschutzes, sofern sie für dessen Zweck verwendet werden. Das Führen anderer Krankenkraftwagen beziehungsweise im Rahmen einer anderen Zweckbestimmung setzt eine besondere Fahrerlaubnis voraus. So benötigen etwa Fahrzeugführer eine Fahrerlaubnis zur Fahrgastbeförderung, wenn das private Unternehmen, bei dem sie angestellt sind, kraft Genehmigung Aufgaben der Notfallrettung und des Krankentransports wahrnimmt, ohne jedoch am Rettungsdienst im institutionellen Sinne beteiligt zu sein.

– OVG Münster, VRS 114, 398

Führt der Fahrzeugführer in diesen Fällen einen Krankenkraftwagen ohne die Fahrerlaubnis zur Fahrgastbeförderung, stellt dies eine Ordnungswidrigkeit nach § 24 StVG dar (§ 75 Nr. 12 FeV).

Die Fahrerlaubnis zur Fahrgastbeförderung ist durch einen Führerschein 295
zur Fahrgastbeförderung nachzuweisen. Er ist bei der Fahrgastbeförderung neben dem allgemeinen Führerschein mitzuführen und den zuständigen Personen (Polizeibeamte) auf Verlangen zur Prüfung auszuhändigen. Wer seinen Führerschein zur Fahrgastbeförderung bei der Fahrt vorsätzlich oder fahrlässig nicht mitführt oder auf Verlangen nicht aushändigt, handelt ordnungswidrig im Sinne des § 24 StVG (§ 75 Nr. 4 FeV).

Die Fahrerlaubnis zur Fahrgastbeförderung bei Krankenkraftwagen ist zu 296
erteilen, wenn der Bewerber das 19. Lebensjahr vollendet hat und die Gewähr dafür bietet, dass er der besonderen Verantwortung bei der Beförderung von Fahrgästen gerecht wird (persönliche Zuverlässigkeit. Nachzuweisen durch ein Führungszeugnis), seit mindestens einem Jahr im Besitz der allgemeinen Fahrerlaubnis ist und die geistige und körperliche Eignung, die Unterziehung zu einem Sehtest bei einer amtlich anerkannten Sehteststelle, die Teilnahme an einer Ausbildung in Erster Hilfe sowie die

erforderlichen Ortskenntnisse am Ort des Betriebssitzes nachweist. Letzteres gilt nicht, wenn der Ort des Betriebssitzes weniger als 50.000 Einwohner hat. Wird der Führer eines Krankenkraftwagens in einem anderen Ort mit mindestens 50.000 Einwohnern tätig als in demjenigen, für den er die erforderlichen Ortskenntnisse nachgewiesen hat, muss er diese Kenntnisse für den anderen Ort nachweisen. Die Fahrerlaubnis zur Fahrgastbeförderung wird für eine Dauer von nicht mehr als fünf Jahren erteilt, sie wird auf Antrag des Inhabers jeweils bis zu fünf Jahren verlängert. Hierfür sind erneut die geistige und körperliche Eignung sowie die Unterziehung zu einem Sehtest nachzuweisen. Im Übrigen dürfen keine Tatsachen die Annahme rechtfertigen, dass der Fahrerlaubnisinhaber nicht die Gewähr dafür bietet, dass er der besonderen Verantwortung bei der Beförderung von Fahrgästen gerecht wird.

297 Wenn Tatsachen bekannt werden, die Bedenken gegen die körperliche oder geistige Eignung des Fahrerlaubnisinhabers oder an der Gewähr der besonderen Verantwortung bei der Beförderung von Fahrgästen des Inhabers einer Fahrerlaubnis zur Fahrgastbeförderung begründen, kann die Fahrerlaubnisbehörde eine ärztliche oder medizinisch-psychologische Begutachtung anordnen. Wird das Fehlen einer der genannten Voraussetzungen festgestellt, wird die Fahrerlaubnis zur Fahrgastbeförderung entzogen, so etwa im Hinblick auf die fehlende persönliche Zuverlässigkeit infolge strafrechtlicher Verurteilungen oder erheblicher und wiederholter Verstöße gegen verkehrsrechtliche Vorschriften

- VGH München, Beschl. v. 2.4.2003, Az. 11 CS 02.2514, juris
- OVG Saarbrücken, zfs 2004, 539
- OVG Münster, Beschl. v. 5.3.2004, Az. 19 A 832/04, juris

oder aufgrund geistiger oder körperlicher Einschränkungen.

- VGH München, Beschl. v. 31.8.2006, Az. 11 CS 05.1928, juris
- VGH München, Beschl. v. 8.1.2007, Az. 11 CS 06.1910, juris

298 Der Halter eines Kraftfahrzeuges darf die Fahrgastbeförderung nicht anordnen oder zulassen, wenn der Fahrer des Fahrzeuges die erforderliche Erlaubnis zur Fahrgastbeförderung nicht besitzt oder die erforderlichen Ortskenntnisse nicht nachgewiesen hat. Ordnet er sie dennoch an oder lässt er sie dennoch zu, begeht er eine Ordnungswidrigkeit im Sinne des § 24 StVG (§ 75 Nr. 12 FeV).

V. Verordnung über den Betrieb von Kraftfahrunternehmen im Personenverkehr (BOKraft)

299 Einzelne Rettungsdienstgesetze verweisen (zum Teil beschränkt auf den Mietwagenverkehr) auf Teile der Vorschriften der Verordnung über den Betrieb von Kraftfahrunternehmen im Personenverkehr (vgl. etwa § 25 RDG Baden-Württemberg, Art. 42 BayRDG, § 12 RDG Berlin, § 17 HmbRDG, § 21 RDG M-V, § 27 NRettDG, § 17 RettDG Rheinland-Pfalz, § 15 RDG Schleswig-Holstein). Die Verordnung regelt die besonderen Anforderungen an den Betrieb des Unternehmens und die Ausrüstung und Beschaffenheit der Fahrzeuge, die sich aus dem Vertrauen in eine sichere und ordnungsgemäße Beförderung ergeben.

300 Für die Einhaltung der Vorschriften dieser Verordnung und die Befolgung der hierzu behördlich erlassenen Anordnungen ist der *Unternehmer* verantwortlich (§ 3 BOKraft). Er hat dafür zu sorgen, dass das Unternehmen ordnungsgemäß geführt wird und dass sich die Fahrzeuge und Betriebsanlagen in vorschriftsmäßigem Zustand befinden. Er darf den Betrieb des Unternehmens nicht anordnen oder zulassen, wenn ihm bekannt ist oder bekannt sein muss, dass Mitglieder des Fahr- und Betriebspersonals nicht befähigt und geeignet sind, eine sichere und ordnungsgemäße Beförderung zu gewährleisten. Für den Aufgabenbereich, die Verantwortlichkeit und das Verhalten des Fahr- und Betriebspersonals während des Dienstes kann der Unternehmer Dienstanweisungen erlassen. Diese sind in geeigneter Weise bekanntzumachen. Ferner kann der Unternehmer zur Wahrnehmung der ihm obliegenden Aufgaben (unbeschadet seiner eigenen Verantwortlichkeit) einen Betriebsleiter bestellen (§ 4 BOKraft). Für diesen Fall muss eine Dienstanweisung erlassen werden.

301 Gemäß der Grundregel des § 7 BOKraft hat das im Fahrdienst eingesetzte *Fahr- und Betriebspersonal* (Fahrer, Beifahrer, Begleitpersonen) die besondere Sorgfalt anzuwenden, die sich daraus ergibt, dass ihm Personen zur Beförderung anvertraut werden. Während des Dienstes hat es sich rücksichtsvoll und besonnen zu verhalten. Die Einnahme alkoholischer Getränke oder anderer die dienstliche Tätigkeit beeinträchtigender Mittel während des Dienstes ist ebenso untersagt, wie ein Fahrtantritt unter der Wirkung solcher Getränke oder Mittel (§ 8 BOKraft). Die Tätigkeit darf ferner nicht ausgeübt werden, solange das Personal selbst oder Angehörige seiner häuslichen Gemeinschaft an einer gemäß § 34 Abs. 3 Nr. 2, 4, 6, 8, 11 IfSG genannten Krankheit (Diphtherie, virusbedingtem hämorrhagischem Fieber, ansteckungsfähiger Lungentuberkulose, Meningokokken-Infektion,

Pest) leiden, es sei denn, dass durch ein ärztliches Attest nachgewiesen wird, dass keine Gefahr einer Übertragung der Krankheit besteht (§ 9 BO-Kraft). Ebenso darf der Fahrzeugführer keine Fahrten ausführen, wenn er an einer Krankheit leidet, die seine Eignung, ein Fahrzeug sicher im Verkehr zu führen beeinträchtigt. Erkrankungen sind dem Unternehmer unverzüglich anzuzeigen.

302 Nach den Rettungsdienstgesetzen handelt ordnungswidrig, wer vorsätzlich oder fahrlässig gegen Vorschriften der BOKraft verstößt (vgl. § 33 RDG Baden-Württemberg, Art. 54 BayRDG, § 22 RDG Berlin, § 26 HmbRDG, § 28 RDG M-V, § 30 RettDG Rheinland-Pfalz, § 22 RDG Schleswig-Holstein).

7. Kapitel
Arzneimittel- und Betäubungsmittelrecht

Literatur: Deutsch/Lippert, Kommentar zum Arzneimittelgesetz, 3. Auflage 2010; Jäkel/Lippert, Die Versorgung des Rettungsdienstes mit Arznei- und Betäubungsmitteln, Notfall Rettungsmed 2010, 475 ff.; Körner/Patzak/Volkmer, Betäubungsmittelgesetz, 7. Auflage 2012; Kügel/Müller/Hofmann, Arzneimittelgesetz, 2012; Lippert/Jäkel, Die Versorgung des Rettungsdienstes mit Arznei- und Betäubungsmitteln, MedR 2012, 175 ff.; Malek, Betäubungsmittelstrafrecht, 3. Auflage 2008; Rehmann, Arzneimittelgesetz, 4. Auflage 2013; Weber, Betäubungsmittelgesetz, 4. Auflage 2013

I. Arzneimittelgesetz (AMG)

Die Vorschriften des Arzneimittelgesetzes sollen im Interesse einer ordnungsgemäßen Arzneimittelversorgung von Mensch und Tier für die Sicherheit im Verkehr mit Arzneimitteln, insbesondere für die Qualität, Wirksamkeit und Unbedenklichkeit der Arzneimittel Sorge tragen (§ 1 AMG). Diese Sicherheit wird durch Vorschriften bei der Herstellung, Zulassung und Abgabe von Arzneimitteln gewährleistet. **303**

Arzneimittel sind gemäß § 2 Abs. 1 AMG Stoffe und Zubereitungen aus Stoffen, **304**

- die zur Anwendung im oder am menschlichen oder tierischen Körper bestimmt sind und als Mittel mit Eigenschaften zur Heilung oder Linderung oder zur Verhütung menschlicher oder tierischer Krankheiten oder krankhafter Beschwerden bestimmt sind oder
- die im oder am menschlichen oder tierischen Körper angewendet oder einem Menschen oder einem Tier verabreicht werden können, um entweder die physiologischen Funktionen durch eine pharmakologische, immunologische oder metabolische Wirkung wiederherzustellen, zu korrigieren oder zu beeinflussen oder eine medizinische Diagnose zu erstellen.

Keine Arzneimittel sind unter anderem Lebensmittel und kosmetische Mittel im Sinne des Lebensmittel- und Futtermittelgesetzbuches, Medizinprodukte und Zubehör für Medizinprodukte im Sinne des Medizinproduktegesetzes sowie Organe im Sinne des Transplantationsgesetzes, wenn sie zur Übertragung auf menschliche Empfänger bestimmt sind (§ 2 Abs. 3 AMG). **305**

306 In der Regel sind alle Arzneimittel *apothekenpflichtig*, das heißt, sie dürfen nur in Apotheken abgegeben werden (§ 43 AMG). Ausgenommen von der Apothekenpflicht sind gemäß § 44 AMG Arzneimittel, die ausschließlich zu anderen Zwecken als zur Beseitigung oder Linderung von Krankheiten, Leiden, Körperschäden oder krankhaften Beschwerden zu dienen bestimmt sind, sowie unter anderem natürliche und künstliche Heilwässer sowie deren Salze, Heilerde und Bademoore, Pflanzen und Pflanzenteile, wenn sie mit ihren verkehrsüblichen deutschen Namen gekennzeichnet sind, Pflaster sowie ausschließlich oder überwiegend zum äußeren Gebrauch bestimmte Desinfektionsmittel sowie Mund- und Rachendesinfektionsmittel. Diese Ausnahmen gelten jedoch nicht für solche Arzneimittel, die nur auf ärztliche Verschreibung abgegeben werden dürfen. Nach § 47 AMG dürfen bestimmte Arzneimittel auch an Krankenhäuser und Ärzte abgegeben werden. Hierbei handelt es sich unter anderem um aus menschlichem Blut gewonnene Blutzubereitungen, Gewebezubereitungen, Infusionslösungen in Behältnissen mit mindestens 500 ml, die zum Ersatz oder zur Korrektur von Körperflüssigkeiten bestimmt sind, Lösungen zur Hämodialyse und Peritonealdialyse, Zubereitungen, die ausschließlich dazu bestimmt sind, die Beschaffenheit, den Zustand oder die Funktion des Körpers oder seelische Zustände erkennen zu lassen, sowie Impfstoffe bei unentgeltlicher Anwendung auf Grund des Infektionsschutzgesetzes oder zur Abwendung einer Seuchen- oder Lebensgefahr.

307 Gemäß § 14 Abs. 8 Apothekengesetz sind die nach Landesrecht bestimmten Träger und Durchführenden des Rettungsdienstes Krankenhäusern gleichgestellt, die durch den Leiter der jeweiligen Krankenhausapotheke oder durch einen durch diesen beauftragten Apotheker mit Arzneimitteln versorgt werden dürfen. Mit dieser im Jahre 2002 eingefügten Regelung wurde der bereits zu diesem Zeitpunkt praktizierten Verfahrensweise Rechnung getragen, wonach Rettungsdienste von Krankenhausapotheken mit Arzneimitteln beliefert wurden, obwohl diese unterschiedliche Träger haben.

308 Arzneimittel sind *verschreibungspflichtig*, wenn sie Stoffe oder Zubereitungen aus Stoffen enthalten, die in der Arzneimittelverschreibungsverordnung nach § 48 AMG genannt sind. Stoffe oder Zubereitungen aus Stoffen werden in die Arzneimittelverschreibungsverordnung aufgenommen, wenn sie entweder die Gesundheit auch bei bestimmungsgemäßem Gebrauch unmittelbar oder mittelbar gefährden können, sofern sie ohne ärztliche Überwachung angewendet werden, oder wenn sie häufig in erheblichem Umfang nicht bestimmungsgemäß verwendet werden und dadurch die Gesundheit unmittelbar oder mittelbar gefährden können. Arzneimittel,

die in der Arzneimittelverschreibungsverordnung genannte Stoffe oder Zubereitungen aus Stoffen enthalten, dürfen nur bei Vorliegen einer *ärztlichen* Verschreibung abgegeben werden. Unter Abgabe im Sinne des Arzneimittelgesetzes ist die Einräumung der Verfügungsgewalt an einen anderen durch körperliche Überlassung des Arzneimittels zu verstehen.

- BGH, NStZ 2004, 457
- OVG Lüneburg, GesR 2006, 461

Die im Rettungswesen verwendeten Arzneimittel sind gemäß § 43 AMG apothekenpflichtig oder nach § 48 AMG in Verbindung mit der Arzneimittelverschreibungsverordnung verschreibungspflichtig. Das nichtärztliche Personal hat *keine Verfügungsbefugnis* über die im Fahrzeug mitgeführten Arzneimittel, es hält diese lediglich für die Verabreichung oder unmittelbare Verbrauchsüberlassung durch den Arzt bereit. Dies schließt nicht aus, dass der Arzt die konkrete Ausführung an nichtärztliches Hilfspersonal delegiert oder anweist. Die ohne ärztliche Anordnung erfolgte Anwendung im Rahmen der Notkompetenz ist die Ausnahme. **309**

- Lippert/Jäkel, MedR 2012, 175
- Rieger/Lippert/Lissel, in: Rieger/Dahm/Katzenmeier/Steinhilper, Ziff. 4540, Rn. 30

Die Verabreichung oder unmittelbare Verbrauchsüberlassung des Arzneimittels stellt keine Abgabe im Sinne des Arzneimittelgesetzes dar.

- BVerwG, BVerwGE 94, 341

Wer ein Arzneimittel entgegen § 48 AMG in Verbindung mit der Arzneimittelverschreibungsverordnung abgibt, macht sich strafbar (§ 96 AMG). Ordnungswidrig handelt, wer dies fahrlässig begeht, beziehungsweise wer Arzneimittel, die ohne Verschreibung abgegeben werden dürfen, entgegen § 43 AMG abgibt (§ 97 AMG). **310**

Gemäß § 81 AMG bleiben die Vorschriften des Betäubungsmittelgesetzes unberührt. Damit sind für jene Arzneimittel, die unter den Begriff der Betäubungsmittel fallen, zusätzlich auch die Bestimmungen des Betäubungsmittelgesetzes zu beachten. **311**

II. Betäubungsmittelgesetz (BtMG)

Das Betäubungsmittelgesetz behandelt die Erlaubnis zum Verkehr mit Betäubungsmitteln sowie das Verfahren zur Erteilung sowie Beschränkungen, Befristungen, Bedingungen, Auflagen, Rücknahme und Widerruf dieser Erlaubnis; es regelt ferner die einzelnen Pflichten im Betäubungsmittelver- **312** kehr wie Abgabe und Erwerb von Betäubungsmitteln sowie deren Überwachung durch die zuständigen Behörden. Zu beachten ist weiterhin die Verordnung über das Verschreiben, die Abgabe und den Nachweis des Verbleibs von Betäubungsmitteln (Betäubungsmittel-Verschreibungsverordnung).

313 *Betäubungsmittel* im Sinne des Betäubungsmittelgesetzes sind Stoffe oder Zubereitungen aus diesen Stoffen, die wegen ihrer Abhängigkeit hervorrufenden Wirkung namentlich in den Anlagen I bis III des Betäubungsmittelgesetzes aufgeführt sind (§ 1 Abs. 1 BtMG). Dem Betäubungsmittelgesetz werden ebenfalls Stoffe zugeordnet, aus denen beziehungsweise unter Verwendung dieser Stoffe Betäubungsmittel hergestellt werden können. Nach § 1 Abs. 2 BtMG wird die Bundesregierung ermächtigt, die Anlagen I bis III durch Rechtsverordnung zu ändern oder zu ergänzen, sofern dies im Hinblick auf die Wirkweise des Stoffes, vor allem im Hinblick auf das Hervorrufen einer Abhängigkeit, sowie zur Sicherheit oder Kontrolle des Verkehrs mit Betäubungsmitteln oder anderen Stoffen oder Zubereitungen wegen des Ausmaßes der missbräuchlichen Verwendung und wegen der unmittelbaren oder mittelbaren Gefährdung der Gesundheit erforderlich ist.

314 Betäubungsmittel sind nach § 13 BtMG *apotheken- und verschreibungspflichtig*. Während die in Anlagen I und II bezeichneten Betäubungsmittel von vornherein nicht verschreibungsfähig sind, dürfen die in Anlage III bezeichneten Betäubungsmittel nur gegen Vorlage einer *ärztlichen* Verschreibung und nur in einer Apotheke abgegeben werden (§ 13 Abs. 2 BtMG). Unter Abgabe im Sinne des Betäubungsmittelgesetzes ist die Einräumung der Verfügungsgewalt an einen anderen durch körperliche Überlassung des Betäubungsmittels zu verstehen.
- BGH, NStZ-RR 1998, 150
- BGH, NStZ-RR 1999, 89

315 Die einzelnen Regelungen über das Verschreiben, die Abgabe und den Nachweis des Verbleibs von Betäubungsmitteln finden sich in der Betäubungsmittel-Verschreibungsverordnung (BtMVV). Gemäß § 6 BtMVV ist der Rettungsdienst einem Krankenhaus gleichgestellt. Der durch den Träger oder den Durchführenden des Rettungsdienstes beauftragte Arzt ist befugt, den benötigten Bedarf an Betäubungsmitteln für den Rettungsdienst zu verschreiben. Der Träger oder der Durchführende des Rettungsdienstes hat mit einer Apotheke die Belieferung der Stationsverschreibungen sowie eine mindestens halbjährliche Überprüfung der Betäubungsmittelvorräte des Rettungsdienstes insbesondere auf deren einwandfreie Beschaffenheit sowie ordnungsgemäße und sichere Aufbewahrung schriftlich zu vereinbaren. Bei einem Großschadensfall können die benötigten Betäubungsmittel vom zuständigen Leitenden Notarzt verschrieben werden.

Betäubungsmittel dürfen *nur von Ärzten* und nur dann im Rahmen einer 316
ärztlichen Behandlung verabreicht oder einem anderen zum unmittelbaren Verbrauch überlassen werden, wenn ihre Anwendung begründet ist, das heißt, der beabsichtigte Zweck nicht auf andere Weise erreicht werden kann (§ 13 Abs. 1 BtMG). Das nichtärztliche Personal hat damit *keine Verfügungsbefugnis* über die im Fahrzeug mitgeführten Betäubungsmittel, es hält diese lediglich für die Verabreichung oder unmittelbare Verbrauchsüberlassung durch den Arzt bereit. Dies schließt freilich nicht aus, dass der Arzt die konkrete Ausführung an nichtärztliches Hilfspersonal delegiert oder anweist.
- Vgl. Gesetzesbegründung, Bundestags-Drucksache 8/3551, S. 32

Die ohne ärztliche Anordnung erfolgte Anwendung im Rahmen der Notkompetenz ist die Ausnahme.
- Lippert/Jäkel, MedR 2012, 175
- Rieger/Lippert/Lissel, in: Rieger/Dahm/Katzenmeier/Steinhilper, Ziff. 4540, Rn. 30

Die Verabreichung oder unmittelbare Verbrauchsüberlassung des Betäubungsmittels stellt keine Abgabe im Sinne des Betäubungsmittelgesetzes dar.

Betäubungsmittel sind gemäß § 15 BtMG *gesondert aufzubewahren* und ge- 317
gen unbefugte Entnahme zu sichern.

Der *Betäubungsmittelverkehr* bei Ärzten und in Apotheken und Kranken- 318
häusern unterliegt der Überwachung durch die zuständigen Landesbehörden (§ 19 BtMG). Nach den landesrechtlichen Bestimmungen werden als zuständige Landesbehörden Ministerien, Regierungspräsidien oder Landes- beziehungsweise Bezirksämter bestimmt (vgl. etwa für *Baden-Württemberg:* § 6 der Pharmazie- und Medizinprodukte-Zuständigkeitsverordnung, GBl. 2000, S. 694; *Rheinland-Pfalz:* § 2 der Verordnung über die Zuständigkeiten auf dem Gebiet des Betäubungsmittelrechts, GVBl. 1994, S. 313; *Sachsen:* § 2 Zuständigkeitsverordnung Heilberufe und Pharmazie, GVBl. 2006, S. 73; *Thüringen:* § 1 der Verordnung über die Zuständigkeiten nach dem Betäubungsmittelgesetz, GVBl. 1993, S. 348).

Die mit der Überwachung beauftragten Personen sind nach § 22 BtMG be- 319
fugt, Unterlagen über den Betäubungsmittelverkehr einzusehen und hieraus Abschriften oder Ablichtungen anzufertigen, alle erforderlichen Auskünfte zu verlangen, Grundstücke, Gebäude, Einrichtungen und Beförde-

rungsmittel zu betreten und zu besichtigen, wobei sich die beauftragten Personen davon zu überzeugen haben, dass die Vorschriften über den Betäubungsmittelverkehr beachtet werden. Die beauftragten Personen sind ferner befugt, vorläufige Anordnungen zu treffen, soweit es zur Verhütung dringender Gefahren für die Sicherheit oder Kontrolle des Betäubungsmittelverkehrs geboten ist. Gemäß § 24 BtMG ist jeder Teilnehmer am Betäubungsmittelverkehr verpflichtet, diese Maßnahmen zu dulden und die mit der Überwachung beauftragten Personen bei der Erfüllung ihrer Aufgaben zu unterstützen, insbesondere ihnen auf Verlangen die Stellen zu bezeichnen, in denen der Betäubungsmittelverkehr stattfindet, Grundstücke, Gebäude, Räume, Behälter und Behältnisse zu öffnen, Auskünfte zu erteilen sowie Einsicht in Unterlagen zu ermöglichen. Der zur Auskunft Verpflichtete kann die Auskunft auf solche Fragen verweigern, deren Beantwortung ihn selbst oder einen Angehörigen der Gefahr strafgerichtlicher Verfolgung oder eines Verfahrens nach dem Gesetz über Ordnungswidrigkeiten aussetzen würde.

320 Wer Betäubungsmittel unerlaubt abgibt oder entgegen § 13 BtMG verschreibt oder verabreicht oder zum unmittelbaren Verbrauch überlässt oder einem anderen eine Gelegenheit zum unbefugten Erwerb oder zur unbefugten Abgabe von Betäubungsmitteln verschafft oder gewährt, macht sich strafbar (§ 29 BtMG). Ordnungswidrig handelt, wer entgegen § 12 BtMG Betäubungsmittel abgibt oder entgegen § 24 BtMG einer Duldungs- oder Mitwirkungspflicht nicht nachkommt (§ 32 BtMG).

8. Kapitel
Medizinprodukterecht

Literatur: Anhalt/Dieners, Handbuch des Medizinprodukterechts, 2003; Deutsch/Lippert/Ratzel/Tag, Medizinproduktegesetz, 2. Auflage 2010; Katzenmeier/Schrag-Slavu, Rechtsfragen des Einsatzes der Telemedizin im Rettungsdienst, 2010; Lippert, Die Durchführung der Funktionsprüfung bei Medizinprodukten durch den Anwender, GesR 2006, 249f.; Lippert, Der Umgang mit Medizinprodukten im Rettungsdienst, Notfall Rettungsmed 2008, 46ff.; Pitz, Nochmals: Die Durchführung der Funktionsprüfung bei Medizinprodukten durch den Anwender, GesR 2006, 491ff.; Rehmann/Wagner, Medizinproduktegesetz, 2. Auflage 2010; Weimer, Medizinproduktehaftung, Teil 1, MPR 2007, 68ff., Teil 2, MPR 2007, 96ff.

I. Medizinproduktegesetz (MPG)

Das Medizinproduktegesetz regelt den Verkehr mit Medizinprodukten und deren Zubehör und sorgt dadurch für die Sicherheit, Eignung und Leistung der Medizinprodukte sowie die Gesundheit und den erforderlichen Schutz der Patienten, Anwender und Dritter (§§ 1, 2 MPG). **321**

Medizinprodukte sind nach § 3 MPG alle einzeln oder miteinander verbundenen Instrumente, Apparate, Vorrichtungen, Stoffe und Zubereitungen aus Stoffen oder andere Gegenstände, einschließlich der für ein einwandfreies Funktionieren des Medizinproduktes eingesetzten Software, die vom Hersteller zur Anwendung für Menschen mittels ihrer Funktionen zum Zwecke **322**

- der Erkennung, Verhütung, Überwachung, Behandlung oder Linderung von Krankheiten,
- der Erkennung, Überwachung, Behandlung, Linderung oder Kompensierung von Verletzungen oder Behinderungen,
- der Untersuchung, der Ersetzung oder der Veränderung des anatomischen Aufbaus oder eines physiologischen Vorgangs oder
- der Empfängnisregelung

zu dienen bestimmt sind und deren bestimmungsgemäße Hauptwirkung im oder am menschlichen Körper weder durch pharmakologisch oder immunologisch wirkende Mittel noch durch Metabolismus erreicht wird, deren Wirkungsweise aber durch solche Mittel unterstützt werden kann. Medizinprodukte sind auch solche Produkte, die einen Stoff oder eine Zubereitung aus Stoffen erhalten oder auf solche aufgetragen sind, die bei gesonderter Verwendung als Arzneimittel im Sinne des Arzneimittelgesetzes angesehen werden können und die in Ergänzung zu den Funktionen des Produktes eine Wirkung auf den menschlichen Körper entfalten können.

Generell kann zwischen aktiven und nicht aktiven Medizinprodukten unterschieden werden. Aktive Medizinprodukte sind solche, deren Betrieb von einer elektrischen oder von einer anderen Energiequelle abhängig ist, passive Medizinprodukte sind solche, deren Betrieb eine solche Energiequelle nicht benötigt. Zu den Medizinprodukten im Rettungswesen gehören unter anderem medizinische Verbrauchsartikel (etwa Spritzen, Kanülen, Verbandmittel), medizinisch-technische Geräte (zum Beispiel Laryngoskope, Skalpelle) und elektromedizinische Geräte (etwa Beatmungsgeräte, Defibrillatoren, Inkubatoren).

323 Gemäß § 4 Abs. 1 MPG ist es verboten, Medizinprodukte in den Verkehr zu bringen, zu errichten, in Betrieb zu nehmen, zu betreiben oder anzuwenden, wenn der begründete Verdacht besteht, dass sie die Sicherheit und die Gesundheit der Patienten, der Anwender oder Dritter bei sachgemäßer Anwendung, Instandhaltung und ihrer Zweckbestimmung entsprechender Verwendung über ein nach den Erkenntnissen der medizinischen Wissenschaften vertretbares Maß hinausgehend gefährden (Nr. 1) oder das Datum abgelaufen ist, bis zu dem eine gefahrlose Anwendung nachweislich möglich ist (Nr. 2).

324 Medizinprodukte dürfen nur nach Maßgabe der Medizinprodukte-Betreiberverordnung (MPBetreibV) errichtet, betrieben, angewendet und in Stand gehalten werden. Sie dürfen nicht betrieben und angewendet werden, wenn sie Mängel aufweisen, durch die Patienten, Beschäftigte oder Dritte gefährdet werden können (vgl. § 14 Satz 1 und 2 MPG).

325 Betriebe und Einrichtungen, in denen Medizinprodukte hergestellt, in Verkehr gebracht, errichtet, betrieben und angewendet werden, unterliegen nach § 26 MPG der *Überwachung durch die zuständigen Behörden*. Die zuständigen Behörden werden durch das Landesrecht bestimmt. Dabei bestehen teilweise unterschiedliche Zuständigkeiten für aktive und nicht aktive Medizinprodukte beziehungsweise für Medizinprodukte mit Messfunktion (vgl. etwa für *Baden-Württemberg*: § 3 der Pharmazie- und Zuständigkeitsverordnung, GBl. 2000, S. 694; *Bayern*: § 1 Verordnung über Zuständigkeiten auf dem Gebiet des Arbeitsschutzes, der Sicherheitstechnik, des Chemikalien- und Medizinprodukterechts, GVBl. 1998, S. 956; *Brandenburg*: § 1 Verordnung über Zuständigkeiten nach dem Medizinproduktegesetz, der Medizinprodukte-Betreiberverordnung und der Medizinprodukte-Sicherheitsplanverordnung, GVBl. II 2005, S. 138; *Nordrhein-Westfalen*: § 1 Verordnung über Zuständigkeiten im Arzneimittelwesen und nach dem Medizinproduktegesetz, GVBl. 1990, S. 659; *Rheinland-Pfalz*: §§ 1, 2 Landesverordnung über Zuständigkeiten nach dem Medizinproduktegesetz und den hierzu erlassenen Rechtsverordnungen, GVBl. 2003, S. 383).

Die zuständigen Behörden treffen gemäß § 26 MPG alle erforderlichen Maß- **326**
nahmen zum Schutze der Gesundheit und zur Sicherheit von Patienten, Anwendern und Dritten vor Gefahren durch Medizinprodukte. Die mit der Überwachung beauftragten Personen sind hiernach berechtigt, Grundstücke, Geschäftsräume, Betriebsräume und Beförderungsmittel zu betreten und zu besichtigen, Medizinprodukte zu prüfen, insbesondere hierzu in Betrieb nehmen zu lassen, sowie Proben zu entnehmen, Unterlagen unter anderem über den Erwerb, die Aufbereitung, Lagerung, Verpackung und das Inverkehrbringen einzusehen sowie alle erforderlichen Auskünfte zu verlangen. Wer der Überwachung unterliegt, hat diese Maßnahmen zu dulden und die beauftragten Personen sowie die sonstigen in der Überwachung tätigen Personen bei der Erfüllung ihrer Aufgaben zu unterstützen. Dies beinhaltet insbesondere die Verpflichtung, diesen Personen die Medizinprodukte zugänglich zu machen, erforderliche Prüfungen zu gestatten, hierfür benötigte Mitarbeiter und Hilfsmittel bereitzustellen, Auskünfte zu erteilen und Unterlagen vorzulegen. Der zur Auskunft Verpflichtete kann die Auskunft auf solche Fragen verweigern, deren Beantwortung ihn selbst oder einen Angehörigen der Gefahr strafrechtlicher Verfolgung oder eines Verfahrens nach dem Gesetz über Ordnungswidrigkeiten aussetzen würde.

Die zuständige Behörde ist darüber hinaus befugt, Anordnungen zu treffen, **327**
soweit es zur Abwehr einer drohenden Gefahr für die öffentliche Gesundheit, Sicherheit oder Ordnung geboten ist. Sie kann unter anderem das Inverkehrbringen, die Inbetriebnahme, das Betreiben, die Anwendung der Medizinprodukte untersagen, beschränken oder von der Einhaltung bestimmter Auflagen abhängig machen (vgl. § 28 MPG).

Wer vorsätzlich oder fahrlässig entgegen § 4 Abs. 1 Nr. 1 MPG ein Medizin- **328**
produkt in den Verkehr bringt, errichtet, in Betrieb nimmt, betreibt oder anwendet, oder entgegen § 14 Satz 2 MPG ein Medizinprodukt betreibt oder anwendet, oder dies jeweils versucht, macht sich strafbar (§ 40 MPG). Nach § 42 MPG handelt ordnungswidrig, wer vorsätzlich oder fahrlässig entgegen § 4 Abs. 1 Nr. 2 MPG ein Medizinprodukt in den Verkehr bringt, errichtet, in Betrieb nimmt, betreibt oder anwendet. Ordnungswidrig handelt ferner, wer vorsätzlich oder fahrlässig gegen die Vorschriften der MPBetreibV verstößt (§ 13 MPBetreibV).

II. Medizinprodukte-Betreiberverordnung (MPBetreibV)

329 Gemäß § 2 MPBetreibV dürfen Medizinprodukte nur ihrer Zweckbestimmung entsprechend und nach den Vorschriften der Medizinprodukte-Betreiberverordnung, den allgemein anerkannten Regeln der Technik sowie den Arbeitsschutz- und Unfallverhütungsvorschriften betrieben, angewendet und in Stand gehalten werden. Dies ist nur durch Personen möglich, die dafür die erforderliche Ausbildung oder Kenntnis und Erfahrung besitzen. Der *Betreiber* (Inhaber der tatsächlichen Sachherrschaft)

– BVerwG, GesR 2004, 194

darf nur solche Personen mit dem Anwenden von Medizinprodukten beauftragen, die diese Voraussetzungen erfüllen. Der *Anwender* (Notarzt, Notfallsanitäter, Rettungsassistent, Rettungssanitäter) hat sich vor der Anwendung eines Medizinprodukts von der Funktionsfähigkeit und dem ordnungsgemäßen Zustand des Medizinprodukts zu überzeugen und die Gebrauchsanweisung sowie die sonstigen beigefügten sicherheitsbezogenen Informationen und Instandhaltungshinweise zu beachten. Handelt es sich um ein Medizinprodukt, dessen Einsatz dem approbierten Arzt vorbehalten ist, kann auch nur dieser die Funktionsprüfung durchführen. Eine Delegation an nichtärztliches Personal ist nicht möglich.

– Lippert, GesR 2006, 249 f.; a. A. Pitz, GesR 2006, 491 ff.

Sofern Rettungsdienst und Notarztdienst in unterschiedlicher Trägerschaft betrieben werden, ist eine Absprache zwischen den Trägern erforderlich, dass der Notarzt in die Anwenderpflichten der Medizinprodukte eingewiesen und auf ihre Einhaltung verpflichtet worden ist.

– Lippert, Notfall Rettungsmed 2008, 46 ff.

330 Der Betreiber darf nur Personen, Betriebe oder Einrichtungen mit der *Instandhaltung* (Wartung, Inspektion, Instandsetzung und Aufbereitung) von Medizinprodukten beauftragen, die die Sachkenntnis, Voraussetzungen und die erforderlichen Mittel zur ordnungsgemäßen Ausführung dieser Aufgabe besitzen (§ 4 MPBetreibV). Dies ist dann der Fall, wenn die mit der Instandhaltung Beauftragten aufgrund ihrer Ausbildung und praktischen Tätigkeit über die erforderlichen Sachkenntnisse bei der Instandhaltung von Medizinprodukten und über die hierfür erforderlichen Räume, Geräte und sonstigen Arbeitsmittel verfügen und in der Lage sind, diese nach Art und Umfang ordnungsgemäß und nachvollziehbar durchzuführen. Die Reinigung, Desinfektion und Sterilisation von bestimmungsgemäß keimarm oder steril zur Anwendung kommenden Medizinprodukten nach deren Inbetriebnahme zum Zwecke der erneuten Anwendung ist unter Berücksichtigung der Angaben des Herstellers mit geeigneten validierten Verfahren so durchzu-

führen, dass der Erfolg dieser Verfahren nachvollziehbar gewährleistet ist und die Sicherheit und Gesundheit von Patienten, Anwendern oder Dritten nicht gefährdet wird. Dies gilt auch für Medizinprodukte, die vor der erstmaligen Anwendung desinfiziert oder sterilisiert werden müssen.

Nach § 5 MPBetreibV dürfen Medizinprodukte, die in der Anlage 1 zur MPBetreibV aufgeführt sind (etwa Beatmungsgerät, Defibrillator, Inkubator), nur *betrieben* werden, wenn zuvor der Hersteller oder eine dazu befugte Person, die im Einvernehmen mit dem Hersteller handelt, dieses Medizinprodukt am Betriebsort einer Funktionsprüfung unterzogen hat. Diese Medizinprodukte dürfen nur von Personen *angewendet* werden, die die dafür erforderliche Ausbildung oder Kenntnis und Erfahrung besitzen und die durch den Hersteller oder durch eine vom Betreiber beauftragte Person unter Berücksichtigung der Gebrauchsanweisung in die sachgerechte Handhabung des Medizinprodukts eingewiesen worden sind. Dies setzt die persönliche Anwesenheit einer einweisenden Person am Gerät voraus; das Zeigen eines Anwendungsvideos ist insoweit unzureichend. 331

– VG Freiburg, Beschl. v. 24.11.2003, Az. 1 K 1477/03, juris

Der Betreiber hat bei Medizinprodukten, für die der Hersteller *sicherheitstechnische Kontrollen* vorgeschrieben hat, diese nach den Angaben des Herstellers und den allgemein anerkannten Regeln der Technik sowie in den vom Hersteller angegebenen Fristen durchzuführen oder durchführen zu lassen (§ 6 MPBetreibV). Soweit der Hersteller für Medizinprodukte, die in der Anlage 1 zur MPBetreibV aufgeführt sind, keine sicherheitstechnischen Kontrollen vorgeschrieben und diese auch nicht ausdrücklich ausgeschlossen hat, hat der Betreiber sicherheitstechnische Kontrollen nach den allgemein anerkannten Regeln der Technik und zwar in solchen Fristen durchzuführen oder durchführen zu lassen, mit denen entsprechende Mängel, mit denen aufgrund der Erfahrungen gerechnet werden muss, rechtzeitig festgestellt werden können. Diese Kontrollen sind jedoch spätestens alle zwei Jahre durchzuführen. Die sicherheitstechnischen Kontrollen schließen die Messfunktionen ein. Über die Kontrollen sind entsprechende Protokolle anzufertigen, die das jeweilige Datum der Durchführung und die Ergebnisse der Kontrollen unter Angabe der ermittelten Messwerte, der Messverfahren und sonstiger Beurteilungsergebnisse enthalten. Diese Protokolle sind zumindest bis zur nächsten Kontrolle aufzubewahren. Sicherheitstechnische Kontrollen darf nur durchführen, wer aufgrund seiner Ausbildung, Kenntnisse und durch praktische Tätigkeit gewonnene Erfahrungen die Gewähr für eine ordnungsgemäße Durchführung der Kontrollen bietet, hinsichtlich der Kontrolltätigkeit keiner Weisung unterliegt und über geeignete Mess- und Prüfeinrichtungen verfügt. 332

333 Bei *Medizinprodukten mit Messfunktion*, die entweder in der Anlage 2 zur MPBetreibV aufgeführt sind oder für die der Hersteller entsprechende Kontrollen vorgesehen hat (etwa Blutdruckmessgeräte), hat der Betreiber innerhalb näher bestimmter Fristen messtechnische Kontrollen auf Grundlage der anerkannten Regeln der Technik durchzuführen oder durchführen zu lassen (§ 11 MPBetreibV). Auch die Durchführung messtechnischer Kontrollen setzt eine entsprechende Qualifikation der durchführenden Person voraus. Die Ergebnisse der messtechnischen Kontrollen sind unter Angaben der ermittelten Messwerte, der Messverfahren und sonstiger Beurteilungsergebnisse in das Medizinproduktebuch einzutragen, soweit dieses für das jeweilige Medizinprodukt zu führen ist. Das Medizinprodukt ist nach erfolgreicher messtechnischer Kontrolle entsprechend zu kennzeichnen.

334 Der Betreiber hat nach Maßgabe des § 7 MPBetreibV für die in den Anlagen 1 und 2 zur MPBetreibV aufgeführten Medizinprodukte ein Medizinproduktebuch zu führen. Nach § 8 MPBetreibV hat der Betreiber für alle aktiven nichtimplantierbaren Medizinprodukte der jeweiligen Betriebsstätte ein Bestandsverzeichnis zu führen. In das Medizinproduktebuch und das Bestandsverzeichnis sind detaillierte Angaben zu den Medizinprodukten einzutragen. Der zuständigen Behörde ist auf Verlangen jederzeit Einsicht in die Medizinproduktebücher und in das Bestandsverzeichnis zu gewähren.

335 Gemäß § 9 MPBetreibV sind die Gebrauchsanweisungen und die dem Medizinprodukt beigefügten Hinweise so *aufzubewahren*, dass die für die Anwendung des Medizinprodukts erforderlichen Angaben dem Anwender jederzeit zugänglich sind. Das Medizinproduktebuch ist so aufzubewahren, dass die Angaben dem Anwender während der Arbeitszeit zugänglich sind. Auch nach Außerbetriebnahme des Medizinprodukts ist das Medizinproduktebuch noch fünf Jahre aufzubewahren.

336 Für Betreiber und Anwender besteht eine Pflicht zur Meldung von Vorkommnissen im Zusammenhang mit dem Betrieb von Medizinprodukten (§ 3 MPBetreibV in Verbindung mit der Medizinprodukte-Sicherheitsplanverordnung). Vorkommnisse in diesem Sinne sind Funktionsstörungen, Ausfälle oder Änderungen der Merkmale oder der Leistung eines Medizinprodukts, ebenso unsachgemäße Kennzeichnungen oder Gebrauchsanweisungen. Eine Meldepflicht besteht dann, wenn Vorkommnisse unmittelbar oder mittelbar zum Tod oder zu einer schwerwiegenden Verschlechterung des Gesundheitszustandes eines Patienten, eines Anwenders oder einer anderen Person geführt haben oder hätten führen können.

9. Kapitel
Infektionsschutzrecht

Literatur: Bales/Baumann/Schnitzler, Infektionsschutzgesetz, 2. Auflage 2003; Dreesman/Benzler, Krause, Meldepflicht für Infektionskrankheiten, DÄBl. 2007, A 2811 ff.; Erdle, Infektionsschutzgesetz, 4. Auflage 2013; Hamouda, Die Rolle des Bundes bei der Verhütung und Bekämpfung von Infektionskrankheiten, Bundesgesundheitsblatt 2005, 963 ff.; Lissel, Infektionsschutzrecht, Notfall Rettungsmed 2013, 389 ff.; Wirtz/Andres/Gottschalk/Stark/Weber, Rolle der Gesundheitsbehörden der Länder bei der Verhütung und Bekämpfung von Infektionskrankheiten, Bundesgesundheitsblatt 2005, 971 ff.

I. Infektionsschutzgesetz (IfSG)

Die Rechtsvorschriften zu übertragbaren Krankheiten wurden durch das Gesetz zur Neuordnung seuchenrechtlicher Vorschriften vom 20.7.2000 (BGBl. I 2000, S. 1045) völlig *neu geregelt*. In dem umfassend ausgestalteten Gesetz zur Verhütung und Bekämpfung von Infektionskrankheiten beim Menschen (Infektionsschutzgesetz – IfSG) sind die noch in der Erstauflage dargestellten Regelungen des Bundesseuchengesetzes und des Geschlechtskrankheitengesetzes eingearbeitet und erheblich modifiziert worden. **337**

Das Infektionsschutzgesetz dient dazu, übertragbaren Krankheiten beim Menschen vorzubeugen, Infektionen frühzeitig zu erkennen und ihre Weiterverbreitung zu verhindern (§ 1 IfSG). Zur Erreichung dieser Ziele arbeiten zahlreiche Stellen, insbesondere die Behörden des Bundes, der Länder und der Kommunen sowie Ärzte, Tierärzte, Krankenhäuser sowie wissenschaftliche Einrichtungen zusammen. Besondere Bedeutung kommt dabei dem Robert Koch-Institut (RKI) zu. Das zum Geschäftsbereich des Bundesministeriums für Gesundheit gehörende Bundesinstitut ist als selbständige Bundesoberbehörde die zentrale Einrichtung für die Prävention übertragbarer Krankheiten sowie die Erkennung, Überwachung und Verhinderung der Weiterentwicklung von Infektionen. **338**

Gemäß den Begriffsdefinitionen des § 2 IfSG ist eine *übertragbare Krankheit* eine durch Krankheitserreger oder deren toxischen Produkte, die unmittelbar oder mittelbar auf den Menschen übertragen werden, verursachte Krankheit. Als *Infektion* wird die Aufnahme eines Krankheitserregers und **339** seine nachfolgende Entwicklung oder Vermehrung im menschlichen Organismus bezeichnet.

340 Eine Person, die an einer übertragbaren Krankheit erkrankt ist, wird als Kranker, eine Person, bei der Symptome bestehen, die das Vorliegen einer übertragbaren Krankheit vermuten lassen, wird als Krankheitsverdächtiger bezeichnet. Ausscheider ist eine Person, die Krankheitserreger ausscheidet und damit eine Ansteckungsquelle für die Allgemeinheit sein kann, ohne krank oder krankheitsverdächtig zu sein. Als Ansteckungsverdächtiger wird eine Person bezeichnet, von der anzunehmen ist, dass sie Krankheitserreger aufgenommen hat, ohne krank, krankheitsverdächtig oder Ausscheider zu sein.

341 Die Meldepflichten wurden in der Vergangenheit wiederholt erweitert, zuletzt mit Gesetz vom 21.3.2013 (BGBl. I 2013, S. 566). *Namentlich meldepflichtig* sind nunmehr gemäß § 6 Abs. 1 IfSG:

1. der Krankheitsverdacht, die Erkrankung sowie der Tod an
   a) Botulismus
   b) Cholera
   c) Diphtherie
   d) humaner spongiformer Enzephalopathie, außer familiär-hereditärer Formen
   e) akuter Virushepatitis
   f) enteropathischem hämolytisch-urämischem Syndrom (HUS)
   g) virusbedingtem hämorrhagischen Fieber
   h) Masern
   i) Meningokokken-Meningitis oder -Sepsis
   j) Milzbrand
   k) Mumps
   l) Pertussis
   m) Poliomyelitis (als Verdacht gilt jede akute schlaffe Lähmung, außer wenn diese traumatisch bedingt ist)
   n) Pest
   o) Röteln einschließlich Rötelnembryopathie
   p) Tollwut
   q) Typhus abdominalis/Paratyphus
   r) Varizellen

sowie die Erkrankung und Tod an einer behandlungsbedürftigen Tuberkulose, auch wenn ein bakteriologischer Nachweis nicht vorliegt.

2. der Verdacht auf und die Erkrankung an einer mikrobiell bedingten Lebensmittelvergiftung oder an einer akuten infektiösen Gastroenteritis, wenn
   a) eine Person betroffen ist, die bestimmte Lebensmittel (Fleisch, Geflügelfleisch oder Erzeugnisse daraus, Milch und Erzeugnisse auf Milchbasis, Fische, Krebse oder Weichtiere und Erzeugnisse daraus, Eiprodukte, Säuglings- und Kleinkindernahrung, Speiseeis und Speiseeishalberzeugnisse, Backwaren mit nicht durchgebackener oder durcherhitzter Füllung oder Auflage, Feinkost-, Rohkost- und Kartoffelsalate, Marinaden, Mayonnaisen, andere emulgierte Soßen und Nahrungshefen, Sprossen und Keimlinge zum Rohverzehr sowie Samen zur Herstellung von Sprossen und Keimlingen zum Rohverzehr) herstellt, behandelt oder in Verkehr bringt, sofern sie dabei mit diesen in Berührung kommt oder in Küchen von Gaststätten und sonstigen Einrichtungen mit oder zur Gemeinschaftsverpflegung tätig ist (Tätigkeit im Sinne des § 42 Abs. 1 IfSG),
   b) zwei oder mehrere gleichartige Erkrankungen auftreten, bei denen ein epidemischer Zusammenhang wahrscheinlich ist oder vermutet wird.
3. der Verdacht einer über das übliche Ausmaß einer Impfreaktion hinausgehenden gesundheitlichen Schädigung.
4. die Verletzung eines Menschen durch ein tollwutkrankes, tollwutverdächtiges oder tollwutansteckungsverdächtiges Tier sowie die Berührung eines solchen Tieres oder Tierkörpers.
5. soweit nicht nach Nummern 1 bis 4 meldepflichtig, das Auftreten
   a) einer bedrohlichen Krankheit oder
   b) von zwei oder mehreren gleichartigen Erkrankungen, bei denen ein epidemischer Zusammenhang wahrscheinlich ist oder vermutet wird,

wenn dies auf eine schwerwiegende Gefahr für die Allgemeinheit hinweist.

Gemäß § 15 IfSG kann das Bundesministerium für Gesundheit die Melde- **342**
pflicht für die genannten Krankheiten durch Rechtsverordnung aufheben, einschränken oder erweitern oder die Meldepflicht auf andere übertragbare Krankheiten ausdehnen, soweit die epidemische Lage dies zulässt oder erfordert.

Gestützt auf diese Rechtsgrundlage trat am 22.5.2007 die Verordnung über **343**
die Meldepflicht bei Aviärer Influenza beim Menschen (BGBl. I 2007, S. 732) in Kraft. Die Verordnung dehnt die Pflicht zur namentlichen Meldung auf den Krankheitsverdacht, die Erkrankung sowie den Tod eines Menschen an Aviärer Influenza aus. Die Meldung eines Krankheitsverdachts hat jedoch nur zu erfolgen, wenn der Verdacht nach dem Stand der

Wissenschaft sowohl durch das klinische Bild als auch durch einen wahrscheinlichen epidemiologischen Zusammenhang begründet ist.

Eine weitere Verordnung, die am 3.5.2009 in Kraft getretene Verordnung über die Meldepflicht bei Influenza, die durch das erstmals im April 2009 in Nordamerika aufgetretene neue Virus („Schweine-Grippe“) hervorgerufen wird (Bundesanzeiger 2009, Sonderausgabe Nr. 1, S. 1590) ist am 1.5.2010 wieder außer Kraft getreten.

344 In allen Fällen des § 6 IfSG ist der feststellende Arzt *zur Meldung verpflichtet* (§ 8 IfSG). In den Fällen des § 6 Abs. 1 Nr. 1, 2 und 5 IfSG sind auch die Angehörigen eines anderen Heil- oder Pflegeberufs, der für die Berufsausübung oder die Führung der Berufsbezeichnung eine staatlich geregelte Ausbildung oder Anerkennung erfordert (etwa Notfallsanitäter, Rettungsassistenten), zur Meldung verpflichtet, sofern kein Arzt hinzugezogen wurde.

345 Die Meldepflicht besteht jedoch nicht für Personen des *Not- und Rettungsdienstes*, wenn der Patient unverzüglich in eine ärztlich geleitete Einrichtung gebracht wurde (§ 8 IfSG). In diesen Fällen obliegt die Meldepflicht den Ärzten der jeweiligen Einrichtung. Eine Meldepflicht besteht auch dann nicht, wenn dem Meldepflichtigen ein Nachweis vorliegt, dass die Meldung bereits erfolgte und andere als die bereits gemeldeten Angaben nicht erhoben werden.

346 Die namentliche Meldung muss unter anderem *folgende Angaben* enthalten (§ 9 IfSG):

- Name, Vorname des Patienten
- Geschlecht
- Tag, Monat und Jahr der Geburt
- Anschrift der Hauptwohnung und, falls abweichend: Anschrift des derzeitigen Aufenthaltsortes
- Tätigkeit bei jenen Personen, die bestimmte Lebensmittel herstellen, behandeln oder in Verkehr bringen oder in Küchen von Gaststätten und sonstigen Einrichtungen mit oder zur Gemeinschaftsverpflegung tätig sind, bei akuter Gastroenteritis, akuter Virushepatitis, Typhus abdominalis/Paratyphus und Cholera
- Betreuung in einer Gemeinschaftseinrichtung, in der überwiegend Säuglinge, Kinder oder Jugendliche betreut werden, insbesondere Kinderkrippen, Kindergärten, Kindertagesstätten, Kinderhorte, Schulen oder sonstige Ausbildungseinrichtungen, Heime, Ferienlager und ähnliche Einrichtungen
- Diagnose beziehungsweise Verdachtsdiagnose
- Tag der Erkrankung oder Tag der Diagnose, gegebenenfalls Tag des Todes

- wahrscheinliche Infektionsquelle
- Land (in Deutschland: Landkreis oder kreisfreie Stadt), in dem die Infektion wahrscheinlich erworben wurde; bei Tuberkulose Geburtsland und Staatsangehörigkeit
- Name, Anschrift und Telefonnummer der mit der Erregerdiagnostik beauftragten Untersuchungsstelle
- Überweisung in ein Krankenhaus beziehungsweise Aufnahme in einem Krankenhaus oder einer anderen Einrichtung der stationären Pflege und Entlassung aus der Einrichtung
- Blut-, Organ-, Gewebe- oder Zellspende in den letzten sechs Monaten
- Name, Anschrift und Telefonnummer des Meldenden.

Bei Angehörigen eines nichtärztlichen Heil- oder Pflegeberufs, der für die Berufsausübung oder die Führung der Berufsbezeichnung eine staatlich geregelte Ausbildung oder Anerkennung erfordert, beschränkt sich die Meldepflicht auf die ihnen vorliegenden Angaben.

Die namentliche Meldung muss unverzüglich erfolgen und spätestens in- **347**
nerhalb von 24 Stunden nach erlangter Kenntnis gegenüber dem für den Aufenthalt des Betroffenen zuständigen Gesundheitsamt vorliegen (§ 9 IfSG). Eine Meldung darf wegen einzelner fehlender Angaben nicht verzögert werden. Die Nachmeldung oder Korrektur von Angaben hat unverzüglich nach deren Vorliegen zu erfolgen.

Werden Tatsachen festgestellt, die zum Auftreten einer übertragbaren Krank- **348**
heiten führen können, oder ist anzunehmen, dass solche Tatsachen vorliegen, so treffen die *zuständigen Behörden* die zur Abwendung von drohenden Gefahren notwendigen Maßnahmen (§ 16 Abs. 1 IfSG). Hierzu genügt ein konkreter Verdacht, der das Auftreten einer übertragbaren Krankheit wahrscheinlich werden lässt.

- BVerwG, NJW 1972, 458

Die zuständigen Behörden werden durch das Landesrecht bestimmt. In *Baden-Württemberg* (§ 1 Verordnung über die Zuständigkeiten nach dem IfSG, GBl. 2007, S. 361), *Bremen* (§ 4 Verordnung über zuständige Behörden nach dem IfSG, GBl. 2001, S. 235) und im *Saarland* (§ 1 Verordnung über die Zuständigkeiten nach dem IfSG, Amtsbl. 2001, S. 1810) sind dies die Ortspolizeibehörden, in *Bayern* die Kreisverwaltungsbehörden (§ 1 Verordnung zur Ausführung des IfSG, GVBl. 2001, S. 30), in *Hamburg* die Bezirksämter (Ziff. I der Anordnung über Zuständigkeiten im Infektionsschutzrecht, Amtl. Anz. 2001, S. 1113), in *Nordrhein-Westfalen* die Städte und Gemeinden (§ 2 Verordnung zur Regelung von Zuständigkeiten nach dem IfSG, GVBl. 2000, S. 701), in *Brandenburg* (§ 1 Verordnung zur Regelung von Zuständigkeiten und zur Ermächtigung zum Erlass von Rechtsverordnungen nach dem Infektionsschutzgesetz, GVBl. II 2007, S. 488), *Mecklenburg-Vorpommern* (§ 2 Gesetz zur Ausführung des IfSG, GVBl. 2006, S. 524) und *Thüringen* (§ 2 Verordnung zur Regelung von Zuständigkeiten und zur Übertragung von Ermächtigungen nach dem IfSG, GVBl. 2002, S. 496) die Landkreise und kreisfreien Städte.

349 Zur Durchführung von Ermittlungen und zur Überwachung der angeordneten Maßnahmen sind die Beauftragten der zuständigen Behörde und des Gesundheitsamtes nach § 16 Abs. 2 IfSG berechtigt, Grundstücke, Räume, Anlagen und Einrichtungen sowie Verkehrsmittel zu betreten, und Bücher oder sonstige Unterlagen einzusehen und hieraus Abschriften, Ablichtungen oder Auszüge anzufertigen sowie sonstige Gegenstände zu untersuchen oder Proben zur Untersuchung zu fordern oder zu entnehmen. Der Inhaber der tatsächlichen Gewalt ist verpflichtet, den Beauftragten der zuständigen Behörde und des Gesundheitsamtes Grundstücke, Räume, Anlagen und Einrichtungen und Verkehrsmittel sowie sonstige Gegenstände zugänglich zu machen. Personen, die über Tatsachen Auskunft geben können, die zum Auftreten einer übertragbaren Krankheit führen, sind verpflichtet, auf Verlangen die erforderlichen Auskünfte insbesondere über den Betrieb und den Betriebsablauf einschließlich dessen Kontrolle zu erteilen sowie Unterlagen einschließlich dem tatsächlichen Stand entsprechende technische Pläne vorzulegen. Der Verpflichtete kann die Auskunft auf solche Fragen verweigern, deren Beantwortung ihn selbst oder einen Angehörigen der Gefahr strafrechtlicher Verfolgung oder eines Verfahrens nach dem Gesetz über Ordnungswidrigkeiten aussetzen würde; entsprechendes gilt für die Vorlage von Unterlagen.

350 Wenn Gegenstände mit meldepflichtigen Krankheitserregern behaftet sind oder wenn dies anzunehmen ist und dadurch eine Verbreitung der Krankheit zu befürchten ist, hat die zuständige Behörde die notwendigen Maßnahmen zur Abwendung der hierdurch drohenden Gefahren zu treffen (§ 17 IfSG). Wenn andere Maßnahmen nicht ausreichen, kann auch die Vernichtung der Gegenstände angeordnet werden. Müssen diese entseucht, von Gesundheitsschädlingen befreit oder vernichtet werden, kann ihre Benutzung und die Benutzung der Räume und Grundstücke, in denen oder auf denen sie sich befinden, untersagt werden, bis die Maßnahme durchgeführt ist. Erfordert die Durchführung einer Maßnahme besondere Sachkunde, kann die Behörde anordnen, dass der Verpflichtete damit geeignete Fachkräfte beauftragt. Die Behörde kann auch selbst geeignete Fachkräfte beauftragen, wenn das zur wirksamen Bekämpfung notwendig ist und der

Verpflichtete diese Maßnahme nicht durchführen kann oder einer entsprechenden Anordnung nicht nachkommt oder anzunehmen ist, dass er einer Anordnung nicht rechtzeitig nachkommen wird. Wer ein Recht an dem Gegenstand oder die tatsächliche Gewalt darüber hat, muss die Durchführung der Maßnahme dulden.

Gemäß § 73 IfSG handelt *ordnungswidrig*, wer entgegen § 6 Abs. 1 IfSG eine **351** Meldung nicht, nicht richtig, nicht vollständig oder nicht rechtzeitig macht. Ordnungswidrig handelt ferner, wer entgegen § 16 Abs. 2 IfSG ein Grundstück, einen Raum, eine Anlage, eine Einrichtung, ein Verkehrsmittel oder einen sonstigen Gegenstand nicht zugänglich macht oder eine Auskunft beziehungsweise Unterlage nicht, nicht richtig, nicht vollständig oder nicht rechtzeitig erteilt beziehungsweise vorlegt. Auch handelt ordnungswidrig, wer einer vollziehbaren Anordnung nach § 17 IfSG zuwiderhandelt. Nach § 74 IfSG begeht eine *Straftat*, wer eine der genannten Handlungen vorsätzlich begeht und dadurch eine in § 6 Abs. 1 Nr. 1 IfSG genannte Krankheit verbreitet.

II. Landesrechtliche Bestimmungen

Gemäß § 15 IfSG können neben dem Bundesministerium für Gesundheit **352** auch die einzelnen Landesregierungen Rechtsverordnungen erlassen, welche die Meldepflicht für die in § 6 Abs. 1 IfSG aufgeführten Krankheiten erweitert oder die Meldepflicht auf andere übertragbare Krankheiten ausdehnt, sofern die epidemische Lage dies erfordert.

So ist etwa in *Mecklenburg-Vorpommern* bei jeder namentlichen Meldung **353** nach § 6 Abs. 1 IfSG zusätzlich anzugeben, ob und zu welchen Zeitpunkten vorher Schutzimpfungen gegen die jeweilige Krankheit durchgeführt worden waren. Auch besteht eine nichtnamentliche Meldepflicht für die Erkrankung und den Tod an Borreliose und Tetanus (§ 1 Gesetz zur Ausführung des IfSG, GVBl. 2006, S. 524). In *Bayern* (§ 2 Verordnung zur Erweiterung der Meldepflicht auf andere übertragbare Krankheiten oder Krankheitserreger, GVBl. 2013, S. 32) und im *Saarland* (§ 1 Verordnung über die Erweiterung der Meldepflicht für übertragbare Krankheiten, Amtsblatt 2011, S. 276) wurde die Meldepflicht auf die nichtnamentliche Meldung der Erkrankung und des Todes durch Borreliose in Form eines Erythema migrans, einer akuten Neuroborreliose und einer akuten Lyme-Arthritis erweitert. In *Berlin* besteht eine namentliche Meldepflicht für die Erkrankung und den Tod an Lyme-Borreliose (§ 1 Verordnung über die Ausdehnung der Meldepflicht für Krankheiten und Krankheitserreger nach dem Infektionsschutzgesetz, GVBl. 2013, S. 91). In *Brandenburg* wurde die Meldepflicht auf die namentliche Meldung der Erkrankung und des Todes an Borreliose und Herpes Zoster erweitert (§ 1 Verordnung über die Erweiterung der Meldepflicht für Infektionskrankheiten, GVBl. II 2009, S. 83).

10. Kapitel
Unterbringungsrecht

Literatur: Dodegge, Unterbringung nach den Landesunterbringungsgesetzen, Notfall Rettungsmed 2005, 139 ff.; Dodegge/Zimmermann, PsychKG NRW, 3. Auflage 2011; Dornis, PsychKG Schleswig-Holstein, 2012; Hummes/Hartmann/Pajonk, Feststellung von Einwilligungsfähigkeit und Notwendigkeit von Zwangsmaßnahmen bei Eigen- und Fremdgefährdung in der Notfallmedizin, Notfall Rettungsmed 2011, 443 ff.; Prüter, Rechtliche Grundlagen der Behandlung psychiatrischer Patienten im Notarztdienst, Notfall Rettungsmed 2008, 552 ff.; Wigge, Arztrechtliche Fragen des Unterbringungsrechts, MedR 1996, 291 ff.; Zimmermann, Bayerisches Unterbringungsgesetz, 3. Auflage 2009; Zimmermann, Unterbringungsgesetz Baden-Württemberg, 2003

I. Unterbringungsarten

Für eine Unterbringung gibt es verschiedene gesetzliche Grundlagen. So **354**
kann ein Erwachsener durch seinen Betreuer oder Bevollmächtigten (§ 1906 BGB), ein Kind durch seine Eltern oder seinen Vormund (§§ 1631 b, 1800 BGB) untergebracht werden. Voraussetzung ist eine gerichtliche Genehmigung der Unterbringung. Parallel zu dieser zivilrechtlichen Unterbringung existieren auf Landesebene Gesetze über die öffentlich-rechtliche Unterbringung (*Baden-Württemberg:* Gesetz über die Unterbringung psychisch Kranker (UBG Baden-Württemberg) vom 2.12.1991, GBl. 1991, S. 794; *Bayern:* Gesetz über die Unterbringung psychisch Kranker und deren Betreuung (UnterbrG) vom 5.4.1992, GVBl. 1992, S. 60; *Berlin:* Gesetz für psychisch Kranke (PsychKG Berlin) vom 8.3.1985, GVBl. 1985, S. 586; *Brandenburg:* Gesetz über Hilfen und Schutzmaßnahmen sowie über den Vollzug gerichtlich angeordneter Unterbringung für psychisch kranke und seelisch behinderte Menschen im Land Brandenburg (BbgPsychKG) vom 5.5.2009, GVBl. 2009, S. 134; *Bremen:* Gesetz über Hilfen und Schutzmaßnahmen bei psychischen Krankheiten (PsychKG Bremen) vom 19.12.2000, BremGBl. 2000, S. 471; *Hamburg:* Hamburgisches Gesetz über Hilfen und Schutzmaßnahmen bei psychischen Krankheiten (HmbPsychKG) vom 27.9.1995, HmbGVBl. 1995, S. 235; *Hessen:* Gesetz über die Entziehung der Freiheit geisteskranker, geistesschwacher, rauschgift- oder alkoholsüchtiger Personen (FreihEntzG Hessen) vom 19.5.1952, GVBl. 1952, S. 111; *Mecklenburg-Vor-*

pommern: Gesetz über Hilfen und Schutzmaßnahmen für psychisch Kranke (PsychKG M-V) vom 13.4.2000, GVOBl. M-V 2000, S. 182; *Niedersachsen:* Niedersächsisches Gesetz über Hilfen und Schutzmaßnahmen für psychisch Kranke (NPsychKG) vom 16.6.1997, Nds. GVBl. 1997, S. 272; *Nordrhein-Westfalen:* Gesetz über Hilfen und Schutzmaßnahmen bei psychischen Krankheiten (PsychKG NRW) vom 17.12.1999, GV.NRW 1999, S. 662; *Rheinland-Pfalz:* Landesgesetz für psychisch kranke Personen (PsychKG Rheinland-Pfalz) vom 17.11.1995, GVBl. 1995, S. 473; *Saarland:* Gesetz über die Unterbringung psychisch Kranker (UBG Saarland) vom 11.11.1992, Amtsbl. 1992, S. 1271; *Sachsen:* Sächsisches Gesetz über die Hilfen und die Unterbringung bei psychischen Krankheiten (SächsPsychKG) vom 30.10.2007, SächsGVBl. 2007, S. 422; *Sachsen-Anhalt:* Gesetz über Hilfen für psychisch Kranke und Schutzmaßnahmen des Landes Sachsen-Anhalt (PsychKG LSA) vom 30.1.1992, GVBl. LSA 1992, S. 88; *Schleswig-Holstein:* Gesetz zur Hilfe und Unterbringung psychisch kranker Menschen (PsychKG Schleswig-Holstein) vom 14.1.2000, GVOBl. 2000, S. 106; *Thüringen:* Thüringer Gesetz zur Hilfe und Unterbringung psychisch kranker Menschen (ThürPsychKG) vom 5.2.2009, GVBl. 2009, S. 10); jeweils in der geltenden Fassung). Diese Gesetze betreffen meist Fälle mit akut auftretender Unterbringungsbedürftigkeit und haben daher im Rettungsdienst eine *große Bedeutung*. Der nachfolgende Text gibt einen Überblick über die länderübergreifenden Grundstrukturen dieser Gesetze.

II. Öffentlich-rechtliche Unterbringung

355 Die Voraussetzung für die Unterbringung ist die Unterbringungsbedürftigkeit des Patienten. *Unterbringungsbedürftig* sind psychisch Kranke, die infolge ihrer Krankheit ihr Leben oder ihre Gesundheit ernsthaft gefährden oder eine unmittelbare Gefahr für Rechtsgüter anderer darstellen und die Gefährdung oder Gefahr nicht auf andere Weise abgewendet werden kann (§ 1 UBG Baden-Württemberg, Art. 1 UnterbrG, § 8 PsychKG Berlin, § 8 BbgPsychKG, § 9 PsychKG Bremen, § 9 HmbPsychKG, § 1 FreihEntzG Hessen, § 11 PsychKG M-V, § 11 PsychKG NRW, § 11 PsychKG Rheinland-Pfalz, § 4 UBG Saarland, § 10 SächsPsychKG, § 7 PsychKG Schleswig-Holstein, § 7 ThürPsychKG).

356 *Psychisch kranke Personen* im Sinne der Gesetze sind Personen, bei denen eine geistige oder seelische Krankheit, Behinderung oder Störung von erheblichem Ausmaß einschließlich einer physischen oder psychischen Abhängigkeit von Rauschmitteln oder Arzneimitteln vorliegt und bei denen ohne Behandlung keine Aussicht auf Heilung oder Besserung besteht (§ 1 UBG Baden-Württemberg, § 1 PsychKG Berlin, § 1 BbgPsychKG, § 1 PsychKG Bremen, § 1 HmbPsychKG, § 1 PsychKG M-V, § 1 PsychKG NRW, § 1 PsychKG Rheinland-Pfalz, § 1 UBG Saarland, § 1 PsychKG Schleswig-Holstein). Die fehlende Bereitschaft, sich behandeln zu lassen, rechtfertigt für sich allein keine Unterbringung (§ 8 PsychKG Berlin, § 9 PsychKG Bremen, § 9 HmbPsychKG, § 11 PsychKG NRW, § 11 PsychKG Rheinland-Pfalz, § 7 ThürPsychKG).

Eine ernsthafte und gegenwärtige Gefahr besteht dann, wenn *infolge der psychischen Krankheit* ein schadensstiftendes Ereignis unmittelbar bevorsteht oder sein Eintritt zwar unvorhersehbar, aber wegen der besonderen Umstände des Einzelfalls jederzeit zu erwarten ist (§ 8 BbgPsychKG, § 9 PsychKG Bremen, § 9 HmbPsychKG, § 11 PsychKG M-V, § 11 PsychKG NRW, § 11 PsychKG Rheinland-Pfalz, § 7 PsychKG Schleswig-Holstein, § 7 ThürPsychKG). **357**

Eine *Eigengefährdung* des psychisch Kranken umfasst die Gefahr der Selbsttötung **358**

- OLG Hamm, FamRZ 2007, 934

sowie Fälle, in denen der psychisch Kranke sein Leben oder seine Gesundheit erheblich gefährdet.

- BayObLG, FamRZ 2001, 365: gesundheitliche Gefahr durch erhebliche Müllansammlung
- OLG Köln, OLGR 2004, 74: planloses Herumirren ohne Beachtung des Straßenverkehrs

Die Fälle der *Fremdgefährdung* betreffen den Schutz von bedeutenden Rechtsgütern anderer. Dies kann sich auf eine Gefährdung von Personen **359**

- OLG Brandenburg, Beschl. v. 21.9.2006, Az. 11 Wx 47/06, juris: Morddrohungen und gewalttätige Übergriffe
- OLG Hamm, NJW 2008, 2859: erhebliche Stalking-Attacken

oder auf eine Gefährdung des Vermögens anderer beziehen,

- AG Elmshorn, FamRZ 2013, 814: irrationale Anschaffungen

wobei es sich regelmäßig um erhebliche Gefährdungen handeln muss, die über den Charakter einer bloßen Belästigung hinausgehen.

- OLG Hamm, BtPrax 2000, 35

Diese Gefährdung darf auch nicht durch mildere Mittel abzuwenden sein (Grundsatz der Verhältnismäßigkeit). So genügt etwa die Möglichkeit des Fahrens mit einem nicht versicherten Fahrzeug im öffentlichen Straßenverkehr nicht. Insoweit hätte auch eine Sicherstellung des Fahrzeugs oder der Schlüssel erfolgen können.

– OLG Koblenz, OLGR 2004, 226

360 Eine *Unterbringung* im Sinne der Gesetze liegt vor, wenn eine psychisch kranke Person gegen ihren Willen, im Zustand der Willenlosigkeit oder gegen den Willen ihres gesetzlichen Vertreters oder gerichtlich bestellten Betreuers in eine anerkannte Einrichtung eingewiesen wird und dort verbleibt (Art. 1 UnterbrG, § 8 BbgPsychKG, § 8 PsychKG Bremen, § 10 PsychKG M-V, § 14 NPsychKG, § 10 PsychKG NRW, § 10 SächsPsychKG, § 11 PsychKG LSA).

361 *Anerkannte Einrichtungen* im Sinne der Gesetze sind die psychiatrischen Krankenhäuser, Universitätskliniken sowie andere geeignete Einrichtungen der Länder (§ 2 UBG Baden-Württemberg, § 10 PsychKG Berlin, § 10 BbgPsychKG, § 13 PsychKG Bremen, § 13 PsychKG M-V, § 12 PsychKG Rheinland-Pfalz, § 2 SächsPsychKG). Dabei muss eine Unterbringung nicht notwendigerweise in einer geschlossenen Station erfolgen. Auch bei offenen Stationen können etwa eine enge Überwachung oder ein Alarmsystem zu einem freiheitsentziehenden Charakter führen.

– LG Lübeck, FamRZ 2013, 577: Intensivstation

362 Patienten, bei denen die Voraussetzungen nach diesen Gesetzen vorliegen, und dies durch ein ärztliches Zeugnis bestätigt ist, können nach gerichtlicher oder behördlicher Anordnung gegen ihren Willen untergebracht werden. Die näheren Einzelheiten sind in den Landesgesetzen unterschiedlich ausgestaltet. In unaufschiebbaren Fällen kann der betreffende Patient auch einem in der Psychiatrie erfahrenen Arzt vorgestellt werden (§ 12 HmbPsychKG, § 18 NPsychKG),

– Dodegge, Notfall Rettungsmed 2005, 139ff.: aufgrund der Weiterbildungsinhalte zählen hierzu auch Ärzte mit Fachkundenachweis Rettungsdienst

in anderen Bundesländern kann auch jeder anderer Arzt eine einstweilige Unterbringung anordnen (§ 4 UBG Baden-Württemberg, § 12 BbgPsychKG). Der Arzt hat die Unterbringungsbedürftigkeit konkret darzustellen, eine lediglich allgemeine Bezugnahme auf eine „eigen- und fremdgefährdende Fehlhandlung" hält einer späteren gerichtlichen Überprüfung nicht stand.

– OLG Schleswig, NJW 2004, 169

363 Eine Unterbringungsanordnung gibt dem ärztlichen und nichtärztlichen Personal aber kein Recht, unmittelbare Zwangsmaßnahmen wie Ergreifen, Festhalten oder Fixierung des Patienten zu ergreifen.

– A.A. Hummes/Hartmann/Pajonk, Notfall Rettungsmed 2011, 443 ff.

Diese Maßnahmen sind der Polizei vorbehalten, die, wenn sie den Transport nicht ohnehin begleitet, zur Amtshilfe hinzuzuziehen ist (vgl. etwa § 12 BbgPsychKG).

Anhang
Gesetze und Verordnungen

(Auszüge, alphabetisch geordnet)

Inhaltsverzeichnis

1. Apothekengesetz (ApoG)

§ 14 ApoG

(1) Dem Träger eines Krankenhauses ist auf Antrag die Erlaubnis zum Betrieb einer Krankenhausapotheke zu erteilen, wenn

[...]

(7) Der Leiter der Krankenhausapotheke nach Absatz 1 oder ein von ihm beauftragter Apotheker oder der Leiter einer Apotheke nach Absatz 4 dürfen nur solche Krankenhäuser mit Arzneimitteln versorgen, mit denen rechtswirksame Verträge bestehen oder für deren Versorgung eine Genehmigung nach Absatz 5 Satz 3 erteilt worden ist. Die in Satz 1 genannten Personen dürfen Arzneimittel nur an die einzelnen Stationen und anderen Teileinheiten des Krankenhauses zur Versorgung von Patienten abgeben, die in dem Krankenhaus vollstationär, teilstationär, vor- oder nachstationär (§ 115a des Fünften Buches Sozialgesetzbuch) behandelt, ambulant operiert oder im Rahmen sonstiger stationsersetzender Eingriffe (§ 115b des Fünften Buches Sozialgesetzbuch) versorgt werden, [...]

(8) Krankenhäuser im Sinne dieses Gesetzes sind Einrichtungen nach § 2 Nr. 1 des Krankenhausfinanzierungsgesetzes. Diesen stehen hinsichtlich der Arzneimittelversorgung gleich:

1. die nach Landesrecht bestimmten Träger und Durchführenden des Rettungsdienstes,
2. Kur- und Spezialeinrichtungen, die der Gesundheitsvorsorge oder der medizinischen oder beruflichen Rehabilitation dienen, sofern sie
   a) Behandlung oder Pflege sowie Unterkunft und Verpflegung gewähren,
   b) unter ständiger hauptberuflicher ärztlicher Leitung stehen und
   c) insgesamt mindestens 40 vom Hundert der jährlichen Leistungen für Patienten öffentlich-rechtlicher Leistungsträger oder für Selbstzahler abrechnen, die keine höheren als die den öffentlich-rechtlichen Leistungsträgern berechneten Entgelte zahlen.

Die nach Landesrecht bestimmten Träger und Durchführenden des Rettungsdienstes sowie Kur- und Spezialeinrichtungen sind als eine Station im Sinne des Absatzes 7 Satz 2 anzusehen, es sei denn, dass sie in Stationen oder andere Teileinheiten mit unterschiedlichem Versorgungszweck unterteilt sind. Dem Träger einer in Satz 2 genannten Einrichtung darf für diese eine Erlaubnis nach Absatz 1 nicht erteilt werden.

2. Arzneimittelgesetz (AMG)

§ 1 AMG Zweck des Gesetzes

Es ist der Zweck dieses Gesetzes, im Interesse einer ordnungsgemäßen Arzneimittelversorgung von Mensch und Tier für die Sicherheit im Verkehr mit Arzneimitteln, insbesondere für die Qualität, Wirksamkeit und Unbedenklichkeit der Arzneimittel nach Maßgabe der folgenden Vorschriften zu sorgen.

§ 2 AMG Arzneimittelbegriff

(1) Arzneimittel sind Stoffe oder Zubereitungen aus Stoffen,

1. die zur Anwendung im oder am menschlichen oder tierischen Körper bestimmt sind und als Mittel mit Eigenschaften zur Heilung oder Linderung oder zur Verhütung menschlicher oder tierischer Krankheiten oder krankhafter Beschwerden bestimmt sind oder
2. die im oder am menschlichen oder tierischen Körper angewendet oder einem Menschen oder einem Tier verabreicht werden können, um entweder
   a) die physiologischen Funktionen durch eine pharmakologische, immunologische oder metabolische Wirkung wiederherzustellen, zu korrigieren oder zu beeinflussen oder
   b) eine medizinische Diagnose zu erstellen.

(2) Als Arzneimittel gelten

1. Gegenstände, die ein Arzneimittel nach Absatz 1 enthalten oder auf die ein Arzneimittel nach Absatz 1 aufgebracht ist und die dazu bestimmt sind, dauernd oder vorübergehend mit dem menschlichen oder tierischen Körper in Berührung gebracht zu werden,

1a. tierärztliche Instrumente, soweit sie zur einmaligen Anwendung bestimmt sind und aus der Kennzeichnung hervorgeht, dass sie einem Verfahren zur Verminderung der Keimzahl unterzogen worden sind,

2. Gegenstände, die, ohne Gegenstände nach Nummer 1 oder 1a zu sein, dazu bestimmt sind, zu den in Absatz 1 bezeichneten Zwecken in den tierischen Körper dauernd oder vorübergehend eingebracht zu werden, ausgenommen tierärztliche Instrumente,

3. Verbandstoffe und chirurgische Nahtmaterialien, soweit sie zur Anwendung am oder im tierischen Körper bestimmt und nicht Gegenstände der Nummer 1, 1a oder 2 sind,

4. Stoffe und Zubereitungen aus Stoffen, die, auch im Zusammenwirken mit anderen Stoffen oder Zubereitungen aus Stoffen, dazu bestimmt sind, ohne am oder im tierischen Körper angewendet zu werden, die Beschaffenheit, den Zustand oder die Funktion des tierischen Körpers erkennen zu lassen oder der Erkennung von Krankheitserregern bei Tieren zu dienen.

(3) Arzneimittel sind nicht

1. Lebensmittel im Sinne des § 2 Abs. 2 des Lebensmittel- und Futtermittelgesetzbuches,
2. kosmetische Mittel im Sinne des § 2 Abs. 5 des Lebensmittel- und Futtermittelgesetzbuches,
3. Tabakerzeugnisse im Sinne des § 3 des Vorläufigen Tabakgesetzes,
4. Stoffe oder Zubereitungen aus Stoffen, die ausschließlich dazu bestimmt sind, äußerlich am Tier zur Reinigung oder Pflege oder zur Beeinflussung des Aussehens oder des Körpergeruchs angewendet zu werden, soweit ihnen keine Stoffe oder Zubereitungen aus Stoffen zugesetzt sind, die vom Verkehr außerhalb der Apotheke ausgeschlossen sind,
5. Biozid-Produkte nach Art. 3 Abs. 1 Buchstabe a der Verordnung (EU) Nr. 528/2012 des Europäischen Parlaments und des Rates vom 22. Mai 2012 über die Bereitstellung auf dem Markt und die Verwendung von Biozidprodukten (ABl. L 167 vom 27.6.2012, S. 1),
6. Futtermittel im Sinne des § 3 Nr. 11 bis 15 des Lebensmittel- und Futtermittelgesetzbuches,
7. Medizinprodukte und Zubehör für Medizinprodukte im Sinne des § 3 des Medizinproduktegesetzes, es sei denn, es handelt sich um Arzneimittel im Sinne des § 2 Abs. 1 Nr. 2 Buchstabe b,
8. Organe im Sinne des § 1a Nr. 1 des Transplantationsgesetzes, wenn sie zur Übertragung auf menschliche Empfänger bestimmt sind.

(3 a) Arzneimittel sind auch Erzeugnisse, die Stoffe oder Zubereitungen aus Stoffen sind oder enthalten, die unter Berücksichtigung aller Eigenschaften des Erzeugnisses unter eine Begriffsbestimmung des Absatzes 1 fallen und zugleich unter die Begriffsbestimmung eines Erzeugnisses nach Absatz 3 fallen können.

(4) Solange ein Mittel nach diesem Gesetz als Arzneimittel zugelassen oder registriert oder durch Rechtsverordnung von der Zulassung oder Registrierung freigestellt ist, gilt es als Arzneimittel. Hat die zuständige Bundesoberbehörde die Zulassung oder Registrierung eines Mittels mit der Begründung abgelehnt, dass es sich um kein Arzneimittel handelt, so gilt es nicht als Arzneimittel.

§ 43 AMG Apothekenpflicht, Inverkehrbringen durch Tierärzte

(1) Arzneimittel im Sinne des § 2 Abs. 1 oder Abs. 2 Nr. 1, die nicht durch die Vorschriften des § 44 oder der nach § 45 Abs. 1 erlassenen Rechtsverordnung für den Verkehr außerhalb der Apotheken freigegeben sind, dürfen außer in den Fällen des § 47 berufs- oder gewerbsmäßig für den Endverbrauch nur in Apotheken und ohne behördliche Erlaubnis nicht im Wege des Versandes in den Verkehr gebracht werden; das Nähere regelt das Apothekengesetz. Außerhalb der Apotheken darf außer in den Fällen des Absatzes 4 und des § 47 Abs. 1 mit den nach Satz 1 den Apotheken vorbehaltenen Arzneimitteln kein Handel getrieben werden. Die Angaben über die Ausstellung oder Änderung einer Erlaubnis zum Versand von Arzneimitteln nach Satz 1 sind in die Datenbank nach § 67a einzugeben.

(2) Die nach Absatz 1 Satz 1 den Apotheken vorbehaltenen Arzneimittel dürfen von juristischen Personen, nicht rechtsfähigen Vereinen und Gesellschaften des bürgerlichen Rechts und des Handelsrechts an ihre Mitglieder nicht abgegeben werden, es sei denn, dass es sich bei den Mitgliedern um Apotheken oder um die in § 47 Abs. 1 genannten Personen und Einrichtungen handelt und die Abgabe unter den dort bezeichneten Voraussetzungen erfolgt.

(3) Auf Verschreibung dürfen Arzneimittel im Sinne des § 2 Abs. 1 oder Abs. 2 Nr. 1 nur von Apotheken abgegeben werden. § 56 Abs. 1 bleibt unberührt.

[...]

§ 44 AMG Ausnahme von der Apothekenpflicht

(1) Arzneimittel, die von dem pharmazeutischen Unternehmer ausschließlich zu anderen Zwecken als zur Beseitigung oder Linderung von Krankheiten, Leiden, Körperschäden oder krankhaften Beschwerden zu dienen bestimmt sind, sind für den Verkehr außerhalb der Apotheken freigegeben.

(2) Ferner sind für den Verkehr außerhalb der Apotheken freigegeben:

1. a) natürliche Heilwässer sowie deren Salze, auch als Tabletten oder Pastillen,
   b) künstliche Heilwässer sowie deren Salze, auch als Tabletten oder Pastillen, jedoch nur, wenn sie in ihrer Zusammensetzung natürlichen Heilwässern entsprechen,
2. Heilerde, Bademoore und andere Peloide, Zubereitungen zur Herstellung von Bädern, Seifen zum äußeren Gebrauch,

3. mit ihren verkehrsüblichen deutschen Namen bezeichnete
   a) Pflanzen und Pflanzenteile, auch zerkleinert,
   b) Mischungen aus ganzen oder geschnittenen Pflanzen oder Pflanzenteilen als Fertigarzneimittel,
   c) Destillate aus Pflanzen und Pflanzenteilen,
   d) Presssäfte aus frischen Pflanzen und Pflanzenteilen, sofern sie ohne Lösungsmittel mit Ausnahme von Wasser hergestellt sind,
4. Pflaster,
5. ausschließlich oder überwiegend zum äußeren Gebrauch bestimmte Desinfektionsmittel sowie Mund- und Rachendesinfektionsmittel.

(3) Die Absätze 1 und 2 gelten nicht für Arzneimittel, die
1. nur auf ärztliche, zahnärztliche oder tierärztliche Verschreibung abgegeben werden dürfen oder
2. durch Rechtsverordnung nach § 46 vom Verkehr außerhalb der Apotheken ausgeschlossen sind.

§ 47 AMG Vertriebsweg

(1) Pharmazeutische Unternehmer und Großhändler dürfen Arzneimittel, deren Abgabe den Apotheken vorbehalten ist, außer an Apotheken nur abgeben an
1. andere pharmazeutische Unternehmer und Großhändler,
2. Krankenhäuser und Ärzte, soweit es sich handelt um
   a) aus menschlichem Blut gewonnene Blutzubereitungen oder gentechnologisch hergestellte Blutbestandteile, die, soweit es sich um Gerinnungsfaktorenzubereitungen handelt, von dem hämostaseologisch qualifizierten Arzt im Rahmen der ärztlich kontrollierten Selbstbehandlung von Blutern an seine Patienten abgegeben werden dürfen,
   b) Gewebezubereitungen oder tierisches Gewebe,
   c) Infusionslösungen in Behältnissen mit mindestens 500 ml, die zum Ersatz oder zur Korrektur von Körperflüssigkeit bestimmt sind, sowie Lösungen zur Hämodialyse und Peritonealdialyse, die, soweit es sich um Lösungen zur Peritonealdialyse handelt, auf Verschreibung des nephrologisch qualifizierten Arztes im Rahmen der ärztlich kontrollierten Selbstbehandlung seiner Dialysepatienten an diese abgegeben werden dürfen,
   d) Zubereitungen, die ausschließlich dazu bestimmt sind, die Beschaffenheit, den Zustand oder die Funktion des Körpers oder seelische Zustände erkennen zu lassen,

e) medizinische Gase, bei denen auch die Abgabe an Heilpraktiker zulässig ist,
f) radioaktive Arzneimittel,
g) Arzneimittel, die mit dem Hinweis „Zur klinischen Prüfung bestimmt“ versehen sind, sofern sie kostenlos zur Verfügung gestellt werden,
h) Blutegel und Fliegenlarven, bei denen auch die Abgabe an Heilpraktiker zulässig ist, oder
i) Arzneimittel, die im Falle des § 21 Abs. 2 Nr. 6 zur Verfügung gestellt werden,

[…]

§ 48 AMG Verschreibungspflicht

(1) Arzneimittel, die

1. durch Rechtsverordnung nach Absatz 2, auch in Verbindung mit den Absätzen 4 und 5, bestimmte Stoffe, Zubereitungen aus Stoffen oder Gegenstände sind oder denen solche Stoffe oder Zubereitungen aus Stoffen zugesetzt sind,

[…]

dürfen nur bei Vorliegen einer ärztlichen, zahnärztlichen oder tierärztlichen Verschreibung an Verbraucher abgegeben werden.

[…]

(2) Das Bundesministerium wird ermächtigt, im Einvernehmen mit dem Bundesministerium für Wirtschaft und Technologie durch Rechtsverordnung mit Zustimmung des Bundesrates

[…]

2. Stoffe, Zubereitungen aus Stoffen oder Gegenstände zu bestimmen,
   a) die die Gesundheit des Menschen oder, sofern sie zur Anwendung bei Tieren bestimmt sind, die Gesundheit des Tieres, des Anwenders oder die Umwelt auch bei bestimmungsgemäßem Gebrauch unmittelbar oder mittelbar gefährden können, wenn sie ohne ärztliche, zahnärztliche oder tierärztliche Überwachung angewendet werden,
   b) die häufig in erheblichem Umfang nicht bestimmungsgemäß gebraucht werden, wenn dadurch die Gesundheit von Mensch oder Tier unmittelbar oder mittelbar gefährdet werden kann, oder

[…]

3. die Verschreibungspflicht für Arzneimittel aufzuheben, wenn auf Grund der bei der Anwendung des Arzneimittels gemachten Erfahrungen die Voraussetzungen nach Nummer 2 nicht oder nicht mehr vorliegen,
4. für Stoffe oder Zubereitungen aus Stoffen vorzuschreiben, dass sie nur abgegeben werden dürfen, wenn in der Verschreibung bestimmte Höchstmengen für den Einzel- und Tagesgebrauch nicht überschritten werden oder wenn die Überschreitung vom Verschreibenden ausdrücklich kenntlich gemacht worden ist,
5. zu bestimmen, dass ein Arzneimittel auf eine Verschreibung nicht wiederholt abgegeben werden darf,
6. vorzuschreiben, dass ein Arzneimittel nur auf eine Verschreibung von Ärzten eines bestimmten Fachgebietes oder zur Anwendung in für die Behandlung mit dem Arzneimittel zugelassenen Einrichtungen abgegeben werden darf oder über die Verschreibung, Abgabe und Anwendung Nachweise geführt werden müssen,
7. Vorschriften über die Form und den Inhalt der Verschreibung, einschließlich der Verschreibung in elektronischer Form, zu erlassen.

[...]

(3) Die Rechtsverordnung nach Absatz 2 [...] kann auf bestimmte Dosierungen, Potenzierungen, Darreichungsformen, Fertigarzneimittel oder Anwendungsbereiche beschränkt werden. Ebenso kann eine Ausnahme von der Verschreibungspflicht für die Abgabe an Hebammen und Entbindungspfleger vorgesehen werden, soweit dies für eine ordnungsgemäße Berufsausübung erforderlich ist.

3. Betäubungsmittelgesetz (BtMG)

§ 1 BtMG Betäubungsmittel

(1) Betäubungsmittel im Sinne dieses Gesetzes sind die in den Anlagen I bis III aufgeführten Stoffe und Zubereitungen.

(2) Die Bundesregierung wird ermächtigt, nach Anhörung von Sachverständigen durch Rechtsverordnung mit Zustimmung des Bundesrates die Anlagen I bis III zu ändern oder zu ergänzen, wenn dies

1. nach wissenschaftlicher Erkenntnis wegen der Wirkungsweise eines Stoffes, vor allem im Hinblick auf das Hervorrufen einer Abhängigkeit,
2. wegen der Möglichkeit, aus einem Stoff oder unter Verwendung eines Stoffes Betäubungsmittel herstellen zu können, oder
3. zur Sicherheit oder zur Kontrolle des Verkehrs mit Betäubungsmitteln oder anderen Stoffen oder Zubereitungen wegen des Ausmaßes der missbräuchlichen Verwendung und wegen der unmittelbaren oder mittelbaren Gefährdung der Gesundheit

erforderlich ist. In der Rechtsverordnung nach Satz 1 können einzelne Stoffe oder Zubereitungen ganz oder teilweise von der Anwendung dieses Gesetzes oder einer auf Grund dieses Gesetzes erlassenen Rechtsverordnung ausgenommen werden, soweit die Sicherheit und die Kontrolle des Betäubungsmittelverkehrs gewährleistet bleiben.

[...]

§ 13 BtMG Verschreibung und Abgabe auf Verschreibung

(1) Die in Anlage III bezeichneten Betäubungsmittel dürfen nur von Ärzten, Zahnärzten und Tierärzten und nur dann verschrieben oder im Rahmen einer ärztlichen, zahnärztlichen oder tierärztlichen Behandlung einschließlich der ärztlichen Behandlung einer Betäubungsmittelabhängigkeit verabreicht oder einem anderen zum unmittelbaren Verbrauch oder nach Absatz 1 a Satz 1 überlassen werden, wenn ihre Anwendung am oder im menschlichen oder tierischen Körper begründet ist. Die Anwendung ist insbesondere dann nicht begründet, wenn der beabsichtigte Zweck auf andere Weise erreicht werden kann. Die in Anlagen I und II bezeichneten Betäubungsmittel dürfen nicht verschrieben, verabreicht oder einem anderen zum unmittelbaren Verbrauch oder nach Absatz 1 a Satz 1 überlassen werden.

[...]

(2) Die nach Absatz 1 verschriebenen Betäubungsmittel dürfen nur im Rahmen des Betriebs einer Apotheke und gegen Vorlage der Verschreibung abgegeben werden. Diamorphin darf nur vom pharmazeutischen Unternehmer und nur an anerkannte Einrichtungen nach Absatz 3 Satz 2 Nummer 2 a gegen Vorlage der Verschreibung abgegeben werden. [...]

(3) Die Bundesregierung wird ermächtigt, durch Rechtsverordnung mit Zustimmung des Bundesrates das Verschreiben von den in Anlage III bezeichneten Betäubungsmitteln, ihre Abgabe auf Grund einer Verschreibung und das Aufzeichnen ihres Verbleibs und des Bestandes bei Ärzten, Zahnärzten, Tierärzten, in Apotheken, tierärztlichen Hausapotheken, Krankenhäusern, Tierkliniken, Alten- und Pflegeheimen, Hospizen, Einrichtungen der spezialisierten ambulanten Palliativversorgung, Einrichtungen der Rettungsdienste, Einrichtungen, in denen eine Behandlung mit dem Substitutionsmittel Diamorphin stattfindet, und auf Kauffahrteischiffen zu regeln, soweit es zur Sicherheit oder Kontrolle des Betäubungsmittelverkehrs erforderlich ist. Insbesondere können

1. das Verschreiben auf bestimmte Zubereitungen, Bestimmungszwecke oder Mengen beschränkt werden

[...]

4. Betäubungsmittel-Verschreibungsverordnung (BtMVV)

§ 2 BtMVV Verschreiben durch einen Arzt

[...]

(4) Für den Stationsbedarf darf nur der Arzt verschreiben, der ein Krankenhaus oder eine Teileinheit eines Krankenhauses leitet oder in Abwesenheit des Leiters beaufsichtigt. Er darf die in Absatz 3 bezeichneten Betäubungsmittel unter Beachtung der dort festgelegten Beschränkungen über Bestimmungszweck, Gehalt und Darreichungsform verschreiben. Dies gilt auch für einen Belegarzt, wenn die ihm zugeteilten Betten räumlich und organisatorisch von anderen Teileinheiten abgegrenzt sind.

§ 6 BtMVV Verschreiben für Einrichtungen des Rettungsdienstes

(1) Für das Verschreiben des Bedarfs an Betäubungsmitteln für Einrichtungen und Teileinheiten von Einrichtungen des Rettungsdienstes (Rettungsdienstbedarf) finden die Vorschriften über das Verschreiben für den Stationsbedarf nach § 2 Abs. 4 entsprechende Anwendung.

(2) Der Träger oder der Durchführende des Rettungsdienstes hat einen Arzt damit zu beauftragen, die benötigten Betäubungsmittel nach § 2 Abs. 4 zu verschreiben. Die Aufzeichnung des Verbleibs und Bestandes der Betäubungsmittel ist nach den §§ 13 und 14 in den Einrichtungen und Teileinheiten der Einrichtungen des Rettungsdienstes durch den jeweils behandelnden Arzt zu führen.

(3) Der Träger oder der Durchführende des Rettungsdienstes hat mit einer Apotheke die Belieferung der Verschreibungen für den Rettungsdienstbedarf sowie eine mindestens halbjährliche Überprüfung der Betäubungsmittelvorräte in den Einrichtungen oder Teileinheiten der Einrichtungen des Rettungsdienstes insbesondere auf deren einwandfreie Beschaffenheit sowie ordnungsgemäße und sichere Aufbewahrung schriftlich zu vereinbaren. Der unterzeichnende Apotheker zeigt dies der zuständigen Landesbehörde an. Mit der Überprüfung der Betäubungsmittelvorräte ist ein Apotheker der jeweiligen Apotheke zu beauftragen. Es ist ein Protokoll anzufertigen. Zur Beseitigung festgestellter Mängel hat der mit der Überprüfung beauftragte Apotheker dem Träger oder Durchführenden des Rettungsdienstes eine angemessene Frist zu setzen und im Falle der Nichteinhaltung die zuständige Landesbehörde zu unterrichten.

(4) Bei einem Großschadensfall sind die benötigten Betäubungsmittel von dem zuständigen leitenden Notarzt nach § 2 Abs. 4 zu verschreiben. Die verbrauchten Betäubungsmittel sind durch den leitenden Notarzt unverzüglich für den Großschadensfall zusammengefasst nachzuweisen und der zuständigen Landesbehörde unter Angabe der nicht verbrauchten Betäubungsmittel anzuzeigen. Die zuständige Landesbehörde trifft Festlegungen zum Verbleib der nicht verbrauchten Betäubungsmittel.

5. Bürgerliches Gesetzbuch (BGB)

§ 249 BGB Art und Umfang des Schadensersatzes

(1) Wer zum Schadensersatz verpflichtet ist, hat den Zustand herzustellen, der bestehen würde, wenn der zum Ersatz verpflichtende Umstand nicht eingetreten wäre.

(2) Ist wegen Verletzung einer Person oder wegen Beschädigung einer Sache Schadensersatz zu leisten, so kann der Gläubiger statt der Herstellung den dazu erforderlichen Geldbetrag verlangen. Bei der Beschädigung einer Sache schließt der nach Satz 1 erforderliche Geldbetrag die Umsatzsteuer nur mit ein, wenn und soweit sie tatsächlich angefallen ist.

§ 253 BGB Immaterieller Schaden

(1) Wegen eines Schadens, der nicht Vermögensschaden ist, kann Entschädigung in Geld nur in den durch das Gesetz bestimmten Fällen gefordert werden.

(2) Ist wegen einer Verletzung des Körpers, der Gesundheit, der Freiheit oder der sexuellen Selbstbestimmung Schadensersatz zu leisten, kann auch wegen des Schadens, der nicht Vermögensschaden ist, eine billige Entschädigung in Geld gefordert werden.

§ 276 BGB Verantwortlichkeit des Schuldners

(1) Der Schuldner hat Vorsatz und Fahrlässigkeit zu vertreten, wenn eine strengere oder mildere Haftung weder bestimmt noch aus dem sonstigen Inhalt des Schuldverhältnisses, insbesondere aus der Übernahme einer Garantie oder eines Beschaffungsrisikos zu entnehmen ist. Die Vorschriften der §§ 827 und 828 finden entsprechende Anwendung.

(2) Fahrlässig handelt, wer die im Verkehr erforderliche Sorgfalt außer Acht lässt.

(3) Die Haftung wegen Vorsatzes kann dem Schuldner nicht im Voraus erlassen werden.

§ 278 BGB Verantwortlichkeit des Schuldners für Dritte

Der Schuldner hat ein Verschulden seines gesetzlichen Vertreters und der Personen, deren er sich zur Erfüllung seiner Verbindlichkeit bedient, in gleichem Umfang zu vertreten wie eigenes Verschulden. Die Vorschrift des § 276 Abs. 3 findet keine Anwendung.

§ 280 BGB Schadensersatz wegen Pflichtverletzung

(1) Verletzt der Schuldner eine Pflicht aus dem Schuldverhältnis, so kann der Gläubiger Ersatz des hierdurch entstehenden Schadens verlangen. Dies gilt nicht, wenn der Schuldner die Pflichtverletzung nicht zu vertreten hat.

[...]

§ 630a BGB Vertragstypische Pflichten beim Behandlungsvertrag

(1) Durch den Behandlungsvertrag wird derjenige, welcher die medizinische Behandlung eines Patienten zusagt (Behandelnder), zur Leistung der versprochenen Behandlung, der andere Teil (Patient) zur Gewährung der vereinbarten Vergütung verpflichtet, soweit nicht ein Dritter zur Zahlung verpflichtet ist.

(2) Die Behandlung hat nach den zum Zeitpunkt der Behandlung bestehenden, allgemein anerkannten fachlichen Standards zu erfolgen, soweit nicht etwas anderes vereinbart ist.

§ 630b BGB Anwendbare Vorschriften

Auf das Behandlungsverhältnis sind die Vorschriften über das Dienstverhältnis, das kein Arbeitsverhältnis im Sinne des § 622 ist, anzuwenden, soweit nicht in diesem Untertitel etwas anderes bestimmt ist.

§ 630c BGB Mitwirkung der Vertragsparteien; Informationspflichten

(1) Behandelnder und Patient sollen zur Durchführung der Behandlung zusammenwirken.

(2) Der Behandelnde ist verpflichtet, dem Patienten in verständlicher Weise zu Beginn der Behandlung und, soweit erforderlich, in deren Verlauf sämtliche für die Behandlung wesentlichen Umstände zu erläutern, insbesondere die Diagnose, die voraussichtliche gesundheitliche Entwicklung, die Therapie und die zu und nach der Therapie zu ergreifenden Maßnahmen. Sind für den Behandelnden Umstände erkennbar, die die Annahme eines Behandlungsfehlers begründen, hat er den Patienten über diese auf

Nachfrage oder zur Abwendung gesundheitlicher Gefahren zu informieren. Ist dem Behandelnden oder einem seiner in § 52 Abs. 1 der Strafprozessordnung bezeichneten Angehörigen ein Behandlungsfehler unterlaufen, darf die Information nach Satz 2 zu Beweiszwecken in einem gegen den Behandelnden oder gegen seinen Angehörigen geführten Straf- oder Bußgeldverfahren nur mit Zustimmung des Behandelnden verwendet werden.

(3) Weiß der Behandelnde, dass eine vollständige Übernahme der Behandlungskosten durch einen Dritten nicht gesichert ist oder ergeben sich nach den Umständen hierfür hinreichende Anhaltspunkte, muss er den Patienten vor Beginn der Behandlung über die voraussichtlichen Kosten der Behandlung in Textform informieren. Weitergehende Formanforderungen aus anderen Vorschriften bleiben unberührt.

(4) Der Information des Patienten bedarf es nicht, soweit diese ausnahmsweise aufgrund besonderer Umstände entbehrlich ist, insbesondere wenn die Behandlung unaufschiebbar ist oder der Patient auf die Information ausdrücklich verzichtet hat.

§ 630d BGB Einwilligung

(1) Vor Durchführung einer medizinischen Maßnahme, insbesondere eines Eingriffs in den Körper oder die Gesundheit, ist der Behandelnde verpflichtet, die Einwilligung des Patienten einzuholen. Ist der Patient einwilligungsunfähig, ist die Einwilligung eines hierzu Berechtigten einzuholen, soweit nicht eine Patientenverfügung nach § 1901 a Abs. 1 Satz 1 die Maßnahme gestattet oder untersagt. Weitergehende Anforderungen an die Einwilligung aus anderen Vorschriften bleiben unberührt. Kann eine Einwilligung für eine unaufschiebbare Maßnahme nicht rechtzeitig eingeholt werden, darf sie ohne Einwilligung durchgeführt werden, wenn sie dem mutmaßlichen Willen des Patienten entspricht.

(2) Die Wirksamkeit der Einwilligung setzt voraus, dass der Patient oder im Fall des Absatzes 1 Satz 2 der zur Einwilligung Berechtigte vor der Einwilligung nach Maßgabe von § 630 e Abs. 1 bis 4 aufgeklärt worden ist.

(3) Die Einwilligung kann jederzeit und ohne Angabe von Gründen formlos widerrufen werden.

§ 630e BGB Aufklärungspflichten

(1) Der Behandelnde ist verpflichtet, den Patienten über sämtliche für die Einwilligung wesentlichen Umstände aufzuklären. Dazu gehören insbeson-

dere Art, Umfang, Durchführung, zu erwartende Folgen und Risiken der Maßnahme sowie ihre Notwendigkeit, Dringlichkeit, Eignung und Erfolgsaussichten im Hinblick auf die Diagnose oder die Therapie. Bei der Aufklärung ist auch auf Alternativen zur Maßnahme hinzuweisen, wenn mehrere medizinisch gleichermaßen indizierte und übliche Methoden zu wesentlich unterschiedlichen Belastungen, Risiken oder Heilungschancen führen können.

(2) Die Aufklärung muss
1. mündlich durch den Behandelnden oder durch eine Person erfolgen, die über die zur Durchführung der Maßnahme notwendige Ausbildung verfügt; ergänzend kann auch auf Unterlagen Bezug genommen werden, die der Patient in Textform erhält,
2. so rechtzeitig erfolgen, dass der Patient seine Entscheidung über die Einwilligung wohlüberlegt treffen kann,
3. für den Patienten verständlich sein.

Dem Patienten sind Abschriften von Unterlagen, die er im Zusammenhang mit der Aufklärung oder Einwilligung unterzeichnet hat, auszuhändigen.

(3) Der Aufklärung des Patienten bedarf es nicht, soweit diese ausnahmsweise aufgrund besonderer Umstände entbehrlich ist, insbesondere wenn die Maßnahme unaufschiebbar ist oder der Patient auf die Aufklärung ausdrücklich verzichtet hat.

(4) Ist nach § 630 d Abs. 1 Satz 2 die Einwilligung eines hierzu Berechtigten einzuholen, ist dieser nach Maßgabe der Absätze 1 bis 3 aufzuklären.

(5) Im Fall des § 630 d Abs. 1 Satz 2 sind die wesentlichen Umstände nach Absatz 1 auch dem Patienten entsprechend seinem Verständnis zu erläutern, soweit dieser aufgrund seines Entwicklungsstandes und seiner Verständnismöglichkeiten in der Lage ist, die Erläuterung aufzunehmen, und soweit dies seinem Wohl nicht zuwiderläuft. Absatz 3 gilt entsprechend.

§ 630f BGB Dokumentation der Behandlung

(1) Der Behandelnde ist verpflichtet, zum Zweck der Dokumentation in unmittelbarem zeitlichen Zusammenhang mit der Behandlung eine Patientenakte in Papierform oder elektronisch zu führen. Berichtigungen und Änderungen von Eintragungen in der Patientenakte sind nur zulässig, wenn neben dem ursprünglichen Inhalt erkennbar bleibt, wann sie vorgenommen worden sind. Dies ist auch für elektronisch geführte Patientenakten sicherzustellen.

(2) Der Behandelnde ist verpflichtet, in der Patientenakte sämtliche aus fachlicher Sicht für die derzeitige und künftige Behandlung wesentlichen Maßnahmen und deren Ergebnisse aufzuzeichnen, insbesondere die Anamnese, Diagnosen, Untersuchungen, Untersuchungsergebnisse, Befunde, Therapien und ihre Wirkungen, Eingriffe und ihre Wirkungen, Einwilligungen und Aufklärungen. Arztbriefe sind in die Patientenakte aufzunehmen.

(3) Der Behandelnde hat die Patientenakte für die Dauer von zehn Jahren nach Abschluss der Behandlung aufzubewahren, soweit nicht nach anderen Vorschriften andere Aufbewahrungsfristen bestehen.

§ 630g BGB Einsichtnahme in die Patientenakte

(1) Dem Patienten ist auf Verlangen unverzüglich Einsicht in die vollständige, ihn betreffende Patientenakte zu gewähren, soweit der Einsichtnahme nicht erhebliche therapeutische Gründe oder sonstige erhebliche Rechte Dritter entgegenstehen. Die Ablehnung der Einsichtnahme ist zu begründen. § 811 ist entsprechend anzuwenden.

(2) Der Patient kann auch elektronische Abschriften von der Patientenakte verlangen. Er hat dem Behandelnden die entstandenen Kosten zu erstatten.

(3) Im Fall des Todes des Patienten stehen die Rechte aus den Absätzen 1 und 2 zur Wahrnehmung der vermögensrechtlichen Interessen seinen Erben zu. Gleiches gilt für die nächsten Angehörigen des Patienten, soweit sie immaterielle Interessen geltend machen. Die Rechte sind ausgeschlossen, soweit der Einsichtnahme der ausdrückliche oder mutmaßliche Wille des Patienten entgegensteht.

§ 630h BGB Beweislast bei Haftung für Behandlungs- und Aufklärungsfehler

(1) Ein Fehler des Behandelnden wird vermutet, wenn sich ein allgemeines Behandlungsrisiko verwirklicht hat, das für den Behandelnden voll beherrschbar war und das zur Verletzung des Lebens, des Körpers oder der Gesundheit des Patienten geführt hat.

(2) Der Behandelnde hat zu beweisen, dass er eine Einwilligung gemäß § 630 d eingeholt und entsprechend den Anforderungen des § 630 e aufgeklärt hat. Genügt die Aufklärung nicht den Anforderungen des § 630 e, kann der Behandelnde sich darauf berufen, dass der Patient auch im Fall einer ordnungsgemäßen Aufklärung in die Maßnahme eingewilligt hätte.

(3) Hat der Behandelnde eine medizinisch gebotene wesentliche Maßnahme und ihr Ergebnis entgegen § 630f Abs. 1 oder 2 nicht in der Patientenakte aufgezeichnet oder hat er die Patientenakte entgegen § 630f Abs. 3 nicht aufbewahrt, wird vermutet, dass er diese Maßnahme nicht getroffen hat.

(4) War ein Behandelnder für die von ihm vorgenommene Behandlung nicht befähigt, wird vermutet, dass die mangelnde Befähigung für den Eintritt der Verletzung des Lebens, des Körpers oder der Gesundheit ursächlich war.

(5) Liegt ein grober Behandlungsfehler vor und ist dieser grundsätzlich geeignet, eine Verletzung des Lebens, des Körpers oder der Gesundheit der tatsächlich eingetretenen Art herbeizuführen, wird vermutet, dass der Behandlungsfehler für diese Verletzung ursächlich war. Dies gilt auch dann, wenn es der Behandelnde unterlassen hat, einen medizinisch gebotenen Befund rechtzeitig zu erheben oder zu sichern, soweit der Befund mit hinreichender Wahrscheinlichkeit ein Ergebnis erbracht hätte, das Anlass zu weiteren Maßnahmen gegeben hätte, und wenn das Unterlassen solcher Maßnahmen grob fehlerhaft gewesen wäre.

§ 677 BGB Pflichten des Geschäftsführers

Wer ein Geschäft für einen anderen besorgt, ohne von ihm beauftragt oder ihm gegenüber sonst dazu berechtigt zu sein, hat das Geschäft so zu führen, wie das Interesse des Geschäftsherrn mit Rücksicht auf dessen wirklichen oder mutmaßlichen Willen es erfordert.

§ 680 BGB Geschäftsführung zur Gefahrenabwehr

Bezweckt die Geschäftsführung die Abwendung einer dem Geschäftsherrn drohenden dringenden Gefahr, so hat der Geschäftsführer nur Vorsatz und grobe Fahrlässigkeit zu vertreten.

§ 823 BGB Schadensersatzpflicht

(1) Wer vorsätzlich oder fahrlässig das Leben, den Körper, die Gesundheit, die Freiheit, das Eigentum oder ein sonstiges Recht eines anderen widerrechtlich verletzt, ist dem anderen zum Ersatz des daraus entstehenden Schadens verpflichtet.

(2) Die gleiche Verpflichtung trifft denjenigen, welcher gegen ein den Schutz eines anderen bezweckendes Gesetz verstößt. Ist nach dem Inhalt des Gesetzes ein Verstoß gegen dieses auch ohne Verschulden möglich, so tritt die Ersatzpflicht nur im Falle des Verschuldens ein.

§ 831 BGB Haftung für den Verrichtungsgehilfen

(1) Wer einen anderen zu einer Verrichtung bestellt, ist zum Ersatz des Schadens verpflichtet, den der andere in Ausführung der Verrichtung einem Dritten widerrechtlich zufügt. Die Ersatzpflicht tritt nicht ein, wenn der Geschäftsherr bei der Auswahl der bestellten Person und, sofern er Vorrichtungen oder Gerätschaften zu beschaffen oder die Ausführung der Verrichtung zu leiten hat, bei der Beschaffung oder der Leitung die im Verkehr erforderliche Sorgfalt beobachtet oder wenn der Schaden auch bei Anwendung dieser Sorgfalt entstanden sein würde.

(2) Die gleiche Verantwortlichkeit trifft denjenigen, welcher für den Geschäftsherrn die Besorgung eines der im Absatz 1 Satz 2 bezeichneten Geschäfte durch Vertrag übernimmt.

§ 839 BGB Haftung bei Amtspflichtverletzung

(1) Verletzt ein Beamter vorsätzlich oder fahrlässig die ihm einem Dritten gegenüber obliegende Amtspflicht, so hat er dem Dritten den daraus entstehenden Schaden zu ersetzen. Fällt dem Beamten nur Fahrlässigkeit zur Last, so kann er nur dann in Anspruch genommen werden, wenn der Verletzte nicht auf andere Weise Ersatz zu erlangen vermag.

(2) Verletzt ein Beamter bei dem Urteil in einer Rechtssache seine Amtspflicht, so ist er für den daraus entstehenden Schaden nur dann verantwortlich, wenn die Pflichtverletzung in einer Straftat besteht. Auf eine pflichtwidrige Verweigerung oder Verzögerung der Ausübung des Amts findet diese Vorschrift keine Anwendung.

(3) Die Ersatzpflicht tritt nicht ein, wenn der Verletzte vorsätzlich oder fahrlässig unterlassen hat, den Schaden durch Gebrauch eines Rechtsmittels abzuwenden.

6. Bundesdatenschutzgesetz (BDSG)

§ 1 BDSG Zweck und Anwendungsbereich des Gesetzes

(1) Zweck dieses Gesetzes ist es, den Einzelnen davor zu schützen, dass er durch den Umgang mit seinen personenbezogenen Daten in seinem Persönlichkeitsrecht beeinträchtigt wird.

[...]

(3) Soweit andere Rechtsvorschriften des Bundes auf personenbezogene Daten einschließlich deren Veröffentlichung anzuwenden sind, gehen sie den Vorschriften dieses Gesetzes vor. Die Verpflichtung zur Wahrung gesetzlicher Geheimhaltungspflichten oder von Berufs- oder besonderen Amtsgeheimnissen, die nicht auf gesetzlichen Vorschriften beruhen, bleibt unberührt.

[...]

§ 3 BDSG Weitere Begriffsbestimmungen

(1) Personenbezogene Daten sind Einzelangaben über persönliche oder sachliche Verhältnisse einer bestimmten oder bestimmbaren natürlichen Person (Betroffener).

(2) Automatisierte Verarbeitung ist die Erhebung, Verarbeitung oder Nutzung personenbezogener Daten unter Einsatz von Datenverarbeitungsanlagen. Eine nicht automatisierte Datei ist jede nicht automatisierte Sammlung personenbezogener Daten, die gleichartig aufgebaut ist und nach bestimmten Merkmalen zugänglich ist und ausgewertet werden kann.

(3) Erheben ist das Beschaffen von Daten über den Betroffenen.

(4) Verarbeiten ist das Speichern, Verändern, Übermitteln, Sperren und Löschen personenbezogener Daten. Im Einzelnen ist, ungeachtet der dabei angewendeten Verfahren:

1. Speichern das Erfassen, Aufnehmen oder Aufbewahren personenbezogener Daten auf einem Datenträger zum Zweck ihrer weiteren Verarbeitung oder Nutzung,
2. Verändern das inhaltliche Umgestalten gespeicherter personenbezogener Daten,
3. Übermitteln das Bekanntgeben gespeicherter oder durch Datenverarbeitung gewonnener personenbezogener Daten an einen Dritten in der Weise, dass

a) die Daten an den Dritten weitergegeben werden oder
b) der Dritte zur Einsicht oder zum Abruf bereitgehaltene Daten einsieht oder abruft,

4. Sperren das Kennzeichnen gespeicherter personenbezogener Daten, um ihre weitere Verarbeitung oder Nutzung einzuschränken,
5. Löschen das Unkenntlichmachen gespeicherter personenbezogener Daten.

(5) Nutzen ist jede Verwendung personenbezogener Daten, soweit es sich nicht um Verarbeitung handelt.

[...]

7. Grundgesetz (GG)

Art. 30 GG

Die Ausübung der staatlichen Befugnisse und die Erfüllung der staatlichen Aufgaben ist Sache der Länder, soweit dieses Grundgesetz keine andere Regelung trifft oder zulässt.

Art. 34 GG

Verletzt jemand in Ausübung eines ihm anvertrauten öffentlichen Amtes die ihm einem Dritten gegenüber obliegende Amtspflicht, so trifft die Verantwortlichkeit grundsätzlich den Staat oder die Körperschaft, in deren Dienst er steht. Bei Vorsatz oder grober Fahrlässigkeit bleibt der Rückgriff vorbehalten. Für den Anspruch auf Schadensersatz und für den Rückgriff darf der ordentliche Rechtsweg nicht ausgeschlossen werden.

Art. 70 GG

(1) Die Länder haben das Recht der Gesetzgebung, soweit dieses Grundgesetz nicht dem Bunde Gesetzgebungsbefugnisse verleiht.

(2) Die Abgrenzung der Zuständigkeit zwischen Bund und Ländern bemisst sich nach den Vorschriften dieses Grundgesetzes über die ausschließliche und die konkurrierende Gesetzgebung.

Art. 71 GG

Im Bereich der ausschließlichen Gesetzgebung des Bundes haben die Länder die Befugnis zur Gesetzgebung nur, wenn und soweit sie hierzu in einem Bundesgesetz ausdrücklich ermächtigt werden.

Art. 72 GG

(1) Im Bereich der konkurrierenden Gesetzgebung haben die Länder die Befugnis zur Gesetzgebung, solange und soweit der Bund von seiner Gesetzgebungszuständigkeit nicht durch Gesetz Gebrauch gemacht hat.

(2) [...]

Art. 74 GG

(1) Die konkurrierende Gesetzgebung erstreckt sich auf folgende Gebiete:

[...]

19. Maßnahmen gegen gemeingefährliche oder übertragbare Krankheiten bei Menschen und Tieren, Zulassung zu ärztlichen und anderen Heilberufen und zum Heilgewerbe, sowie das Recht des Apothekenwesens, der Arzneien, der Medizinprodukte, der Heilmittel, der Betäubungsmittel und der Gifte.

[...]

8. Infektionsschutzgesetz (IfSG)

§ 1 IfSG Zweck des Gesetzes

(1) Zweck des Gesetzes ist es, übertragbaren Krankheiten beim Menschen vorzubeugen, Infektionen frühzeitig zu erkennen und ihre Weiterverbreitung zu verhindern.

(2) Die hierfür notwendige Mitwirkung und Zusammenarbeit von Behörden des Bundes, der Länder und der Kommunen, Ärzten, Tierärzten, Krankenhäusern, wissenschaftlichen Einrichtungen sowie sonstigen Beteiligten soll entsprechend dem jeweiligen Stand der medizinischen und epidemiologischen Wissenschaft und Technik gestaltet und unterstützt werden. Die Eigenverantwortung der Träger und Leiter von Gemeinschaftseinrichtungen, Lebensmittelbetrieben, Gesundheitseinrichtungen sowie des Einzelnen bei der Prävention übertragbarer Krankheiten soll verdeutlicht und gefördert werden.

§ 2 IfSG Begriffsbestimmungen

Im Sinne dieses Gesetzes ist

1. Krankheitserreger ein vermehrungsfähiges Agens (Virus, Bakterium, Pilz, Parasit) oder ein sonstiges biologisches transmissibles Agens, das bei Menschen eine Infektion oder übertragbare Krankheit verursachen kann,
2. Infektion die Aufnahme eines Krankheitserregers und seine nachfolgende Entwicklung oder Vermehrung im menschlichen Organismus,
3. übertragbare Krankheit eine durch Krankheitserreger oder deren toxische Produkte, die unmittelbar oder mittelbar auf den Menschen übertragen werden, verursachte Krankheit,
4. Kranker eine Person, die an einer übertragbaren Krankheit erkrankt ist,
5. Krankheitsverdächtiger eine Person, bei der Symptome bestehen, welche das Vorliegen einer bestimmten übertragbaren Krankheit vermuten lassen,
6. Ausscheider eine Person, die Krankheitserreger ausscheidet und dadurch eine Ansteckungsquelle für die Allgemeinheit sein kann, ohne krank oder krankheitsverdächtig zu sein,
7. Ansteckungsverdächtiger eine Person, von der anzunehmen ist, dass sie Krankheitserreger aufgenommen hat, ohne krank, krankheitsverdächtig oder Ausscheider zu sein,

[...]

§ 6 IfSG Meldepflichtige Krankheiten

(1) Namentlich ist zu melden:

1. der Krankheitsverdacht, die Erkrankung sowie der Tod an
   a) Botulismus
   b) Cholera
   c) Diphtherie
   d) humaner spongiformer Enzephalopathie, außer familiär-hereditärer Formen
   e) akuter Virushepatitis
   f) enteropathischem hämolytisch-urämischem Syndrom (HUS)
   g) virusbedingtem hämorrhagischen Fieber
   h) Masern
   i) Meningokokken-Meningitis oder -Sepsis
   j) Milzbrand
   k) Mumps
   l) Pertussis
   m) Poliomyelitis (als Verdacht gilt jede akute schlaffe Lähmung, außer wenn traumatisch bedingt)
   n) Pest
   o) Röteln einschließlich Rötelnembryopathie
   p) Tollwut
   q) Typhus abdominalis/Paratyphus
   r) Varizellen

   sowie die Erkrankung und der Tod an einer behandlungsbedürftigen Tuberkulose, auch wenn ein bakteriologischer Nachweis nicht vorliegt,
2. der Verdacht auf und die Erkrankung an einer mikrobiell bedingten Lebensmittelvergiftung oder an einer akuten infektiösen Gastroenteritis, wenn
   a) eine Person betroffen ist, die eine Tätigkeit im Sinne des § 42 Abs. 1 ausübt,
   b) zwei oder mehr gleichartige Erkrankungen auftreten, bei denen ein epidemischer Zusammenhang wahrscheinlich ist oder vermutet wird,
3. der Verdacht einer über das übliche Ausmaß einer Impfreaktion hinausgehenden gesundheitlichen Schädigung,
4. die Verletzung eines Menschen durch ein tollwutkrankes, -verdächtiges oder -ansteckungsverdächtiges Tier sowie die Berührung eines solchen Tieres oder Tierkörpers,
5. soweit nicht nach den Nummern 1 bis 4 meldepflichtig, das Auftreten
   a) einer bedrohlichen Krankheit oder

b) von zwei oder mehr gleichartigen Erkrankungen, bei denen ein epidemischer Zusammenhang wahrscheinlich ist oder vermutet wird,

wenn dies auf eine schwerwiegende Gefahr für die Allgemeinheit hinweist und Krankheitserreger als Ursache in Betracht kommen, die nicht in § 7 genannt sind.

Die Meldung nach Satz 1 hat gemäß § 8 Abs. 1 Nr. 1, 3 bis 8, § 9 Abs. 1, 2, 3 Satz 1 oder 3 zu erfolgen.

(2) Dem Gesundheitsamt ist über die Meldung nach Absatz 1 Nummer 1 hinaus mitzuteilen, wenn Personen, die an einer behandlungsbedürftigen Lungentuberkulose leiden, eine Behandlung verweigern oder abbrechen. Die Meldung nach Satz 1 hat gemäß § 8 Abs. 1 Nr. 1, § 9 Abs. 1 und 3 Satz 1 oder 3 zu erfolgen.

(3) Dem Gesundheitsamt ist unverzüglich das gehäufte Auftreten nosokomialer Infektionen, bei denen ein epidemischer Zusammenhang wahrscheinlich ist oder vermutet wird, als Ausbruch nichtnamentlich zu melden. Die Meldung nach Satz 1 hat gemäß § 8 Abs. 1 Nr. 1, 3 und 5, § 10 Abs. 6 zu erfolgen.

§ 8 IfSG Zur Meldung verpflichtete Personen

(1) Zur Meldung oder Mitteilung sind verpflichtet:

1. im Falle des § 6 der feststellende Arzt; in Krankenhäusern oder anderen Einrichtungen der stationären Pflege ist für die Einhaltung der Meldepflicht neben dem feststellenden Arzt auch der leitende Arzt, in Krankenhäusern mit mehreren selbständigen Abteilungen der leitende Abteilungsarzt, in Einrichtungen ohne leitenden Arzt der behandelnde Arzt verantwortlich,

[...]

5. im Falle des § 6 Abs. 1 Nr. 1, 2 und 5 und Abs. 3 Angehörige eines anderen Heil- oder Pflegeberufs, der für die Berufsausübung oder die Führung der Berufsbezeichnung eine staatlich geregelte Ausbildung oder Anerkennung erfordert,

[...]

(2) Die Meldepflicht besteht nicht für Personen des Not- und Rettungsdienstes, wenn der Patient unverzüglich in eine ärztlich geleitete Einrichtung gebracht wurde. Die Meldepflicht besteht für die in Absatz 1 Nummer 5 bis 7 bezeichneten Personen nur, wenn ein Arzt nicht hinzugezogen wurde.

(3) Die Meldepflicht besteht nicht, wenn dem Meldepflichtigen ein Nachweis vorliegt, dass die Meldung bereits erfolgte und andere als die bereits gemeldeten Angaben nicht erhoben wurden. Satz 1 gilt auch für Erkrankungen, bei denen der Verdacht bereits gemeldet wurde.

§ 9 IfSG Namentliche Meldung

(1) Die namentliche Meldung durch eine der in § 8 Abs. 1 Nr. 1, 4 bis 8 genannten Personen muss folgende Angaben enthalten:

1. Name, Vorname des Patienten
2. Geschlecht
3. Tag, Monat und Jahr der Geburt
4. Anschrift der Hauptwohnung und, falls abweichend: Anschrift des derzeitigen Aufenthaltsortes
5. Tätigkeit in Einrichtungen im Sinne des § 23 Abs. 5 oder 6 oder § 36 Abs. 1 oder 2; Tätigkeit im Sinne des § 23 Abs. 5 oder 6 oder § 42 Abs. 1 bei akuter Gastroenteritis, akuter Virushepatitis, Typhus abdominalis/ Paratyphus und Cholera
6. Betreuung in einer Gemeinschaftseinrichtung gemäß § 33
7. Diagnose beziehungsweise Verdachtsdiagnose
8. Tag der Erkrankung oder Tag der Diagnose, gegebenenfalls Tag des Todes
9. wahrscheinliche Infektionsquelle
10. Land (in Deutschland: Landkreis oder kreisfreie Stadt), in dem die Infektion wahrscheinlich erworben wurde; bei Tuberkulose Geburtsland und Staatsangehörigkeit
11. Name, Anschrift und Telefonnummer der mit der Erregerdiagnostik beauftragten Untersuchungsstelle
12. Überweisung in ein Krankenhaus beziehungsweise Aufnahme in einem Krankenhaus oder einer anderen Einrichtung der stationären Pflege und Entlassung aus der Einrichtung, soweit dem Meldepflichtigen bekannt
13. Blut-, Organ-, Gewebe- oder Zellspende in den letzten sechs Monaten
14. Name, Anschrift und Telefonnummer des Meldenden
15. bei einer Meldung nach § 6 Abs. 1 Nr. 3 die Angaben nach § 22 Abs. 2.

Bei den in § 8 Abs. 1 Nr. 4 bis 8 genannten Personen beschränkt sich die Meldepflicht auf die ihnen vorliegenden Angaben.

[...]

(3) Die namentliche Meldung muss unverzüglich erfolgen und spätestens innerhalb von 24 Stunden nach erlangter Kenntnis dem für den Aufenthalt

des Betroffenen zuständigen Gesundheitsamt, im Falle des Absatzes 2 dem für den Einsender zuständigen Gesundheitsamt vorliegen. Eine Meldung darf wegen einzelner fehlender Angaben nicht verzögert werden. Die Nachmeldung oder Korrektur von Angaben hat unverzüglich nach deren Vorliegen zu erfolgen. Liegt die Hauptwohnung oder der gewöhnliche Aufenthaltsort der betroffenen Person im Bereich eines anderen Gesundheitsamtes, so hat das unterrichtete Gesundheitsamt das für die Hauptwohnung, bei mehreren Wohnungen das für den gewöhnlichen Aufenthaltsort des Betroffenen zuständige Gesundheitsamt unverzüglich zu benachrichtigen.

[...]

§ 16 IfSG Allgemeine Maßnahmen der zuständigen Behörde

(1) Werden Tatsachen festgestellt, die zum Auftreten einer übertragbaren Krankheit führen können, oder ist anzunehmen, dass solche Tatsachen vorliegen, so trifft die zuständige Behörde die notwendigen Maßnahmen zur Abwendung der dem Einzelnen oder der Allgemeinheit hierdurch drohenden Gefahren. Die bei diesen Maßnahmen erhobenen personenbezogenen Daten dürfen nur für Zwecke dieses Gesetzes verarbeitet und genutzt werden.

(2) In den Fällen des Absatzes 1 sind die Beauftragten der zuständigen Behörde und des Gesundheitsamtes zur Durchführung von Ermittlungen und zur Überwachung der angeordneten Maßnahmen berechtigt, Grundstücke, Räume, Anlagen und Einrichtungen sowie Verkehrsmittel aller Art zu betreten und Bücher oder sonstige Unterlagen einzusehen und hieraus Abschriften, Ablichtungen oder Auszüge anzufertigen sowie sonstige Gegenstände zu untersuchen oder Proben zur Untersuchung zu fordern oder zu entnehmen. Der Inhaber der tatsächlichen Gewalt ist verpflichtet, den Beauftragten der zuständigen Behörde und des Gesundheitsamtes Grundstücke, Räume, Anlagen, Einrichtungen und Verkehrsmittel sowie sonstige Gegenstände zugänglich zu machen. Personen, die über die in Absatz 1 genannten Tatsachen Auskunft geben können, sind verpflichtet, auf Verlangen die erforderlichen Auskünfte insbesondere über den Betrieb und den Betriebsablauf einschließlich dessen Kontrolle zu erteilen und Unterlagen einschließlich dem tatsächlichen Stand entsprechende technische Pläne vorzulegen. Der Verpflichtete kann die Auskunft auf solche Fragen verweigern, deren Beantwortung ihn selbst oder einen der in § 383 Abs. 1 Nr. 1 bis 3 der Zivilprozessordnung bezeichneten Angehörigen der Gefahr strafrechtlicher Verfolgung oder eines Verfahrens nach dem Gesetz über Ord-

nungswidrigkeiten aussetzen würde; Entsprechendes gilt für die Vorlage von Unterlagen.

(3) Soweit es die Aufklärung der epidemischen Lage erfordert, kann die zuständige Behörde Anordnungen über die Übergabe von in Absatz 2 genannten Untersuchungsmaterialien zum Zwecke der Untersuchung und Verwahrung an Institute des öffentlichen Gesundheitsdienstes oder andere vom Land zu bestimmende Einrichtungen treffen.

(4) Das Grundrecht der Unverletzlichkeit der Wohnung (Art. 13 Abs. 1 Grundgesetz) wird im Rahmen der Absätze 2 und 3 eingeschränkt.

(5) Wenn die von Maßnahmen nach den Absätzen 1 und 2 betroffenen Personen geschäftsunfähig oder in der Geschäftsfähigkeit beschränkt sind, hat derjenige für die Erfüllung der genannten Verpflichtung zu sorgen, dem die Sorge für die Person zusteht. Die gleiche Verpflichtung trifft den Betreuer einer von Maßnahmen nach den Absätzen 1 und 2 betroffenen Person, soweit die Sorge für die Person des Betroffenen zu seinem Aufgabenkreis gehört.

(6) Die Maßnahmen nach Absatz 1 werden auf Vorschlag des Gesundheitsamtes von der zuständigen Behörde angeordnet. Kann die zuständige Behörde einen Vorschlag des Gesundheitsamtes nicht rechtzeitig einholen, so hat sie das Gesundheitsamt über die getroffene Maßnahme unverzüglich zu unterrichten.

(7) Bei Gefahr im Verzuge kann das Gesundheitsamt die erforderlichen Maßnahmen selbst anordnen. Es hat die zuständige Behörde unverzüglich hiervon zu unterrichten. Diese kann die Anordnung ändern oder aufheben. Wird die Anordnung nicht innerhalb von zwei Arbeitstagen nach der Unterrichtung aufgehoben, so gilt sie als von der zuständigen Behörde getroffen.

(8) Widerspruch und Anfechtungsklage gegen Maßnahmen nach den Absätzen 1 bis 3 haben keine aufschiebende Wirkung.

9. Medizinprodukte-Betreiberverordnung (MPBetreibV)

§ 1 MPBetreibV Anwendungsbereich

(1) Diese Verordnung gilt für das Errichten, Betreiben, Anwenden und Instandhalten von Medizinprodukten nach § 3 des Medizinproduktegesetzes mit Ausnahme der Medizinprodukte zur klinischen Prüfung oder zur Leistungsbewertungsprüfung.

[...]

§ 2 MPBetreibV Allgemeine Anforderungen

(1) Medizinprodukte dürfen nur ihrer Zweckbestimmung entsprechend und nach den Vorschriften dieser Verordnung, den allgemein anerkannten Regeln der Technik sowie den Arbeitsschutz- und Unfallverhütungsvorschriften errichtet, betrieben, angewendet und in Stand gehalten werden.

(2) Medizinprodukte dürfen nur von Personen errichtet, betrieben, angewendet und in Stand gehalten werden, die dafür die erforderliche Ausbildung oder Kenntnis und Erfahrung besitzen.

(3) Miteinander verbundene Medizinprodukte sowie mit Zubehör einschließlich Software oder mit anderen Gegenständen verbundene Medizinprodukte dürfen nur betrieben und angewendet werden, wenn sie dazu unter Berücksichtigung der Zweckbestimmung und der Sicherheit der Patienten, Anwender, Beschäftigten oder Dritten geeignet sind.

(4) Der Betreiber darf nur Personen mit dem Errichten und Anwenden von Medizinprodukten beauftragen, die die in Absatz 2 genannten Voraussetzungen erfüllen.

(5) Der Anwender hat sich vor der Anwendung eines Medizinproduktes von der Funktionsfähigkeit und dem ordnungsgemäßen Zustand des Medizinproduktes zu überzeugen und die Gebrauchsanweisung sowie die sonstigen beigefügten sicherheitsbezogenen Informationen und Instandhaltungshinweise zu beachten. Satz 1 gilt entsprechend für die mit dem Medizinprodukt zur Anwendung miteinander verbundenen Medizinprodukte sowie Zubehör einschließlich Software und anderen Gegenständen.

§ 3 MPBetreibV Meldung von Vorkommnissen

Die Meldepflichten und sonstigen Verpflichtungen für Betreiber und Anwender im Zusammenhang mit dem Medizinprodukte-Beobachtungs- und -Meldesystem ergeben sich aus der Medizinprodukte-Sicherheitsplanverordnung.

§ 4 MPBetreibV Instandhaltung

(1) Der Betreiber darf nur Personen, Betriebe oder Einrichtungen mit der Instandhaltung (Wartung, Inspektion, Instandsetzung und Aufbereitung) von Medizinprodukten beauftragen, die die Sachkenntnis, Voraussetzungen und die erforderlichen Mittel zur ordnungsgemäßen Ausführung dieser Aufgabe besitzen.

(2) Die Aufbereitung von bestimmungsgemäß keimarm oder steril zur Anwendung kommenden Medizinprodukten ist unter Berücksichtigung der Angaben des Herstellers mit geeigneten validierten Verfahren so durchzuführen, dass der Erfolg dieser Verfahren nachvollziehbar gewährleistet ist und die Sicherheit und Gesundheit von Patienten, Anwendern oder Dritten nicht gefährdet wird. Dies gilt auch für Medizinprodukte, die vor der erstmaligen Anwendung desinfiziert oder sterilisiert werden. [...]

(3) Die Voraussetzungen nach Absatz 1 werden erfüllt, wenn die mit der Instandhaltung Beauftragten

1. auf Grund ihrer Ausbildung und praktischen Tätigkeit über die erforderlichen Sachkenntnisse bei der Instandhaltung von Medizinprodukten und
2. über die hierfür erforderlichen Räume einschließlich deren Beschaffenheit, Größe, Ausstattung und Einrichtung sowie über die erforderlichen Geräte und sonstigen Arbeitsmittel

verfügen und in der Lage sind, diese nach Art und Umfang ordnungsgemäß und nachvollziehbar durchzuführen.

(4) Nach Wartung oder Instandsetzung an Medizinprodukten müssen die für die Sicherheit und Funktionstüchtigkeit wesentlichen konstruktiven und funktionellen Merkmale geprüft werden, soweit sie durch die Instandhaltungsmaßnahmen beeinflusst werden können.

(5) Die durch den Betreiber mit den Prüfungen nach Absatz 4 beauftragten Personen, Betriebe oder Einrichtungen müssen die Voraussetzungen nach Absatz 3 erfüllen und bei der Durchführung und Auswertung der Prüfungen in ihrer fachlichen Beurteilung weisungsunabhängig sein.

§ 6 MPBetreibV Sicherheitstechnische Kontrollen

(1) Der Betreiber hat bei Medizinprodukten, für die der Hersteller sicherheitstechnische Kontrollen vorgeschrieben hat, diese nach den Angaben des Herstellers und den allgemein anerkannten Regeln der Technik sowie in den vom Hersteller angegebenen Fristen durchzuführen oder durchführen zu lassen. Soweit der Hersteller für die in der Anlage 1 aufgeführten Medizinprodukte keine sicherheitstechnischen Kontrollen vorgeschrieben und diese auch nicht ausdrücklich ausgeschlossen hat, hat der Betreiber sicherheitstechnische Kontrollen nach den allgemein anerkannten Regeln der Technik und zwar in solchen Fristen durchzuführen oder durchführen zu lassen, mit denen entsprechende Mängel, mit denen auf Grund der Erfahrungen gerechnet werden muss, rechtzeitig festgestellt werden können. Die Kontrollen nach Satz 2 sind jedoch spätestens alle zwei Jahre durchzuführen. Die sicherheitstechnischen Kontrollen schließen die Messfunktionen ein. Für andere Medizinprodukte, Zubehör, Software und andere Gegenstände, die der Betreiber bei Medizinprodukten nach den Sätzen 1 und 2 verbunden verwendet, gelten die Sätze 1 bis 4 entsprechend.

(2) Die zuständige Behörde kann im Einzelfall die Fristen nach Absatz 1 Satz 1 und 3 auf Antrag des Betreibers in begründeten Fällen verlängern, soweit die Sicherheit auf andere Weise gewährleistet ist.

(3) Über die sicherheitstechnische Kontrolle ist ein Protokoll anzufertigen, das das Datum der Durchführung und die Ergebnisse der sicherheitstechnischen Kontrolle unter Angabe der ermittelten Messwerte, der Messverfahren und sonstiger Beurteilungsergebnisse enthält. Das Protokoll hat der Betreiber zumindest bis zur nächsten sicherheitstechnischen Kontrolle aufzubewahren.

(4) Eine sicherheitstechnische Kontrolle darf nur durchführen, wer

1. auf Grund seiner Ausbildung, Kenntnisse und durch praktische Tätigkeit gewonnenen Erfahrungen die Gewähr für eine ordnungsgemäße Durchführung der sicherheitstechnischen Kontrollen bietet,
2. hinsichtlich der Kontrolltätigkeit keiner Weisung unterliegt und
3. über geeignete Mess- und Prüfeinrichtungen verfügt.

Die Voraussetzungen nach Satz 1 sind durch die Person, die sicherheitstechnische Kontrollen durchführt, auf Verlangen der zuständigen Behörde nachzuweisen.

(5) Der Betreiber darf nur Personen mit der Durchführung sicherheitstechnischer Kontrollen beauftragen, die die in Absatz 4 Satz 1 genannten Voraussetzungen erfüllen.

§ 7 MPBetreibV Medizinproduktebuch

(1) Für die in den Anlagen 1 und 2 aufgeführten Medizinprodukte hat der Betreiber ein Medizinproduktebuch mit den Angaben nach Absatz 2 Satz 1 zu führen. Für das Medizinproduktebuch sind alle Datenträger zulässig, sofern die in Absatz 2 Satz 1 genannten Angaben während der Dauer der Aufbewahrungsfrist verfügbar sind. Ein Medizinproduktebuch nach Satz 1 ist nicht für elektronische Fieberthermometer als Kompaktthermometer und Blutdruckmessgeräte mit Quecksilber- oder Aneroidmanometer zur nichtinvasiven Messung zu führen.

(2) In das Medizinproduktebuch sind folgende Angaben zu dem jeweiligen Medizinprodukt einzutragen [...]

§ 8 MPBetreibV Bestandsverzeichnis

(1) Der Betreiber hat für alle aktiven nichtimplantierbaren Medizinprodukte der jeweiligen Betriebsstätte ein Bestandsverzeichnis nach Absatz 2 Satz 1 zu führen. Die Aufnahme in ein Verzeichnis, das auf Grund anderer Vorschriften geführt wird, ist zulässig.

(2) In das Bestandsverzeichnis sind für jedes Medizinprodukt nach Absatz 1 folgende Angaben einzutragen [...]

§ 9 MPBetreibV Aufbewahrung der Gebrauchsanweisungen und der Medizinproduktebücher

(1) Die Gebrauchsanweisungen und die dem Medizinprodukt beigefügten Hinweise sind so aufzubewahren, dass die für die Anwendung des Medizinproduktes erforderlichen Angaben dem Anwender jederzeit zugänglich sind.

(2) Das Medizinproduktebuch ist so aufzubewahren, dass die Angaben dem Anwender während der Arbeitszeit zugänglich sind. Nach der Außerbetriebnahme des Medizinproduktes ist das Medizinproduktebuch noch fünf Jahre aufzubewahren.

10. Medizinproduktegesetz (MPG)

§ 1 MPG Zweck des Gesetzes

Zweck dieses Gesetzes ist es, den Verkehr mit Medizinprodukten zu regeln und dadurch für die Sicherheit, Eignung und Leistung der Medizinprodukte sowie die Gesundheit und den erforderlichen Schutz der Patienten, Anwender und Dritter zu sorgen.

§ 2 MPG Anwendungsbereich des Gesetzes

(1) Dieses Gesetz gilt für Medizinprodukte und deren Zubehör. Zubehör wird als eigenständiges Medizinprodukt behandelt.

(2) Dieses Gesetz gilt auch für das Anwenden, Betreiben und Instandhalten von Produkten, die nicht als Medizinprodukte in Verkehr gebracht wurden, aber mit der Zweckbestimmung eines Medizinproduktes im Sinne der Anlagen 1 und 2 der Medizinprodukte-Betreiberverordnung eingesetzt werden. Sie gelten als Medizinprodukte im Sinne dieses Gesetzes.

(3) Dieses Gesetz gilt auch für Produkte, die dazu bestimmt sind, Arzneimittel im Sinne des § 2 Abs. 1 des Arzneimittelgesetzes zu verabreichen. Werden die Medizinprodukte nach Satz 1 so in den Verkehr gebracht, dass Medizinprodukt und Arzneimittel ein einheitliches, miteinander verbundenes Produkt bilden, das ausschließlich zur Anwendung in dieser Verbindung bestimmt und nicht wiederverwendbar ist, gilt dieses Gesetz nur insoweit, als das Medizinprodukt die grundlegenden Anforderungen nach § 7 erfüllen muss, die sicherheits- und leistungsbezogene Produktfunktionen betreffen. Im Übrigen gelten die Vorschriften des Arzneimittelgesetzes.

[...]

§ 3 MPG Begriffsbestimmungen

1. Medizinprodukte sind alle einzeln oder miteinander verbunden verwendeten Instrumente, Apparate, Vorrichtungen, Software, Stoffe und Zubereitungen aus Stoffen oder andere Gegenstände einschließlich der vom Hersteller speziell zur Anwendung für diagnostische oder therapeutische Zwecke bestimmten und für ein einwandfreies Funktionieren des Medizinproduktes eingesetzten Software, die vom Hersteller zur Anwendung für Menschen mittels ihrer Funktionen zum Zwecke

a) der Erkennung, Verhütung, Überwachung, Behandlung oder Linderung von Krankheiten,
b) der Erkennung, Überwachung, Behandlung, Linderung oder Kompensierung von Verletzungen oder Behinderungen,
c) der Untersuchung, der Ersetzung oder der Veränderung des anatomischen Aufbaus oder eines physiologischen Vorgangs oder
d) der Empfängnisregelung

zu dienen bestimmt sind und deren bestimmungsgemäße Hauptwirkung im oder am menschlichen Körper weder durch pharmakologisch oder immunologisch wirkende Mittel noch durch Metabolismus erreicht wird, deren Wirkungsweise aber durch solche Mittel unterstützt werden kann.

2. Medizinprodukte sind auch Produkte nach Nummer 1, die einen Stoff oder eine Zubereitung aus Stoffen enthalten oder auf die solche aufgetragen sind, die bei gesonderter Verwendung als Arzneimittel im Sinne des § 2 Abs. 1 des Arzneimittelgesetzes angesehen werden können und die in Ergänzung zu den Funktionen des Produktes eine Wirkung auf den menschlichen Körper entfalten können.

[...]

§ 4 MPG Verbote zum Schutz von Patienten, Anwendern und Dritten

(1) Es ist verboten, Medizinprodukte in den Verkehr zu bringen, zu errichten, in Betrieb zu nehmen, zu betreiben oder anzuwenden, wenn

1. der begründete Verdacht besteht, dass sie die Sicherheit und die Gesundheit der Patienten, der Anwender oder Dritter bei sachgemäßer Anwendung, Instandhaltung und ihrer Zweckbestimmung entsprechender Verwendung über ein nach den Erkenntnissen der medizinischen Wissenschaften vertretbares Maß hinausgehend unmittelbar oder mittelbar gefährden oder
2. das Datum abgelaufen ist, bis zu dem eine gefahrlose Anwendung nachweislich möglich ist.

[...]

§ 14 MPG Errichten, Betreiben, Anwenden und Instandhalten von Medizinprodukten

Medizinprodukte dürfen nur nach Maßgabe der Rechtsverordnung nach § 37 Abs. 5 errichtet, betrieben, angewendet und in Stand gehalten werden. Sie dürfen nicht betrieben und angewendet werden, wenn sie Mängel aufweisen, durch die Patienten, Beschäftigte oder Dritte gefährdet werden können.

§ 26 MPG Durchführung der Überwachung

(1) Betriebe und Einrichtungen mit Sitz in Deutschland, in denen Medizinprodukte hergestellt, klinisch geprüft, einer Leistungsbewertungsprüfung unterzogen, verpackt, ausgestellt, in den Verkehr gebracht, errichtet, betrieben, angewendet oder Medizinprodukte, die bestimmungsgemäß keimarm oder steril zur Anwendung kommen, aufbereitet werden, unterliegen insoweit der Überwachung durch die zuständigen Behörden. Dies gilt auch für Sponsoren und Personen, die die in Satz 1 genannten Tätigkeiten geschäftsmäßig ausüben, sowie für Personen und Personenvereinigungen, die Medizinprodukte für andere sammeln.

(2) Die zuständige Behörde hat sich davon zu überzeugen, dass die Vorschriften über Medizinprodukte und die Werbung auf dem Gebiet des Heilwesens beachtet werden. Sie prüft in angemessenem Umfang unter besonderer Berücksichtigung möglicher Risiken, ob die Voraussetzungen zum Inverkehrbringen, zur Inbetriebnahme, zum Errichten, Betreiben und Anwenden erfüllt sind. Satz 2 gilt entsprechend für die Überwachung von klinischen Prüfungen und von Leistungsbewertungsprüfungen sowie für die Überwachung der Aufbereitung von Medizinprodukten, die bestimmungsgemäß keimarm oder steril angewendet werden. Die zuständige Behörde ergreift die Maßnahmen, die notwendig sind, um festgestellte Verstöße zu beseitigen und künftigen Verstößen vorzubeugen.

[...]

(3) Die mit der Überwachung beauftragten Personen sind befugt,

1. Grundstücke, Geschäftsräume, Betriebsräume, Beförderungsmittel und zur Verhütung drohender Gefahr für die öffentliche Sicherheit und Ordnung auch Wohnräume zu den üblichen Geschäftszeiten zu betreten und zu besichtigen, in denen eine Tätigkeit nach Absatz 1 ausgeübt wird; das Grundrecht der Unverletzlichkeit der Wohnung (Art. 13 Grundgesetz) wird insoweit eingeschränkt,

2. Medizinprodukte zu prüfen, insbesondere hierzu in Betrieb nehmen zu lassen, sowie Proben unentgeltlich zu entnehmen,
3. Unterlagen über die Entwicklung, Herstellung, Prüfung, klinische Prüfung, Leistungsbewertungsprüfung oder Erwerb, Aufbereitung, Lagerung, Verpackung, Inverkehrbringen und sonstigen Verbleib der Medizinprodukte sowie über das im Verkehr befindliche Werbematerial einzusehen und hieraus in begründeten Fällen Abschriften oder Ablichtungen anzufertigen,
4. alle erforderlichen Auskünfte, insbesondere über die in Nummer 3 genannten Betriebsvorgänge, zu verlangen.

(4) Wer der Überwachung nach Absatz 1 unterliegt, hat Maßnahmen nach Absatz 3 Satz 1 Nummer 1 bis 3 zu dulden und die beauftragten Personen sowie die sonstigen in der Überwachung tätigen Personen bei der Erfüllung ihrer Aufgaben zu unterstützen. Dies beinhaltet insbesondere die Verpflichtung, diesen Personen die Medizinprodukte zugänglich zu machen, erforderliche Prüfungen zu gestatten, hierfür benötigte Mitarbeiter und Hilfsmittel bereitzustellen, Auskünfte zu erteilen und Unterlagen vorzulegen.

(5) Der im Rahmen der Überwachung zur Auskunft Verpflichtete kann die Auskunft auf solche Fragen verweigern, deren Beantwortung ihn selbst oder einen seiner in § 383 Abs. 1 Nr. 1 bis 3 der Zivilprozessordnung bezeichneten Angehörigen der Gefahr strafrechtlicher Verfolgung oder eines Verfahrens nach dem Gesetz über Ordnungswidrigkeiten aussetzen würde.

[...]

§ 28 MPG Verfahren zum Schutze vor Risiken

(1) Die nach diesem Gesetz zuständige Behörde trifft alle erforderlichen Maßnahmen zum Schutze der Gesundheit und zur Sicherheit von Patienten, Anwendern und Dritten vor Gefahren durch Medizinprodukte, soweit nicht das Atomgesetz oder eine darauf gestützte Rechtsverordnung für Medizinprodukte, die ionisierende Strahlen erzeugen oder radioaktive Stoffe enthalten, für die danach zuständige Behörde entsprechende Befugnisse vorsieht.

(2) Die zuständige Behörde ist insbesondere befugt, Anordnungen, auch über die Schließung des Betriebs oder der Einrichtung, zu treffen, soweit es zur Abwehr einer drohenden Gefahr für die öffentliche Gesundheit, Sicherheit oder Ordnung geboten ist. Sie kann das Inverkehrbringen, die Inbetriebnahme, das Betreiben, die Anwendung der Medizinprodukte sowie den Beginn oder die weitere Durchführung der klinischen Prüfung oder der

Leistungsbewertungsprüfung untersagen, beschränken oder von der Einhaltung bestimmter Auflagen abhängig machen oder den Rückruf oder die Sicherstellung der Medizinprodukte anordnen. Sie unterrichtet hiervon die übrigen zuständigen Behörden in Deutschland, die zuständige Bundesoberbehörde und das Bundesministerium für Gesundheit.

[…]

11. Musterberufsordnung für die deutschen Ärztinnen und Ärzte (MBO)

§ 9 MBO Schweigepflicht

(1) Ärztinnen und Ärzte haben über das, was ihnen in ihrer Eigenschaft als Ärztin oder Arzt anvertraut oder bekannt geworden ist – auch über den Tod der Patientin oder des Patienten hinaus – zu schweigen. Dazu gehören auch schriftliche Mitteilungen der Patientin oder des Patienten, Aufzeichnungen über Patientinnen und Patienten, Röntgenaufnahmen und sonstige Untersuchungsbefunde.

(2) Ärztinnen und Ärzte sind zur Offenbarung befugt, soweit sie von der Schweigepflicht entbunden worden sind oder soweit die Offenbarung zum Schutze eines höherwertigen Rechtsgutes erforderlich ist. Gesetzliche Aussage- und Anzeigepflichten bleiben unberührt. Soweit gesetzliche Vorschriften die Schweigepflicht der Ärztin oder des Arztes einschränken, soll die Ärztin oder der Arzt die Patientin oder den Patienten darüber unterrichten.

(3) Ärztinnen und Ärzte haben ihre Mitarbeiterinnen und Mitarbeiter und die Personen, die zur Vorbereitung auf den Beruf an der ärztlichen Tätigkeit teilnehmen, über die gesetzliche Pflicht zur Verschwiegenheit zu belehren und dies schriftlich festzuhalten.

(4) Wenn mehrere Ärztinnen und Ärzte gleichzeitig oder nacheinander dieselbe Patientin oder denselben Patienten untersuchen oder behandeln, so sind sie untereinander von der Schweigepflicht insoweit befreit, als das Einverständnis der Patientin oder des Patienten vorliegt oder anzunehmen ist.

12. Notfallsanitäter-Ausbildungs- und Prüfungsverordnung (NotSanAPrV)

Abschnitt 1 – Ausbildung und allgemeine Prüfungsbestimmungen

§ 1 NotSanAPrV Gliederung der Ausbildung, Gliederung der Ergänzungsausbildung

(1) Die Ausbildung zur Notfallsanitäterin oder zum Notfallsanitäter nach § 5 Absatz 1 Satz 2 des Notfallsanitätergesetzes umfasst mindestens

1. den in Anlage 1 aufgeführten theoretischen und praktischen Unterricht mit einem Umfang von 1920 Stunden,
2. die in der Anlage 2 aufgeführte praktische Ausbildung in genehmigten Lehrrettungswachen mit einem Umfang von 1960 Stunden und
3. die in Anlage 3 aufgeführte praktische Ausbildung in geeigneten Krankenhäusern mit einem Umfang von 720 Stunden.

(2) Die Ausbildung kann wie folgt strukturiert werden:

1. im ersten Halbjahr der Ausbildung Erwerb einer Mindestqualifikation für den Einsatz im Rettungsdienst, die sich auf die Grundlagen des Rettungsdienstes erstreckt,
2. im zweiten Halbjahr der Ausbildung Erwerb der für die Durchführung und Organisation von Krankentransporten notwendigen Kenntnisse und Fertigkeiten sowie erste Einführung in die Notfallrettung,
3. im zweiten Jahr der Ausbildung Erwerb der für die Durchführung und Organisation von Einsätzen in der Notfallrettung erforderlichen Kenntnisse und Fertigkeiten,
4. im dritten Jahr der Ausbildung Erwerb einer fachübergreifenden Qualifikation, die der Vertiefung der Kenntnisse und Fertigkeiten im Rettungsdienst, besonders der Notfallrettung, mit dem Ziel der verantwortlichen Übernahme des Notfalleinsatzes dient, sowie Kennenlernen besonderer Einsatzbereiche.

(3) Die weitere Ausbildung nach § 32 Absatz 2 Satz 2 des Notfallsanitätergesetzes

1. dient dem Erwerb der Kenntnisse und Fertigkeiten, in denen sich die Qualifikation nach dem Rettungsassistentengesetz von der im Notfallsanitätergesetz und in dieser Verordnung geregelten Qualifikation unterscheidet, sowie
2. der Vorbereitung auf die staatliche Ergänzungsprüfung.

Die Ausbildung nach Satz 1 besteht zu zwei Dritteln der nach § 32 Absatz 2 Satz 2 Nummer 1 oder Nummer 2 des Notfallsanitätergesetzes vorgeschriebenen Stunden aus theoretischem und praktischem Unterricht sowie zu einem Drittel aus einer praktischen Ausbildung und erstreckt sich auf die in Anlage 4 aufgeführten Inhalte. § 2 gilt entsprechend.

(4) Die regelmäßige und erfolgreiche Teilnahme an den Ausbildungsveranstaltungen nach Absatz 1 oder Absatz 3 ist durch eine Bescheinigung nach dem Muster der Anlage 5 nachzuweisen.

§ 2 NotSanAPrV Theoretischer und praktischer Unterricht, praktische Ausbildung

(1) Durch den Unterricht nach § 1 Absatz 1 Nummer 1 werden die Schülerinnen und Schülern befähigt, auf der Grundlage fachlichen Wissens und Könnens sowie auf der Grundlage des allgemein anerkannten Standes rettungsdienstlicher, medizinischer und weiterer bezugswissenschaftlicher Erkenntnisse die anfallenden Aufgaben zielorientiert, sachgerecht, methodengeleitet und selbständig zu lösen sowie das Ergebnis zu beurteilen. Während des Unterrichts ist die Entwicklung der zur Ausübung des Berufs erforderlichen Personal-, Sozial- und Selbstkompetenz zu fördern. Daneben muss den Schülerinnen und Schülern ausreichend Möglichkeit gegeben werden, die zur Erreichung des Ausbildungsziels nach § 4 des Notfallsanitätergesetzes erforderlichen Fertigkeiten zu entwickeln und einzuüben.

(2) Durch die praktische Ausbildung nach § 1 Absatz 1 Nummer 2 und 3 werden die Schülerinnen und Schüler befähigt, die im Unterricht nach Absatz 1 erworbenen Kenntnisse zu vertiefen und zu lernen, diese Kenntnisse bei der späteren beruflichen Tätigkeit anzuwenden, um die zur Erreichung des Ausbildungsziels nach § 4 des Notfallsanitätergesetzes erforderliche Handlungskompetenz zu entwickeln.

§ 3 NotSanAPrV Praxisanleitung; Praxisbegleitung

(1) Die Einrichtungen der praktischen Ausbildung stellen die Praxisanleitung der Schülerinnen und Schüler nach § 5 Absatz 3 Satz 3 des Notfallsanitätergesetzes durch geeignete Fachkräfte gemäß Satz 2 sicher. Zur Praxisanleitung geeignet sind Personen, die

1. im Fall der praktischen Ausbildung nach Anlage 2
   a) eine Erlaubnis nach § 1 des Notfallsanitätergesetzes besitzen oder nach § 30 des Notfallsanitätergesetzes zur Weiterführung der Berufs-

bezeichnung „Rettungsassistentin“ oder „Rettungsassistent“ berechtigt sind,

b) über eine Berufserfahrung als Notfallsanitäterin oder Notfallsanitäter von mindestens zwei Jahren verfügen sowie

c) über eine berufspädagogische Zusatzqualifikation im Umfang von mindestens 200 Stunden verfügen,

2. im Falle der praktischen Ausbildung nach Anlage 3 gemäß § 2 Absatz 2 Satz 4 oder 6 der Ausbildungs- und Prüfungsverordnung für die Berufe in der Krankenpflege als zur Praxisanleitung geeignet anerkannt sind, soweit die Inhalte der praktischen Ausbildung nicht eine ärztliche Anleitung erfordern; in diesen Fällen erfolgt die Praxisanleitung durch qualifizierte Ärztinnen und Ärzte.

Die zuständige Behörde kann bis zu fünf Jahre nach Inkrafttreten dieser Verordnung Ausnahmen vom Umfang der berufspädagogischen Zusatzqualifikation nach Satz 2 Nummer 1 Buchstabe c zulassen. Bis zum Ablauf von sieben Jahren nach Inkrafttreten dieser Verordnung ist zur Erfüllung der Voraussetzung nach Satz 2 Nummer 1 Buchstabe b auch eine zweijährige Berufserfahrung als Rettungsassistentin oder Rettungsassistent ausreichend.

(2) Aufgabe der praxisanleitenden Personen ist es, die Schülerinnen und Schüler schrittweise an die eigenständige Wahrnehmung der beruflichen Aufgaben heranzuführen und die Verbindung zwischen dem theoretischen und praktischen Unterricht an der Schule mit der praktischen Ausbildung zu gewährleisten. Hierbei haben sie den Schülerinnen und Schülern Gelegenheit zu geben, die im Unterricht erworbenen Kenntnisse zu vertiefen und zu lernen, diese Kenntnisse bei der späteren beruflichen Tätigkeit anzuwenden. Praxisanleitende Personen nach Absatz 1 Satz 2 Nummer 1 haben zudem Notfallsanitäterinnen und Notfallsanitäter oder Rettungsassistentinnen und Rettungsassistenten vorzuschlagen, die die Schülerinnen und Schüler während ihrer Teilnahme an regulären, dienstplanmäßigen Einsatzdiensten im Sinne des § 13 Absatz 2 Satz 2 des Notfallsanitätergesetzes betreuen. Nach Ablauf von fünf Jahren nach Inkrafttreten dieser Verordnung dürfen praktische Einsätze im Sinne des Satzes 2 nur noch von Notfallsanitäterinnen und Notfallsanitätern betreut werden.

(3) Zur Erfüllung der Aufgaben nach Absatz 2 Satz 1 und 2 ist ein für das jeweilige Einsatzgebiet angemessenes Verhältnis zwischen der Zahl der Schülerinnen und Schüler und der Zahl der praxisanleitenden Personen in dem jeweiligen Aufgaben- und Funktionsbereich der Anlagen 2 und 3 sicherzustellen.

(4) Die Schulen stellen die Praxisbegleitung der Schülerinnen und Schüler in den Einrichtungen der praktischen Ausbildung nach § 5 Absatz 2 Satz 3 des Notfallsanitätergesetzes durch Lehrkräfte der Schulen sicher. Hierzu ist eine regelmäßige persönliche Anwesenheit der praxisbegleitenden Personen in den Einrichtungen zu gewährleisten. Aufgabe der Praxisbegleitung ist es,

1. die Schülerinnen und Schüler in den Einrichtungen der praktischen Ausbildung zu betreuen und
2. die praxisanleitenden Personen zu beraten sowie sie bei der Erfüllung ihrer Aufgaben nach Absatz 2 Satz 1 und 2 zu unterstützen.

§ 4 NotSanAPrV Staatliche Prüfung, staatliche Ergänzungsprüfung

(1) Die staatliche Prüfung für die Ausbildung nach § 1 Absatz 1 umfasst jeweils einen schriftlichen, einen mündlichen und einen praktischen Teil.

(2) Der Prüfling legt die Prüfung bei der Schule ab, an der er die Ausbildung abschließt. Die zuständige Behörde, in deren Bereich die Prüfung oder ein Teil der Prüfung abgelegt werden soll, kann aus wichtigem Grund Ausnahmen zulassen.

(3) Die staatliche Ergänzungsprüfung nach § 32 Absatz 2 Satz 1 des Notfallsanitätergesetzes umfasst einen mündlichen und einen praktischen Teil.

(4) Die staatliche Ergänzungsprüfung nach § 32 Absatz 2 Satz 1 des Notfallsanitätergesetzes findet an der Schule statt, an der der Prüfling an der weiteren Ausbildung teilgenommen hat. Hat der Prüfling an keiner weiteren Ausbildung teilgenommen, bestimmt die zuständige Behörde die Schule, an der er die staatliche Ergänzungsprüfung ablegt. Die zuständige Behörde kann festlegen, dass die staatliche Ergänzungsprüfung nur durchgeführt wird, wenn daran mindestens 15 Prüflinge teilnehmen.

§ 6 NotSanAPrV Zulassung zur Prüfung

(1) Die oder der Vorsitzende des Prüfungsausschusses entscheidet auf Antrag des Prüflings über die Zulassung zur Prüfung und setzt die Prüfungstermine im Benehmen mit der Schulleiterin oder dem Schulleiter fest. Der Prüfungsbeginn der staatlichen Prüfung soll nicht früher als drei Monate vor dem Ende der Ausbildung liegen; im Fall der staatlichen Ergänzungsprüfung darf die Prüfung erst nach dem vollständigen Abschluss der wei-

teren Ausbildung durchgeführt werden. Satz 2 zweiter Halbsatz gilt nicht, wenn der Prüfling keine weitere Ausbildung abgeleistet hat.

(2) Die Zulassung zur Prüfung wird erteilt, wenn folgende Nachweise vorliegen:
1. ein Identitätsnachweis des Prüflings in amtlich beglaubigter Abschrift,
2. die Bescheinigung nach § 1 Absatz 4 über die Teilnahme an den Ausbildungsveranstaltungen,
3. im Fall der staatlichen Ergänzungsprüfung oder der staatlichen Prüfung auf Grund des § 32 Absatz 2 Satz 4 des Notfallsanitätergesetzes zusätzlich der Nachweis über die Erlaubnis zur Führung der Berufsbezeichnung „Rettungsassistentin“ oder „Rettungsassistent“ sowie der Nachweis der Berufstätigkeit.

Satz 1 Nummer 2 gilt nicht für Personen, die auf Grund des § 32 Absatz 2 Satz 1 oder Satz 4 des Notfallsanitätergesetzes die staatliche Ergänzungsprüfung oder die staatliche Prüfung ohne weitere Ausbildung ablegen.

(3) Die Zulassung zur staatlichen Prüfung sowie die Prüfungstermine sollen dem Prüfling spätestens zwei Wochen, im Fall der staatlichen Ergänzungsprüfung spätestens vier Wochen, vor Prüfungsbeginn schriftlich mitgeteilt werden.

Abschnitt 6 – Übergangs- und Schlussvorschriften

§ 25 NotSanAPrV Übergangsvorschrift

Eine bis einschließlich 31. Dezember 2014 begonnene Ausbildung zur Rettungsassistentin oder zum Rettungsassistenten wird nach den bisher geltenden Vorschriften abgeschlossen.

§ 26 NotSanAPrV Inkrafttreten, Außerkrafttreten

Diese Verordnung tritt am 1. Januar 2014 in Kraft. Die Ausbildungs- und Prüfungsverordnung für Rettungsassistentinnen und Rettungsassistenten vom 7. November 1989 (BGBl. I S. 1966), die zuletzt durch Artikel 20 des Gesetzes vom 2. Dezember 2007 (BGBl. I S. 2686) geändert worden ist, tritt mit Ablauf des 31. Dezember 2014 außer Kraft. […]

13. Notfallsanitätergesetz (NotSanG)

Abschnitt 1 – Erlaubnis zum Führen der Berufsbezeichnung

§ 1 NotSanG Führen der Berufsbezeichnung

(1) Wer die Berufsbezeichnung „Notfallsanitäterin“ oder „Notfallsanitäter“ führen will, bedarf der Erlaubnis.

(2) Notfallsanitäterinnen und Notfallsanitäter, die Staatsangehörige eines Vertragsstaates des Europäischen Wirtschaftsraumes sind, führen die Berufsbezeichnung nach Absatz 1 im Geltungsbereich dieses Gesetzes ohne Erlaubnis, sofern sie ihre Berufstätigkeit als vorübergehende und gelegentliche Dienstleistung im Sinne des Art. 57 des Vertrages über die Arbeitsweise der Europäischen Union im Geltungsbereich dieses Gesetzes ausüben. Sie unterliegen jedoch der Meldepflicht und Nachprüfung nach diesem Gesetz. Gleiches gilt für Drittstaaten und Drittstaatsangehörige, soweit sich hinsichtlich der Anerkennung von Ausbildungsnachweisen nach dem Recht der Europäischen Union eine Gleichstellung ergibt.

§ 2 NotSanG Voraussetzungen für die Erteilung der Erlaubnis

(1) Die Erlaubnis, die Berufsbezeichnung „Notfallsanitäterin“ oder „Notfallsanitäter“ zu führen, ist auf Antrag zu erteilen, wenn die antragstellende Person

1. die durch dieses Gesetz vorgeschriebene Ausbildungszeit abgeleistet und die staatliche Prüfung bestanden hat,
2. sich nicht eines Verhaltens schuldig gemacht hat, aus dem sich die Unzuverlässigkeit zur Ausübung des Berufs ergibt,
3. nicht in gesundheitlicher Hinsicht zur Ausübung des Berufs ungeeignet ist und
4. über die für die Ausübung des Berufs erforderlichen Kenntnisse der deutschen Sprache verfügt.

(2) Die Erlaubnis ist zurückzunehmen, wenn bei Erteilung der Erlaubnis eine der Voraussetzungen nach Absatz 1 Nummer 1 bis 3 nicht vorgelegen hat oder die Ausbildung nach den Absätzen 3 bis 5 nicht abgeschlossen war. Die Erlaubnis ist zu widerrufen, wenn nachträglich die Voraussetzung nach Absatz 1 Nummer 2 weggefallen ist. Die Erlaubnis kann widerrufen werden, wenn nachträglich die Erlaubnis nach Absatz 1 Nummer 3 weggefallen ist.

(3) Vorbehaltlich der Absätze 4 und 5 erfüllt eine außerhalb des Geltungsbereichs dieses Gesetzes und außerhalb eines anderen Vertragsstaats des Europäischen Wirtschaftsraums erworbene abgeschlossene Ausbildung die Voraussetzungen des Absatzes 1 Nummer 1, wenn die Gleichwertigkeit des Ausbildungsstandes gegeben ist. Der Ausbildungsstand ist als gleichwertig anzusehen, wenn die Ausbildung der antragstellenden Person keine wesentlichen Unterschiede gegenüber der in diesem Gesetz und in der Ausbildungs- und Prüfungsverordnung für Notfallsanitäterinnen und Notfallsanitäter geregelten Ausbildung aufweist. Wesentliche Unterschiede im Sinne des Satzes 2 liegen vor, wenn

1. die von der antragstellenden Person nachgewiesene Ausbildungsdauer mindestens ein Jahr unter der in diesem Gesetz geregelten Ausbildungsdauer liegt,
2. die Ausbildung der antragstellenden Person sich auf Themenbereiche bezieht, die sich wesentlich von denen unterscheiden, die durch die Ausbildung nach diesem Gesetz und der Ausbildungs- und Prüfungsverordnung für Notfallsanitäterinnen und Notfallsanitäter vorgeschrieben sind,
3. der Beruf des Notfallsanitäters eine oder mehrere reglementierte Tätigkeiten umfasst, die im Herkunftsstaat der antragstellenden Person nicht Bestandteil des Berufs sind, der dem des Notfallsanitäters entspricht, und wenn dieser Unterschied in einer besonderen Ausbildung besteht, die nach diesem Gesetz und der Ausbildungs- und Prüfungsverordnung für Notfallsanitäterinnen und Notfallsanitäter gefordert wird und sich auf Themenbereiche bezieht, die sich wesentlich von denen unterscheiden, die von dem Ausbildungsnachweis abgedeckt werden, den die antragstellende Person vorlegt, oder
4. der Ausbildungsnachweis der antragstellenden Person lediglich eine Ausbildung auf dem in Art. 11 Buchstabe b der Richtlinie genannten Niveau bescheinigt.

Themenbereiche unterscheiden sich wesentlich, wenn deren Kenntnis eine grundlegende Voraussetzung für die Ausübung des Berufs ist und die Ausbildung der antragstellenden Person bedeutende Abweichungen hinsichtlich Dauer oder Inhalt gegenüber der deutschen Ausbildung aufweist. Wesentliche Unterschiede können ganz oder teilweise durch Kenntnisse ausgeglichen werden, die die antragstellende Person im Rahmen ihrer Berufspraxis als Notfallsanitäterin oder Notfallsanitäter erworben hat; dabei ist es nicht entscheidend, in welchem Staat die antragstellende Person berufstätig war. Ist die Gleichwertigkeit des Ausbildungsstandes nicht gegeben oder kann sie nur mit unangemessenem zeitlichen oder sachlichen

Aufwand festgestellt werden, weil die erforderlichen Unterlagen und Nachweise aus Gründen, die nicht in der Person der antragstellenden Person liegen, von dieser nicht vorgelegt werden können, ist ein gleichwertiger Kenntnisstand nachzuweisen. Dieser Nachweis wird durch eine Kenntnisprüfung, die sich auf den Inhalt der staatlichen Abschlussprüfung erstreckt, oder einen höchstens dreijährigen Anpassungslehrgang erbracht, der mit einer Prüfung über den Inhalt des Anpassungslehrgangs abschließt. Die antragstellende Person hat das Recht, zwischen der Kenntnisprüfung und dem Anpassungslehrgang zu wählen.

(4) Für eine antragstellende Person, die eine Erlaubnis nach § 1 Abs. 1 anstrebt, gilt die Voraussetzung des Absatzes 1 Nummer 1 als erfüllt, wenn aus einem in einem anderen Vertragsstaat des Europäischen Wirtschaftsraumes erworbenen Diplom hervorgeht, dass sie eine Ausbildung erworben hat, die in diesem Staat für den unmittelbaren Zugang zu einem Beruf erforderlich ist, der dem Beruf des Notfallsanitäters entspricht. Diplome im Sinne dieses Gesetzes sind Ausbildungsnachweise gemäß Art. 3 Abs. 1 Buchstabe c der Richtlinie 2005/36/EG des Europäischen Parlaments und des Rates vom 7. September 2005 über die Anerkennung von Berufsqualifikationen (ABl. L 255 vom 30.9.2005, S. 22, L 271 vom 16.10.2007, S. 18) in der jeweils geltenden Fassung, die dem in Art. 11 Buchstabe c oder Buchstabe d der Richtlinie genannten Niveau entsprechen. Satz 2 gilt auch für Ausbildungsnachweise oder eine Gesamtheit von Ausbildungsnachweisen, die von einer zuständigen Behörde in einem Mitgliedstaat ausgestellt wurden, sofern sie eine in der Europäischen Union erworbene abgeschlossene Ausbildung bescheinigen, von diesem Mitgliedstaat als gleichwertig anerkannt wurden und in Bezug auf die Aufnahme oder Ausübung des Berufs des Notfallsanitäters dieselben Rechte verleihen oder auf die Ausübung dieses Berufs vorbereiten. Satz 2 gilt ferner für Berufsqualifikationen, die zwar nicht den Erfordernissen der Rechts- oder Verwaltungsvorschriften des Herkunftsmitgliedstaats für die Aufnahme oder Ausübung des Berufs des Notfallsanitäters entsprechen, ihrer Inhaberin oder ihrem Inhaber jedoch nach dem Recht des Herkunftsmitgliedstaats erworbene Rechte nach den dort maßgeblichen Vorschriften verleihen. Wenn die Ausbildung der antragstellenden Person mit einem Ausbildungsnachweis aus einem Vertragsstaat des Europäischen Wirtschaftsraums wesentliche Unterschiede gegenüber der in diesem Gesetz und in der Ausbildungs- und Prüfungsverordnung für Notfallsanitäterinnen und Notfallsanitäter geregelten Ausbildung aufweist, hat die antragstellende Person einen höchstens dreijährigen Anpassungslehrgang zu absolvieren oder eine Eignungsprüfung abzulegen, die sich auf die festgestellten wesentlichen Unterschiede erstrecken. Ab-

satz 3 Satz 3 bis 5 gilt entsprechend. Die antragstellende Person hat das Recht, zwischen dem Anpassungslehrgang und der Eignungsprüfung zu wählen. Die Sätze 5 bis 7 gelten auch für eine antragstellende Person, die über einen Ausbildungsnachweis als Notfallsanitäter verfügt, der in einem anderen als den in Satz 1 genannten Staaten (Drittstaat) ausgestellt ist und den ein anderer der in Satz 1 genannten Staaten anerkannt hat.

(5) Absatz 4 gilt entsprechend für Drittstaatsdiplome, für deren Anerkennung sich nach dem Recht der Europäischen Union eine Gleichstellung ergibt.

(6) Das Berufsqualifikationsfeststellungsgesetz findet mit Ausnahme des § 17 keine Anwendung.

(7) Die Länder können vereinbaren, dass die Aufgaben nach den Absätzen 3 bis 5 und nach § 3 Abs. 1 von einem anderen Land oder einer gemeinsamen Einrichtung wahrgenommen werden.

(8) Die Bundesregierung überprüft die Regelung zu den Anerkennungsverfahren nach diesem Gesetz und berichtet nach Ablauf von drei Jahren dem Deutschen Bundestag.

§ 3 NotSanG Unterrichtungspflichten

(1) Die zuständigen Behörden des Landes, in dem der Beruf des Notfallsanitäters ausgeübt wird oder zuletzt ausgeübt worden ist, unterrichten die zuständigen Behörden des Herkunftsmitgliedstaats über das Vorliegen strafrechtlicher Sanktionen, über die Rücknahme, den Widerruf und die Anordnung des Ruhens der Erlaubnis, über die Untersagung der Ausübung der Tätigkeit und über Tatsachen, die eine dieser Sanktionen oder Maßnahmen rechtfertigen würden; dabei sind die Vorschriften zum Schutz personenbezogener Daten einzuhalten. Erhalten die zuständigen Behörden der Länder Auskünfte von den zuständigen Behörden der Aufnahmemitgliedstaaten, die sich auf die Ausübung des Berufs des Notfallsanitäters auswirken könnten, so prüfen sie die Richtigkeit der Sachverhalte, befinden über Art und Umfang der durchzuführenden Prüfungen und unterrichten den Aufnahmemitgliedstaat über die Konsequenzen, die aus den übermittelten Auskünften zu ziehen sind.

(2) Das Bundesministerium für Gesundheit benennt nach Mitteilung der Länder die Behörden und Stellen, die für die Ausstellung oder Entgegennahme der in der Richtlinie 2005/36/EG genannten Ausbildungsnachweise und sonstigen Unterlagen oder Informationen zuständig sind, sowie die Be-

hörden und Stellen, die die Anträge annehmen und Entscheidungen treffen können, die im Zusammenhang mit dieser Richtlinie stehen. Es unterrichtet die anderen Mitgliedstaaten und die Europäische Kommission unverzüglich über die Benennung.

(3) Die für die Entscheidungen nach diesem Gesetz zuständigen Behörden und Stellen übermitteln dem Bundesministerium für Gesundheit statistische Aufstellungen über die getroffenen Entscheidungen, die die Europäische Kommission für den nach Art. 60 Abs. 1 der Richtlinie 2005/36/EG erforderlichen Bericht benötigt, zur Weiterleitung an die Kommission.

Abschnitt 2 – Ausbildung

§ 4 NotSanG Ausbildungsziel

(1) Die Ausbildung zur Notfallsanitäterin oder zum Notfallsanitäter soll entsprechend dem allgemein anerkannten Stand rettungsdienstlicher, medizinischer und weiterer bezugswissenschaftlicher Erkenntnisse fachliche, personale, soziale und methodische Kompetenzen zur eigenverantwortlichen Durchführung und teamorientierten Mitwirkung insbesondere bei der notfallmedizinischen Versorgung und dem Transport von Patientinnen und Patienten vermitteln. Dabei sind die unterschiedlichen situativen Einsatzbedingungen zu berücksichtigen. Die Ausbildung soll die Notfallsanitäterinnen und Notfallsanitäter außerdem in die Lage versetzen, die Lebenssituation und die jeweilige Lebensphase der Erkrankten und Verletzten und sonstigen Beteiligten sowie deren Selbständigkeit und Selbstbestimmung in ihr Handeln mit einzubeziehen.

(2) Die Ausbildung nach Absatz 1 soll insbesondere dazu befähigen,
1. die folgenden Aufgaben eigenverantwortlich auszuführen:
   a) Feststellen und Erfassen der Lage am Einsatzort und unverzügliche Einleitung notwendiger allgemeiner Maßnahmen zur Gefahrenabwehr,
   b) Beurteilen des Gesundheitszustandes von erkrankten und verletzten Personen, insbesondere Erkennen einer vitalen Bedrohung, Entscheiden über die Notwendigkeit, eine Notärztin oder einen Notarzt, weiteres Personal, weitere Rettungsmittel oder sonstige ärztliche Hilfe nachzufordern, sowie Umsetzen der erforderlichen Maßnahmen,
   c) Durchführen medizinischer Maßnahmen der Erstversorgung bei Patientinnen und Patienten im Notfalleinsatz und dabei Anwenden von in der Ausbildung erlernten und beherrschten, auch invasiven Maß-

nahmen, um einer Verschlechterung der Situation der Patientinnen und Patienten bis zum Eintreffen der Notärztin oder des Notarztes oder dem Beginn einer weiteren ärztlichen Versorgung vorzubeugen, wenn ein lebensgefährlicher Zustand vorliegt oder wesentliche Folgeschäden zu erwarten sind,

d) angemessenes Umgehen mit Menschen in Notfall- und Krisensituationen,
e) Herstellen und Sichern der Transportfähigkeit der Patientinnen und Patienten im Notfalleinsatz,
f) Auswählen des geeigneten Transportzielortes sowie Überwachen des medizinischen Zustands der Patientinnen und Patienten und seiner Entwicklung während des Transports,
g) sachgerechtes Übergeben der Patientinnen und Patienten in die ärztliche Weiterbehandlung einschließlich Beschreiben und Dokumentieren ihres medizinischen Zustandes und seiner Entwicklung,
h) Kommunizieren mit am Einsatz beteiligten oder zu beteiligenden Personen, Institutionen oder Behörden,
i) Durchführen von qualitätssichernden und organisatorischen Maßnahmen im Rettungsdienst sowie Dokumentieren der angewendeten notfallmedizinischen und einsatztaktischen Maßnahmen und
j) Sicherstellen der Einsatz- und Betriebsfähigkeit der Rettungsmittel einschließlich Beachten sowie Einhalten der Hygienevorschriften und rechtlichen Arbeits- und Unfallschutzvorschriften,

2. die folgenden Aufgaben im Rahmen der Mitwirkung auszuführen:
   a) Assistieren bei der ärztlichen Notfall- und Akutversorgung von Patientinnen und Patienten im Notfalleinsatz,
   b) eigenständiges Durchführen ärztlich veranlasster Maßnahmen bei Patientinnen und Patienten im Notfalleinsatz und
   c) eigenständiges Durchführen von heilkundlichen Maßnahmen, die vom Ärztlichen Leiter Rettungsdienst oder entsprechend verantwortlichen Ärztinnen oder Ärzten bei bestimmten notfallmedizinischen Zustandsbildern und -situationen standardmäßig vorgegeben, überprüft und verantwortet werden,
3. mit anderen Berufsgruppen und Menschen am Einsatzort, beim Transport und bei der Übergabe unter angemessener Berücksichtigung der Gesamtlage vom individualmedizinischen Einzelfall bis zum Großschadens- und Katastrophenfall patientenorientiert zusammenzuarbeiten.

§ 5 NotSanG Dauer und Struktur der Ausbildung

(1) Die Ausbildung für Notfallsanitäterinnen und Notfallsanitäter dauert unabhängig vom Zeitpunkt der staatlichen Prüfung in Vollzeitform drei Jahre, in Teilzeitform höchstens fünf Jahre. Sie besteht aus theoretischem und praktischem Unterricht und einer praktischen Ausbildung. Die Ausbildung schließt mit einer staatlichen Prüfung ab.

(2) Der theoretische und praktische Unterricht wird in staatlich anerkannten Schulen durchgeführt. In den Ländern, in denen die Ausbildung nach diesem Gesetz dem Schulrecht unterliegt, wird die Genehmigung zur Durchführung der Ausbildung den Schulen nach dem Schulrecht der Länder und nach Maßgabe von § 6 erteilt. Die praktische Ausbildung wird an einer genehmigten Lehrrettungswache und an geeigneten Krankenhäusern durchgeführt.

(3) Die Gesamtverantwortung für die Organisation und Koordination des theoretischen und praktischen Unterrichts und der praktischen Ausbildung entsprechend dem Ausbildungsziel trägt die Schule. Die Schule unterstützt die praktische Ausbildung durch Praxisbegleitung. Die Praxisanleitung ist durch die Einrichtungen nach Absatz 2 Satz 3 sicherzustellen.

§ 6 NotSanG Staatliche Anerkennung von Schulen; Genehmigung von Lehrrettungswachen

(1) Die staatliche Anerkennung der Schulen nach § 5 Abs. 2 Satz 1 und die Genehmigung von Lehrrettungswachen nach § 5 Abs. 2 Satz 3 erfolgt durch die zuständige Behörde.

(2) Schulen werden anerkannt, wenn sie folgende Mindestanforderungen erfüllen:

1. hauptberufliche Leitung der Schule durch eine entsprechend qualifizierte Fachkraft mit einer abgeschlossenen Hochschulausbildung,
2. Nachweis einer im Verhältnis zur Zahl der Ausbildungsplätze ausreichenden Zahl fachlich und pädagogisch qualifizierter Lehrkräfte mit entsprechender, abgeschlossener Hochschulausbildung für die Durchführung des theoretischen und praktischen Unterrichts,
3. Vorhandensein der für die Ausbildung erforderlichen Räume und Einrichtungen sowie ausreichender Lehr- und Lernmittel,
4. Sicherstellung der Durchführung der praktischen Ausbildung nach der Ausbildungs- und Prüfungsverordnung für Notfallsanitäterinnen und Notfallsanitäter durch Vereinbarungen mit Lehrrettungswachen, die von

der zuständigen Behörde für die Durchführung von Teilen der praktischen Ausbildung genehmigt worden sind, und mit Krankenhäusern, die von der zuständigen Behörde als geeignet beurteilt werden.

Über Satz 1 hinausgehende, landesrechtliche Regelungen bleiben unberührt. Die Länder können durch Landesrecht das Nähere zu den Mindestanforderungen nach Satz 1 bestimmen.

(3) Die Landesregierungen können durch Rechtsverordnung Regelungen zur Beschränkung der Hochschulausbildung nach Absatz 2 Satz 1 Nummer 1 und 2 auf bestimmte Hochschularten und Studiengänge treffen.

§ 7 NotSanG Ausbildung an der Hochschule im Rahmen von Modellvorhaben

(1) Zur Erprobung von Ausbildungsangeboten, die der Weiterentwicklung des Berufs des Notfallsanitäters im akademischen Bereich unter Berücksichtigung der berufsfeldspezifischen Anforderungen sowie moderner berufspädagogischer Erkenntnisse dienen sollen, können die Länder den Unterricht abweichend von § 5 Abs. 2 Satz 1 an Hochschulen stattfinden lassen. Abweichungen von der Ausbildungs- und Prüfungsverordnung für Notfallsanitäterinnen und Notfallsanitäter sind jedoch nur zulässig, soweit sie den theoretischen und praktischen Unterricht in § 1 Abs. 1 Satz 1 sowie die Anlage 1 der Verordnung betreffen. Im Übrigen gilt die Verordnung unverändert mit der Maßgabe, dass an die Stelle der Schule die Hochschule tritt.

(2) Durch die Erprobung von Ausbildungsangeboten nach Absatz 1 darf das Erreichen des Ausbildungsziels nicht gefährdet werden. Die Vereinbarkeit der Ausbildung mit der Richtlinie 2005/36/EG ist zu gewährleisten.

(3) Ziele, Dauer, Art und allgemeine Vorgaben zur Ausgestaltung der Modellvorhaben sowie die Bedingungen für die Teilnahme sind jeweils von den Ländern festzulegen.

(4) Die Länder stellen jeweils eine wissenschaftliche Begleitung und Auswertung der Modellvorhaben im Hinblick auf die Erreichung der Ziele sicher. Diese erfolgt auf der Grundlage von Richtlinien über die wissenschaftliche Begleitung und Auswertung von Modellvorhaben nach § 4 Abs. 6 Satz 3 des Ergotherapeutengesetzes, § 6 Abs. 4 Satz 3 des Hebammengesetzes, § 4 Abs. 6 Satz 3 des Logopädengesetzes und § 9 Abs. 3 Satz 3 des Masseur- und Physiotherapeutengesetzes vom 16. November 2009, die das Bundesministerium für Gesundheit im Bundesanzeiger vom 27. November 2009 (BAnz. S. 4052) bekannt gemacht hat.

(5) Die Länder übermitteln dem Bundesministerium für Gesundheit die Ergebnisse der Auswertung.

§ 8 NotSanG Voraussetzungen für den Zugang zur Ausbildung

Voraussetzung für den Zugang zu einer Ausbildung nach diesem Gesetz ist,
1. die gesundheitliche Eignung zur Ausübung des Berufs und
2. im Falle einer Ausbildung
   a) an einer staatlichen Schule (§ 5 Abs. 2 Satz 1)
      aa) der mittlere Schulabschluss oder eine andere gleichwertige, abgeschlossene Schulbildung oder
      bb) eine nach einem Hauptschulabschluss oder einer gleichwertigen Schulbildung erfolgreich abgeschlossene Berufsausbildung von mindestens zweijähriger Dauer,
   b) im Rahmen eines Modellvorhabens an einer Hochschule (§ 7) der Nachweis der Hochschulzugangsberechtigung.

§ 9 NotSanG Anrechnung gleichwertiger Ausbildungen

Die zuständige Behörde kann auf Antrag eine andere erfolgreich abgeschlossene Ausbildung oder erfolgreich abgeschlossene Teile einer Ausbildung im Umfang ihrer Gleichwertigkeit auf die Dauer einer Ausbildung nach § 5 Abs. 1 Satz 1 oder § 7 anrechnen. Das Erreichen des Ausbildungsziels darf durch die Anrechnung nicht gefährdet werden.

§ 10 NotSanG Anrechnung von Fehlzeiten

(1) Auf die Dauer einer Ausbildung nach § 5 Abs. 1 Satz 1 werden angerechnet:
1. Urlaub, einschließlich Bildungsurlaub, oder Ferien,
2. Unterbrechungen wegen Krankheit oder aus anderen, von der Schülerin oder dem Schüler nicht zu vertretenden Gründen
   a) bis zu 10 Prozent des theoretischen und praktischen Unterrichts sowie
   b) bis zu 10 Prozent der Stunden der praktischen Ausbildung

nach Maßgabe der nach § 11 erlassenen Ausbildungs- und Prüfungsverordnung für Notfallsanitäterinnen und Notfallsanitäter und
3. Unterbrechungen wegen Schwangerschaft bei Schülerinnen; die Unterbrechung der Ausbildung darf einschließlich der Fehlzeiten nach Nummer 2 eine Gesamtdauer von 14 Wochen nicht überschreiten.

(2) Die zuständige Behörde kann auf Antrag auch über Absatz 1 hinausgehende Fehlzeiten berücksichtigen, wenn eine besondere Härte vorliegt und das Erreichen des Ausbildungsziels durch die Anrechnung nicht gefährdet wird.

(3) Freistellungsansprüche nach dem Betriebsverfassungsgesetz, dem Bundespersonalvertretungsgesetz oder den Landespersonalvertretungsgesetzen bleiben unberührt.

(4) Die Absätze 1 und 2 gelten entsprechend für Ausbildungen nach § 7.

§ 11 NotSanG Verordnungsermächtigung

(1) Das Bundesministerium für Gesundheit wird ermächtigt, im Benehmen mit dem Bundesministerium für Bildung und Forschung durch Rechtsverordnung mit Zustimmung des Bundesrates in einer Ausbildungs- und Prüfungsverordnung nach Maßgabe des § 4 die Mindestanforderungen an die Ausbildung für Notfallsanitäterinnen und Notfallsanitäter nach § 5 und die weitere Ausbildung nach § 32 Abs. 2, das Nähere über die staatliche Prüfung und Ergänzungsprüfung sowie das Nähere über die Urkunden für die Erlaubnis nach § 1 Abs. 1 zu regeln.

(2) In der Rechtsverordnung nach Absatz 1 ist für Inhaberinnen und Inhaber von Ausbildungsnachweisen, die eine Erlaubnis nach § 2 Abs. 1 in Verbindung mit § 2 Abs. 3, 4 oder Abs. 5 beantragen, Folgendes zu regeln:

1. das Verfahren bei der Prüfung der Voraussetzungen des § 2 Abs. 1 Nr. 2 und 3, insbesondere die Vorlage der von der antragstellenden Person vorzulegenden Nachweise und die Ermittlung durch die zuständige Behörde entsprechend Art. 50 Abs. 1 bis 3 in Verbindung mit Anhang VII der Richtlinie 2005/36/EG,
2. die Pflicht von Inhaberinnen und Inhabern von Ausbildungsnachweisen, nach Maßgabe des Art. 52 Abs. 1 der Richtlinie 2005/36/EG die Berufsbezeichnung des Aufnahmemitgliedstaats zu führen und deren etwaige Abkürzung zu verwenden,
3. die Fristen für die Erteilung der Erlaubnis,
4. das Verfahren über die Voraussetzungen zur Dienstleistungserbringung gemäß § 1 Abs. 2 in Verbindung mit den §§ 22 bis 24,
5. die Regelungen zur Durchführung und zum Inhalt der Anpassungsmaßnahmen nach § 2 Abs. 3 Satz 7 und Abs. 4 Satz 5.

(3) Abweichungen durch Landesrecht von den Regelungen des Verwaltungsverfahrens in der auf der Grundlage der Absätze 1 und 2 erlassenen Rechtsverordnung sind ausgeschlossen.

Abschnitt 3 – Ausbildungsverhältnis

§ 12 NotSanG Ausbildungsvertrag

(1) Zwischen dem Ausbildungsträger und der Schülerin oder dem Schüler ist ein schriftlicher Ausbildungsvertrag nach Maßgabe der Vorschriften dieses Abschnitts zu schließen.

(2) Der Ausbildungsvertrag muss mindestens Folgendes enthalten:
1. die Bezeichnung des Berufs, zu dem nach den Vorschriften dieses Gesetzes ausgebildet wird,
2. den Beginn und die Dauer der Ausbildung,
3. Angaben über die der Ausbildung zugrunde liegende Ausbildungs- und Prüfungsverordnung sowie über die inhaltliche und zeitliche Gliederung der praktischen Ausbildung,
4. die Dauer der regelmäßigen täglichen oder wöchentlichen Arbeitszeit,
5. die Dauer der Probezeit,
6. Angaben über Zahlung und Höhe der Ausbildungsvergütung,
7. die Dauer des Urlaubs,
8. die Voraussetzungen, unter denen der Ausbildungsvertrag gekündigt werden kann, und
9. die dem Ausbildungsvertrag zugrunde liegenden tariflichen Bestimmungen und Dienstvereinbarungen.

(3) Der Ausbildungsvertrag ist von einer Person, die zur Vertretung des Ausbildungsträgers berechtigt ist, und der Schülerin oder dem Schüler, bei Minderjährigen auch von deren gesetzlichen Vertretern zu unterzeichnen. Eine Ausfertigung des unterzeichneten Ausbildungsvertrages ist der Schülerin oder dem Schüler und deren gesetzlichen Vertretern auszuhändigen.

(4) Änderungen des Ausbildungsvertrages bedürfen der Schriftform.

§ 13 NotSanG Pflichten des Ausbildungsträgers

(1) Der Ausbildungsträger ist verpflichtet,
1. die Ausbildung in einer durch ihren Zweck gebotenen Form planmäßig sowie zeitlich und sachlich gegliedert so durchzuführen, dass das Ausbildungsziel (§ 4) in der vorgesehenen Zeit erreicht werden kann, und
2. der Schülerin oder dem Schüler kostenlos die Ausbildungsmittel einschließlich der Fachbücher, Instrumente und Apparate zur Verfügung zu stellen, die zur Ausbildung und zum Ablegen der staatlichen Prüfung erforderlich sind.

(2) Den Schülerinnen und Schülern dürfen nur Aufgaben übertragen werden, die dem Ausbildungszweck und dem Ausbildungsstand entsprechen; die übertragenen Aufgaben sollen den physischen und psychischen Kräften der Schülerinnen und Schüler angemessen sein. Während der praktischen Ausbildung an einer genehmigten Lehrrettungswache können die Schülerinnen und Schüler auch zu regulären, dienstplanmäßigen Ersatzdiensten herangezogen werden, wenn die Teilnahme am Einsatzdienst dem Zweck der Ausbildung dient und sich der Ausbildungsträger nach einer Überprüfung ihrer Kompetenz vergewissert hat, dass die Schülerin oder der Schüler dazu in der Lage ist.

§ 14 NotSanG Pflichten der Schülerin oder des Schülers

Die Schülerin oder der Schüler hat sich zu bemühen, die in § 4 genannten Kompetenzen zu erwerben, die erforderlich sind, um das Ausbildungsziel zu erreichen. Sie oder er ist insbesondere verpflichtet,

1. an den vorgeschriebenen Ausbildungsveranstaltungen teilzunehmen,
2. die ihr oder ihm im Rahmen der Ausbildung übertragenen Aufgaben sorgfältig auszuführen und
3. die für Beschäftige in Einrichtungen nach § 5 Abs. 2 Satz 3 geltenden Bestimmungen über die Schweigepflicht einzuhalten und über Betriebsgeheimnisse Stillschweigen zu wahren.

§ 15 NotSanG Ausbildungsvergütung

(1) Der Ausbildungsträger hat der Schülerin oder dem Schüler eine angemessene Ausbildungsvergütung zu gewähren.

(2) Sachbezüge können in der Höhe der Werte, die durch Rechtsverordnung nach § 17 Abs. 1 Satz 1 Nr. 4 des Vierten Buches Sozialgesetzbuch bestimmt sind, angerechnet werden; sie dürfen jedoch 75 Prozent der Bruttovergütung nicht überschreiten. Kann die Schülerin oder der Schüler aus berechtigtem Grund Sachbezüge nicht abnehmen, so sind diese nach den Sachbezugswerten abzugelten.

(3) Eine über die vereinbarte regelmäßige tägliche oder wöchentliche Ausbildungszeit hinausgehende Beschäftigung ist nur ausnahmsweise zulässig und besonders zu vergüten.

§ 16 NotSanG Probezeit

Das Ausbildungsverhältnis beginnt mit der Probezeit. Die Probezeit beträgt vier Monate.

§ 17 NotSanG Ende des Ausbildungsverhältnisses

(1) Das Ausbildungsverhältnis endet mit Ablauf der Ausbildungszeit.

(2) Besteht die Schülerin oder der Schüler die staatliche Prüfung nicht oder kann sie oder er ohne eigenes Verschulden die staatliche Prüfung nicht vor Ablauf der Ausbildung ablegen, so verlängert sich das Ausbildungsverhältnis auf ihren oder seinen schriftlichen Antrag beim Ausbildungsträger bis zur nächstmöglichen Wiederholungsprüfung, höchstens jedoch um ein Jahr.

§ 18 NotSanG Kündigung des Ausbildungsverhältnisses

(1) Während der Probezeit kann das Ausbildungsverhältnis von jedem Vertragspartner jederzeit ohne Einhaltung einer Kündigungsfrist gekündigt werden.

(2) Nach der Probezeit kann das Ausbildungsverhältnis nur gekündigt werden

1. von jedem Vertragspartner ohne Einhalten einer Kündigungsfrist,
   a) wenn die Voraussetzungen des § 2 Abs. 1 Nr. 2 und 3 nicht oder nicht mehr vorliegen oder
   b) wenn ein sonstiger wichtiger Grund vorliegt, sowie
2. von der Schülerin oder dem Schüler mit einer Kündigungsfrist von vier Wochen.

(3) Die Kündigung muss schriftlich erfolgen. In den Fällen des Absatzes 2 Nummer 1 sind die Kündigungsgründe anzugeben.

(4) Eine Kündigung aus einem wichtigen Grund ist unwirksam, wenn die ihr zugrundeliegenden Tatsachen der kündigungsberechtigten Person länger als 14 Tage bekannt sind. Ist ein vorgesehenes Güteverfahren vor einer außergerichtlichen Stelle eingeleitet, so wird bis zu dessen Beendigung der Lauf dieser Frist gehemmt.

§ 19 NotSanG Beschäftigung im Anschluss an das Ausbildungsverhältnis

Wird die Schülerin oder der Schüler im Anschluss an das Ausbildungsverhältnis beschäftigt, ohne dass hierüber ausdrücklich etwas vereinbart worden ist, so gilt ein Arbeitsverhältnis auf unbestimmte Zeit als begründet.

§ 20 NotSanG Nichtigkeit von Vereinbarungen

(1) Eine Vereinbarung, die zu Ungunsten der Schülerin oder des Schülers von den übrigen Vorschriften dieses Abschnitts abweicht, ist nichtig.

(2) Eine Vereinbarung, die die Schülerin oder den Schüler für die Zeit nach Beendigung des Ausbildungsverhältnisses in der Ausübung ihrer oder seiner beruflichen Tätigkeit beschränkt, ist nichtig. Dies gilt nicht, wenn die Schülerin oder der Schüler innerhalb der letzten sechs Monate des Ausbildungsverhältnisses für die Zeit nach dessen Beendigung ein Arbeitsverhältnis eingeht.

(3) Nichtig ist auch eine Vereinbarung über

1. die Verpflichtung der Schülerin oder des Schülers, für die Ausbildung eine Entschädigung oder Schulgeld zu zahlen,
2. Vertragsstrafen,
3. den Ausschluss oder die Beschränkung von Schadensersatzansprüchen und
4. die Festsetzung der Höhe eines Schadensersatzes in Pauschalbeträgen.

§ 21 NotSanG Ausschluss der Geltung von Vorschriften dieses Abschnitts

Die Vorschriften dieses Abschnitts finden keine Anwendung auf Ausbildungsteilnehmerinnen und Ausbildungsteilnehmer, die

1. die Ausbildung nach § 7 an einer Hochschule absolvieren oder
2. in einem öffentlich-rechtlichen Dienst- und Treueverhältnis als Beamte auf Widerruf stehen.

Abschnitt 4 – Erbringen von Dienstleistungen

§ 22 NotSanG Dienstleistungserbringende Personen

(1) Staatsangehörige eines Vertragsstaates des Europäischen Wirtschaftsraums, die zur Ausübung des Berufs des Notfallsanitäters in einem anderen

Vertragsstaat des Europäischen Wirtschaftsraumes auf Grund einer nach deutschen Rechtsvorschriften abgeschlossenen Ausbildung oder auf Grund eines den Anforderungen des § 2 Abs. 4 entsprechenden Ausbildungsnachweises berechtigt sind und

1. die in einem Mitgliedstaat rechtmäßig niedergelassen sind oder,
2. wenn der Beruf des Notfallsanitäters oder die Ausbildung zu diesem Beruf im Niederlassungsmitgliedstaat nicht reglementiert ist, diesen Beruf während der vorhergehenden zehn Jahre mindestens zwei Jahre im Niederlassungsmitgliedstaat rechtmäßig ausgeübt haben,

dürfen als dienstleistungserbringende Personen im Sinne des Art. 57 des Vertrages über die Arbeitsweise der Europäischen Union vorübergehend und gelegentlich ihren Beruf im Geltungsbereich dieses Gesetzes ausüben. Der vorübergehende und gelegentliche Charakter der Dienstleistungserbringung wird im Einzelfall beurteilt. In die Beurteilung sind Dauer, Häufigkeit, regelmäßige Wiederkehr und Kontinuität der Dienstleistung einzubeziehen.

(2) Dienstleistungserbringende Personen haben beim Erbringen der Dienstleistung im Geltungsbereich dieses Gesetzes die gleichen Rechte und Pflichten wie Personen mit einer Erlaubnis nach § 1 Abs. 1.

(3) Die Berechtigung nach Absatz 1 besteht nicht, wenn die Voraussetzungen für eine Rücknahme oder einen Widerruf, die sich auf die Tatbestände nach § 2 Abs. 1 Nr. 2 oder Nummer 3 beziehen, zwar vorliegen, die Rücknahme oder der Widerruf jedoch nicht vollzogen werden kann, da die betroffene Person keine deutsche Berufserlaubnis besitzt.

(4) § 1 Abs. 2 Satz 3 gilt entsprechend.

§ 23 NotSanG Meldung der dienstleistungserbringenden Person an die zuständige Behörde

(1) Wer beabsichtigt, im Sinne des § 22 Abs. 1 Dienstleistungen zu erbringen, hat dies der zuständigen Behörde vorher schriftlich zu melden. Die Meldung ist einmal jährlich zu erneuern, wenn die dienstleistungserbringende Person beabsichtigt, während des betreffenden Jahres vorübergehend und gelegentlich Dienstleistungen im Geltungsbereich dieses Gesetzes zu erbringen.

(2) Bei der erstmaligen Meldung oder bei wesentlichen Änderungen hat die dienstleistungserbringende Person einen Staatsangehörigkeitsnachweis, einen Berufsqualifikationsnachweis und eine der beiden folgenden Bescheinigungen vorzulegen:

1. eine Bescheinigung über die rechtmäßige Niederlassung als Notfallsanitäterin oder als Notfallsanitäter in einem anderen Mitgliedstaat; dabei darf der dienstleistungserbringenden Person die Ausübung dieser Tätigkeit zum Zeitpunkt der Vorlage der Bescheinigung nicht, auch nicht vorübergehend, untersagt sein, oder
2. im Fall des § 22 Abs. 1 Satz 1 Nr. 2 einen Nachweis in beliebiger Form darüber, dass die dienstleistungserbringende Person eine dem Beruf des Notfallsanitäters entsprechende Tätigkeit während der vorhergehenden zehn Jahre mindestens zwei Jahre lang rechtmäßig ausgeübt hat.

Die für die Ausübung der Dienstleistung erforderlichen Kenntnisse der deutschen Sprache müssen vorhanden sein.

§ 24 NotSanG Prüfen der Angaben durch die zuständige Behörde

(1) Die zuständige Behörde prüft im Fall der erstmaligen Dienstleistungserbringung den nach § 23 Abs. 2 Satz 1 vorgelegten Berufsqualifikationsnachweis.

(2) § 2 Abs. 4 gilt entsprechend mit der Maßgabe, dass für wesentliche Unterschiede zwischen der beruflichen Qualifikation der dienstleistungserbringenden Person und der nach diesem Gesetz und der Ausbildungs- und Prüfungsverordnung für Notfallsanitäterinnen und Notfallsanitäter geforderten Ausbildung Ausgleichsmaßnahmen nur gefordert werden dürfen, wenn die Unterschiede so groß sind, dass ohne den Ausgleich der fehlenden Kenntnisse und Fähigkeiten die öffentliche Gesundheit gefährdet wäre.

(3) Der Ausgleich der fehlenden Kenntnisse und Fähigkeiten soll durch eine Eignungsprüfung nachgewiesen werden.

§ 25 NotSanG Bescheinigungen der zuständigen Behörde

Einer oder einem Staatsangehörigen eines Vertragsstaates des Europäischen Wirtschaftsraumes, die oder der im Geltungsbereich dieses Gesetzes den Beruf des Notfallsanitäters auf Grund einer Erlaubnis nach § 1 Abs. 1 ausübt, ist auf Antrag für Zwecke der Dienstleistungserbringung in einem anderen Vertragsstaat des Europäischen Wirtschaftsraumes eine Bescheinigung darüber auszustellen, dass sie oder er

1. als Notfallsanitäterin oder Notfallsanitäter rechtmäßig niedergelassen ist und ihr oder ihm die Ausübung des Berufs nicht, auch nicht vorübergehend, untersagt ist,

2. über die zur Ausübung der jeweiligen Tätigkeit erforderliche berufliche Qualifikation verfügt.

§ 1 Abs. 2 Satz 3 gilt entsprechend.

§ 26 NotSanG Verwaltungszusammenarbeit, Unterrichtungspflichten

(1) Wird gegen die Pflichten nach § 22 Abs. 2 verstoßen, so hat die zuständige Behörde unverzüglich die zuständige Behörde des Niederlassungsmitgliedstaats dieser dienstleistungserbringenden Person hierüber zu unterrichten.

(2) Die zuständigen Behörden sind berechtigt, für jede Dienstleistungserbringung von den zuständigen Behörden des Niederlassungsmitgliedstaats Informationen über die Rechtmäßigkeit der Niederlassung sowie darüber anzufordern, ob berufsbezogene disziplinarische oder strafrechtliche Sanktionen vorliegen.

(3) Auf Anforderung der zuständigen Behörden eines Vertragsstaates des Europäischen Wirtschaftsraumes haben die zuständigen Behörden in Deutschland nach Art. 56 der Richtlinie 2005/36/EG der anfordernden Behörde Folgendes zu übermitteln:
1. alle Informationen über die Rechtmäßigkeit der Niederlassung und die gute Führung der dienstleistungserbringenden Person sowie
2. Informationen darüber, dass keine berufsbezogenen disziplinarischen oder strafrechtlichen Sanktionen vorliegen.

Abschnitt 5 – Zuständigkeiten

§ 27 NotSanG Aufgaben der jeweils zuständigen Behörden

(1) Die Entscheidungen, ob die Erlaubnis erteilt wird, die Berufsbezeichnung „Notfallsanitäterin“ oder „Notfallsanitäter“ zu führen (§ 2 Abs. 1), trifft die zuständige Behörde des Landes, in dem die antragstellende Person die Prüfung abgelegt hat.

(2) Die Entscheidungen über die Anrechnung gleichwertiger Ausbildungen (§ 9) und die Anrechnung von Fehlzeiten (§ 10) trifft die zuständige Behörde des Landes, in dem die Ausbildung durchgeführt wird oder dem Antrag entsprechend durchgeführt werden soll.

(3) Die Meldung der dienstleistungserbringenden Person nach § 23 nimmt die zuständige Behörde des Landes entgegen, in dem die Dienstleistung erbracht werden soll oder erbracht worden ist. Sie fordert die Informationen nach § 26 Abs. 2 an.

(4) Die Informationen nach § 26 Abs. 3 werden durch die zuständige Behörde des Landes übermittelt, in dem der Beruf des Notfallsanitäters ausgeübt wird oder zuletzt ausgeübt worden ist. Die Unterrichtung des Herkunftsmitgliedstaats gemäß § 26 Abs. 1 erfolgt durch die zuständige Behörde des Landes, in dem die Dienstleistung erbracht wird oder erbracht worden ist.

(5) Die Bescheinigungen nach § 25 stellt die zuständige Behörde des Landes aus, in dem die antragstellende Person den Beruf des Notfallsanitäters ausübt.

(6) Die Länder bestimmen die zur Durchführung dieses Gesetzes zuständigen Behörden.

Abschnitt 6 – Bußgeldvorschriften

§ 28 NotSanG Bußgeldvorschriften

(1) Ordnungswidrig handelt, wer
1. ohne Erlaubnis nach § 1 Abs. 1 die Berufsbezeichnung „Notfallsanitäterin“ oder „Notfallsanitäter“ oder
2. entgegen § 30 Abs. 2 die Berufsbezeichnung „Rettungsassistentin“ oder „Rettungsassistent“

führt.

(2) Die Ordnungswidrigkeit kann mit einer Geldbuße bis zu dreitausend Euro geahndet werden.

Abschnitt 7 – Anwendungs- und Übergangsvorschriften

§ 29 NotSanG Nichtanwendung des Berufsbildungsgesetzes

Für die Ausbildung zur Notfallsanitäterin oder zum Notfallsanitäter findet das Berufsbildungsgesetz keine Anwendung.

§ 30 NotSanG Weiterführen der alten Erlaubnis zur Führung der Berufsbezeichnung

Rettungsassistentinnen und Rettungsassistenten, die eine Erlaubnis nach dem Rettungsassistentengesetz besitzen, dürfen die Berufsbezeichnung weiterhin führen. Die Berufsbezeichnung „Rettungsassistentin" oder „Rettungsassistent" darf jedoch nur unter den Voraussetzungen des Satzes 1 geführt werden.

§ 31 NotSanG Weitergeltung staatlicher Anerkennungen von Schulen

(1) Schulen entsprechend § 5 Abs. 2 Satz 1, die vor Inkrafttreten dieses Gesetzes auf Grund des Rettungsassistentengesetzes staatlich anerkannt worden sind, gelten weiterhin als staatlich anerkannt nach § 6, wenn die Anerkennung nicht zurückgenommen wird.

(2) Die Anerkennung ist zurückzunehmen, falls das Vorliegen der Voraussetzungen nach § 6 Abs. 2 Satz 1 Nr. 1 nicht innerhalb von fünf und nach § 6 Abs. 2 Satz 1 Nr. 2 nicht innerhalb von zehn Jahren nach dem Inkrafttreten dieses Gesetzes nachgewiesen wird. Sie ist ferner zurückzunehmen, wenn zum Zeitpunkt des Beginns des ersten nach Inkrafttreten dieses Gesetzes anfangenden Ausbildungsjahres die Voraussetzung des § 6 Abs. 2 Satz 1 Nr. 4 nicht sichergestellt ist.

(3) Die Voraussetzungen des § 6 Abs. 2 Satz 1 Nr. 1 und 2 gelten als erfüllt, wenn als Schulleitung oder Lehrkräfte Personen eingesetzt werden, die bei Inkrafttreten dieses Gesetzes

1. eine staatlich anerkannte Rettungsassistentenschule leiten,
2. als Lehrkräfte an einer staatlich anerkannten Rettungsassistentenschule unterrichten,
3. über die Qualifikation zur Leitung oder zur Tätigkeit als Lehrkraft an einer staatlich anerkannten Rettungsassistentenschule verfügen oder
4. an einer Weiterbildung zur Leitung einer staatlich anerkannten Rettungsassistentenschule oder Lehrkraft teilnehmen und diese innerhalb eines Jahres nach Inkrafttreten dieses Gesetzes abschließen.

§ 32 NotSanG Übergangsvorschriften

(1) Eine Ausbildung zur Rettungsassistentin oder zum Rettungsassistenten, die vor Außerkrafttreten des Rettungsassistentengesetzes vom 10. Juli 1989 (BGBl. I S. 1384), das zuletzt durch Art. 19 des Gesetzes vom 2. Dezember

2007 (BGBl. I S. 2686) geändert worden ist, begonnen worden ist, wird nach den Vorschriften des Rettungsassistentengesetzes abgeschlossen. Nach Abschluss der Ausbildung erhält die antragstellende Person, wenn die Voraussetzungen des § 2 Abs. 1 Nr. 2 und 3 vorliegen, die Erlaubnis, die Berufsbezeichnung „Rettungsassistentin" oder „Rettungsassistent" zu führen.

(2) Eine Person, die bei Inkrafttreten dieses Gesetzes eine mindestens fünfjährige Tätigkeit als Rettungsassistentin oder Rettungsassistent nachweist, erhält bei Vorliegen der Voraussetzungen des § 2 Abs. 1 Nr. 2 und 3 die Erlaubnis, die Berufsbezeichnung „Notfallsanitäterin" oder „Notfallsanitäter" zu führen, wenn sie innerhalb von sieben Jahren nach Inkrafttreten dieses Gesetzes die staatliche Ergänzungsprüfung besteht. Satz 1 gilt entsprechend für eine Person, die bei Inkrafttreten des Gesetzes

1. eine mindestens dreijährige Tätigkeit als Rettungsassistentin oder Rettungsassistent nachweist und zur Vorbereitung auf die Ergänzungsprüfung an einer weiteren Ausbildung von 480 Stunden teilgenommen hat, oder
2. eine geringere als eine dreijährige Tätigkeit oder, bei Personen nach Absatz 1, keine Tätigkeit als Rettungsassistentin oder Rettungsassistent nachweist und zur Vorbereitung auf die Ergänzungsprüfung an einer weiteren Ausbildung von 960 Stunden teilgenommen hat.

Die weitere Ausbildung kann in Vollzeitform, Teilzeitform oder berufsbegleitend absolviert werden. Eine Person nach Satz 2 Nummer 1 oder Nummer 2, die an keiner weiteren Ausbildung teilnimmt, erhält bei Vorliegen der Voraussetzungen des § 2 Abs. 1 Nr. 2 und 3 die Erlaubnis nach § 1 Abs. 1, wenn sie innerhalb von sieben Jahren nach Inkrafttreten dieses Gesetzes die staatliche Prüfung besteht.

14. Rettungsassistenten-Ausbildungs- und Prüfungsverordnung (RettAssAPrV)

§ 1 RettAssAPrV Lehrgang

(1) Der Lehrgang nach § 4 des Gesetzes umfasst die in Anlage 1 aufgeführte theoretische und praktische Ausbildung.

(2) Der Ergänzungslehrgang nach § 8 Abs. 3 des Gesetzes wird von Schulen nach § 4 des Gesetzes durchgeführt und umfasst die in Anlage 2 aufgeführte theoretische und praktische Ausbildung.

(3) Die regelmäßige und erfolgreiche Teilnahme an der theoretischen und praktischen Ausbildung nach Absatz 1 oder 2 ist durch eine Bescheinigung nach dem Muster der Anlage 3 nachzuweisen.

§ 2 RettAssAPrV Praktische Tätigkeit

(1) Während der praktischen Tätigkeit nach § 7 des Gesetzes sind die für die Berufsausübung wesentlichen Kenntnisse und Fertigkeiten durch praktischen Einsatz zu vermitteln. Durch Teilnahme an mindestens 50 Unterrichtsstunden sind die in der theoretischen und praktischen Ausbildung nach § 1 erworbenen Kenntnisse zu vertiefen und zu lernen, sie bei der praktischen Arbeit anzuwenden. In den Fällen einer Verkürzung der praktischen Tätigkeit nach § 8 Abs. 1 letzter Satz und Abs. 2 letzter Satz des Gesetzes verringert sich die in Satz 2 genannte Zahl von Unterrichtsstunden entsprechend.

(2) Die erfolgreiche Ableistung der praktischen Tätigkeit ist durch eine Bescheinigung nach dem Muster der Anlage 4 nachzuweisen. Die Bescheinigung wird erteilt, wenn

1. der Praktikant ein Berichtsheft vorlegt, das er in Form eines Ausbildungsnachweises geführt hat, und
2. im Rahmen eines Abschlussgespräches festgestellt worden ist, dass der Praktikant die in Absatz 1 genannten Kenntnisse und Fertigkeiten erworben hat.

(3) Das Abschlussgespräch nach Absatz 2 Satz 2 Nr. 2 wird von einem von der zuständigen Behörde beauftragten Arzt gemeinsam mit der Rettungsassistentin oder dem Rettungsassistenten, die den Praktikanten angeleitet haben, geführt. Ergibt sich in dem Abschlussgespräch, dass der Praktikant die praktische Tätigkeit nicht erfolgreich abgeleistet hat, entscheidet der Arzt

im Benehmen mit der am Gespräch teilnehmenden Rettungsassistentin oder dem teilnehmenden Rettungsassistenten über eine angemessene Verlängerung der praktischen Tätigkeit. Eine Verlängerung ist nur einmal zulässig. Der Verlängerung folgt ein weiteres Abschlussgespräch. Kann auch nach dem Ergebnis dieses Gesprächs die Bescheinigung nach Absatz 2 nicht erteilt werden, darf die praktische Tätigkeit nur einmal wiederholt werden.

§ 4 RettAssAPrV Staatliche Prüfung

(1) Die staatliche Prüfung umfasst einen schriftlichen, einen mündlichen und einen praktischen Teil.

(2) Der Prüfling legt die Prüfung bei der Schule ab, an der er den Lehrgang abschließt. Die zuständige Behörde, in deren Bereich die Prüfung abgelegt werden soll, kann aus wichtigem Grund Ausnahmen zulassen. Die Vorsitzenden der beteiligten Prüfungsausschüsse sind vorher zu hören.

15. Rettungsassistentengesetz (RettAssG)

§ 1 RettAssG

(1) Wer die Berufsbezeichnung „Rettungsassistentin“ oder „Rettungsassistent“ führen will, bedarf der Erlaubnis.

[…]

§ 2 RettAssG

(1) Die Erlaubnis nach § 1 ist auf Antrag zu erteilen, wenn der Antragsteller

1. a) an dem Lehrgang nach § 4 oder an dem Ergänzungslehrgang nach § 8 Abs. 3 teilgenommen und die staatliche Prüfung bestanden hat sowie
   b) die praktische Tätigkeit nach § 7 erfolgreich abgeleistet hat,
2. sich nicht eines Verhaltens schuldig gemacht hat, aus dem sich die Unzuverlässigkeit zur Ausübung des Berufs ergibt,
3. nicht in gesundheitlicher Hinsicht zur Ausübung des Berufs ungeeignet ist und
4. über die für die Ausübung der Berufstätigkeit erforderlichen Kenntnisse der deutschen Sprache verfügt.

[…]

§ 3 RettAssG

Die Ausbildung soll entsprechend der Aufgabenstellung des Berufs als Helfer des Arztes insbesondere dazu befähigen, am Notfallort bis zur Übernahme der Behandlung durch den Arzt lebensrettende Maßnahmen bei Notfallpatienten durchzuführen, die Transportfähigkeit solcher Patienten herzustellen, die lebenswichtigen Körperfunktionen während des Transports zum Krankenhaus zu beobachten und aufrechtzuerhalten sowie kranke, verletzte und sonstige hilfsbedürftige Personen, auch soweit sie nicht Notfallpatienten sind, unter sachgerechter Betreuung zu befördern (Ausbildungsziel).

§ 4 RettAssG

Der Lehrgang besteht aus mindestens 1.200 Stunden theoretischer und praktischer Ausbildung und dauert, sofern er in Vollzeitform durchgeführt wird, zwölf Monate. Er wird von staatlich anerkannten Schulen für Rettungsassistenten durchgeführt und schließt mit der staatlichen Prüfung ab.

§ 5 RettAssG

Voraussetzung für den Zugang zum Lehrgang nach § 4 ist
1. die Vollendung des 18. Lebensjahres und die gesundheitliche Eignung zur Ausübung des Berufs und
2. der Hauptschulabschluss oder eine gleichwertige Schulbildung oder eine abgeschlossene Berufsausbildung.

§ 7 RettAssG

(1) Die praktische Tätigkeit umfasst mindestens 1.600 Stunden und dauert, sofern sie in Vollzeitform abgeleistet wird, zwölf Monate. Sie ist nach bestandener staatlicher Prüfung in einer von der zuständigen Behörde zur Annahme von Praktikanten ermächtigten Einrichtung des Rettungsdienstes abzuleisten.

(2) Die Ermächtigung zur Annahme von Praktikanten nach Absatz 1 setzt voraus, dass die Einrichtung auf Grund ihres Einsatzbereichs, ihrer personellen Besetzung und ihrer der medizinischen Entwicklung entsprechenden technischen Ausstattung geeignet ist, eine dem Ausbildungsziel (§ 3) und der Ausbildungs- und Prüfungsverordnung (§ 10) gemäße praktische Tätigkeit unter Aufsicht einer Rettungsassistentin oder eines Rettungsassistenten zu ermöglichen. Rettungswachen sind nur dann geeignet im Sinne des Satzes 1, wenn in ihrem Einsatzbereich ein Notarztdienst eingerichtet ist oder sie sonst mit einem Notarztdienst verbunden sind.

[...]

§ 8 RettAssG

(1) Die zuständige Behörde kann auf Antrag eine andere Ausbildung im Umfang ihrer Gleichwertigkeit auf die Dauer des Lehrgangs nach § 4 anrechnen, wenn die Durchführung des Lehrgangs und die Erreichung des Ausbildungsziels dadurch nicht gefährdet werden. Eine außerhalb des Geltungsbereichs dieses Gesetzes abgeleistete praktische Tätigkeit kann im Umfang ihrer Gleichwertigkeit ganz oder teilweise auf die praktische Tätigkeit nach § 7 angerechnet werden.

(2) Die zuständige Behörde hat auf Antrag eine nach den vom Bund/Länderausschuss „Rettungswesen" am 20. September 1977 beschlossenen „Grundsätzen zur Ausbildung des Personals im Rettungsdienst" (520-Stunden-Programm) erfolgreich abgeschlossene Ausbildung als Rettungssanitäter in vollem Umfang auf den Lehrgang nach § 4 anzurechnen. Eine nach Abschluss der in Satz 1 genannten Ausbildung abgeleistete Tätigkeit im Rettungsdienst ist im Umfang ihrer Gleichwertigkeit auf die praktische Tätigkeit nach § 7 anzurechnen.

(3) Krankenschwestern, Krankenpfleger, Kinderkrankenschwestern und Kinderkrankenpfleger mit einer Erlaubnis nach § 1 Abs. 1 Nr. 1 oder 2 des Krankenpflegegesetzes vom 4. Juni 1985 (BGBl. I S. 893) sind auch ohne Teilnahme an einem Lehrgang nach § 4 zur staatlichen Prüfung zuzulassen, wenn sie an einem Ergänzungslehrgang von mindestens 300 Stunden teilgenommen haben.

(4) Für Soldaten der Bundeswehr, Polizeivollzugsbeamte der Bundespolizei oder der Polizei eines Landes, die

1. die Sanitätsprüfung und den fachlichen Teil der Unteroffizierprüfung für Unteroffiziere im Sanitätsdienst der Bundeswehr,
2. die Fachprüfung für die Verwendung als Sanitätsbeamter der Bundespolizei oder
3. eine vergleichbare Fachprüfung für die Verwendung im Sanitätsdienst der Polizei eines Landes

bestanden haben, wird der Lehrgang nach § 4 auf Antrag um 600 Stunden, sofern er in Vollzeitform durchgeführt wird, um sechs Monate verkürzt.

(4a) Absatz 4 gilt für Antragsteller mit vergleichbaren Sanitäts- oder Fachprüfungen bei der Nationalen Volksarmee oder der Deutschen Volkspolizei entsprechend.

(5) Bei Personen nach den Absätzen 3, 4 und 4a können Zeiten einer Tätigkeit in der Intensivpflege, in der Anästhesie oder im Operationsdienst bis zu drei Monaten auf die praktische Tätigkeit nach § 7 Abs. 1 angerechnet werden.

§ 9 RettAssG

Die zuständige Behörde hat auf Antrag eine Ausbildung in den in § 3 genannten Aufgaben und Tätigkeiten, die bei der Feuerwehr erworben worden ist, im Umfang ihrer Gleichwertigkeit auf den Lehrgang nach § 4 und auf die praktische Tätigkeit nach § 7 Abs. 1 entsprechend anzurechnen. Die staatliche Prüfung ist auch in diesen Fällen Voraussetzung für die Erteilung der Erlaubnis nach § 1.

§ 10 RettAssG

(1) Das Bundesministerium für Gesundheit wird ermächtigt, im Benehmen mit dem Bundesministerium für Bildung und Forschung durch Rechtsverordnung mit Zustimmung des Bundesrates in einer Ausbildungs- und Prüfungsverordnung für Rettungsassistentinnen und Rettungsassistenten die Mindestanforderungen an den Lehrgang nach § 4, das Nähere über die staatliche Prüfung, über die praktische Tätigkeit nach § 7 und deren erfolgreichen Abschluss, die Voraussetzungen für die Gleichwertigkeit einer Tätigkeit nach § 8 Abs. 2 Satz 2, den Ergänzungslehrgang nach § 8 Abs. 3 sowie über die Urkunde für die Erlaubnis nach § 1 zu regeln.

[…]

§ 12 RettAssG

Ordnungswidrig handelt, wer ohne Erlaubnis nach § 1 die Berufsbezeichnung „Rettungsassistentin“ oder „Rettungsassistent“ führt. Die Ordnungswidrigkeit kann mit einer Geldbuße bis zu zweitausendfünfhundert Euro geahndet werden.

16. Strafgesetzbuch (StGB)

§ 13 StGB Begehen durch Unterlassen

(1) Wer es unterlässt, einen Erfolg abzuwenden, der zum Tatbestand eines Strafgesetzes gehört, ist nach diesem Gesetz nur dann strafbar, wenn er rechtlich dafür einzustehen hat, dass der Erfolg nicht eintritt, und wenn das Unterlassen der Verwirklichung des gesetzlichen Tatbestandes durch ein Tun entspricht.

[...]

§ 34 StGB Rechtfertigender Notstand

Wer in einer gegenwärtigen, nicht anders abwendbaren Gefahr für Leben, Leib, Freiheit, Ehre, Eigentum oder ein anderes Rechtsgut eine Tat begeht, um die Gefahr von sich oder einem anderen abzuwenden, handelt nicht rechtswidrig, wenn bei Abwägung der widerstreitenden Interessen, namentlich der betroffenen Rechtsgüter und des Grades der ihnen drohenden Gefahren, das geschützte Interesse das beeinträchtigte wesentlich überwiegt. Dies gilt jedoch nur, soweit die Tat ein angemessenes Mittel ist, die Gefahr abzuwenden.

§ 35 StGB Entschuldigender Notstand

(1) Wer in einer gegenwärtigen, nicht anders abwendbaren Gefahr für Leben, Leib oder Freiheit eine rechtswidrige Tat begeht, um die Gefahr von sich, einem Angehörigen oder einer anderen ihm nahestehenden Person abzuwenden, handelt ohne Schuld. Dies gilt nicht, soweit dem Täter nach den Umständen, namentlich weil er die Gefahr selbst verursacht hat oder weil er in einem besonderen Rechtsverhältnis stand, zugemutet werden konnte, die Gefahr hinzunehmen; jedoch kann die Strafe nach § 49 Abs. 1 gemildert werden, wenn der Täter nicht mit Rücksicht auf ein besonderes Rechtsverhältnis die Gefahr hinzunehmen hatte.

(2) Nimmt der Täter bei Begehung der Tat irrig Umstände an, welche ihn nach Absatz 1 entschuldigen würden, so wird er nur dann bestraft, wenn er den Irrtum vermeiden konnte. Die Strafe ist nach § 49 Abs. 1 zu mildern.

§ 142 StGB Unerlaubtes Entfernen vom Unfallort

(1) Ein Unfallbeteiligter, der sich nach einem Unfall im Straßenverkehr vom Unfallort entfernt, bevor er

1. zugunsten der anderen Unfallbeteiligten und der Geschädigten die Feststellung seiner Person, seines Fahrzeugs und der Art seiner Beteiligung durch seine Anwesenheit und durch die Angabe, dass er an dem Unfall beteiligt ist, ermöglicht hat oder
2. eine nach den Umständen angemessene Zeit gewartet hat, ohne dass jemand bereit war, die Feststellungen zu treffen,

wird mit Freiheitsstrafe bis zu drei Jahren oder mit Geldstrafe bestraft.

(2) Nach Absatz 1 wird auch ein Unfallbeteiligter bestraft, der sich

1. nach Ablauf der Wartefrist (Absatz 1 Nummer 2) oder
2. berechtigt oder entschuldigt

vom Unfallort entfernt hat und die Feststellungen nicht unverzüglich nachträglich ermöglicht.

(3) Der Verpflichtung, die Feststellungen nachträglich zu ermöglichen, genügt der Unfallbeteiligte, wenn er den Berechtigten (Absatz 1 Nummer 1) oder einer nahe gelegenen Polizeidienststelle mitteilt, dass er an dem Unfall beteiligt gewesen ist, und wenn er seine Anschrift, seinen Aufenthalt sowie das Kennzeichen und den Standort seines Fahrzeugs angibt und dieses zu unverzüglichen Feststellungen für eine ihm zumutbare Zeit zur Verfügung hält. Dies gilt nicht, wenn er durch sein Verhalten die Feststellungen absichtlich vereitelt.

(4) Das Gericht mildert in den Fällen der Absätze 1 und 2 die Strafe (§ 49 Abs. 1) oder kann von Strafe nach diesen Vorschriften absehen, wenn der Unfallbeteiligte innerhalb von vierundzwanzig Stunden nach einem Unfall außerhalb des fließenden Verkehrs, der ausschließlich nicht bedeutenden Sachschaden zur Folge hat, freiwillig die Feststellungen nachträglich ermöglicht (Absatz 3).

(5) Unfallbeteiligter ist jeder, dessen Verhalten nach den Umständen zur Verursachung des Unfalls beigetragen haben kann.

§ 145 StGB Missbrauch von Notrufen und Beeinträchtigung von Unfallverhütungs- und Nothilfemitteln

(1) Wer absichtlich oder wissentlich

1. Notrufe oder Notzeichen missbraucht oder

2. vortäuscht, dass wegen eines Unglücksfalles oder wegen gemeiner Gefahr oder Not die Hilfe anderer erforderlich sei,

wird mit Freiheitsstrafe bis zu einem Jahr oder mit Geldstrafe bestraft.

(2) Wer absichtlich oder wissentlich

1. die zur Verhütung von Unglücksfällen oder gemeiner Gefahr dienenden Warn- oder Verbotszeichen beseitigt, unkenntlich macht oder in ihrem Sinn entstellt oder
2. die zur Verhütung von Unglücksfällen oder gemeiner Gefahr dienenden Schutzvorrichtungen oder die zur Hilfeleistung bei Unglücksfällen oder gemeiner Gefahr bestimmten Rettungsgeräte oder anderen Sachen beseitigt, verändert oder unbrauchbar macht,

wird mit Freiheitsstrafe bis zu zwei Jahren oder mit Geldstrafe bestraft, wenn die Tat nicht in § 303 oder § 304 mit Strafe bedroht ist.

§ 203 StGB Verletzung von Privatgeheimnissen

(1) Wer unbefugt ein fremdes Geheimnis, namentlich ein zum persönlichen Lebensbereich gehörendes Geheimnis oder ein Betriebs- oder Geschäftsgeheimnis, offenbart, das ihm als

1. Arzt, Zahnarzt, Tierarzt, Apotheker oder Angehörigen eines anderen Heilberufs, der für die Berufsausübung oder die Führung der Berufsbezeichnung eine staatlich geregelte Ausbildung erfordert,

[...]

anvertraut worden oder sonst bekannt geworden ist, wird mit Freiheitsstrafe bis zu einem Jahr oder mit Geldstrafe bestraft.

[...]

(4) Die Absätze 1 bis 3 sind auch anzuwenden, wenn der Täter das fremde Geheimnis nach dem Tod des Betroffenen unbefugt offenbart.

(5) Handelt der Täter gegen Entgelt oder in der Absicht, sich oder einen anderen zu bereichern oder einen anderen zu schädigen, so ist die Strafe Freiheitsstrafe bis zu zwei Jahren oder Geldstrafe.

§ 212 StGB Totschlag

(1) Wer einen Menschen tötet, ohne Mörder zu sein, wird als Totschläger mit Freiheitsstrafe nicht unter fünf Jahren bestraft.

(2) In besonders schweren Fällen ist auf lebenslange Freiheitsstrafe zu erkennen.

§ 221 StGB Aussetzung

(1) Wer einen Menschen
1. in eine hilflose Lage versetzt oder
2. in einer hilflosen Lage im Stich lässt, obwohl er ihn in seiner Obhut hat oder ihm sonst beizustehen verpflichtet ist,

und ihn dadurch der Gefahr des Todes oder einer schweren Gesundheitsschädigung aussetzt, wird mit Freiheitsstrafe von drei Monaten bis zu fünf Jahren bestraft.

(2) Auf Freiheitsstrafe von einem Jahr bis zu zehn Jahren ist zu erkennen, wenn der Täter
1. die Tat gegen sein Kind oder eine Person begeht, die ihm zur Erziehung oder zur Betreuung in der Lebensführung anvertraut ist, oder
2. durch die Tat eine schwere Gesundheitsschädigung des Opfers verursacht.

(3) Verursacht der Täter durch die Tat den Tod des Opfers, so ist die Strafe Freiheitsstrafe nicht unter drei Jahren.

(4) In minder schweren Fällen des Absatzes 2 ist auf Freiheitsstrafe von sechs Monaten bis zu fünf Jahren, in minder schweren Fällen des Absatzes 3 auf Freiheitsstrafe von einem Jahr bis zu zehn Jahren zu erkennen.

§ 222 StGB Fahrlässige Tötung

Wer durch Fahrlässigkeit den Tod eines Menschen verursacht, wird mit Freiheitsstrafe bis zu fünf Jahren oder mit Geldstrafe bestraft.

§ 223 StGB Körperverletzung

(1) Wer eine andere Person körperlich misshandelt oder an der Gesundheit schädigt, wird mit Freiheitsstrafe bis zu fünf Jahren oder mit Geldstrafe bestraft.

(2) Der Versuch ist strafbar.

§ 224 StGB Gefährliche Körperverletzung

(1) Wer die Körperverletzung
1. durch Beibringung von Gift oder anderen gesundheitsschädlichen Stoffen,
2. mittels einer Waffe oder eines anderen gefährlichen Werkzeugs,

3. mittels eines hinterlistigen Überfalls,
4. mit einem anderen Beteiligten gemeinschaftlich oder
5. mittels einer das Leben gefährdenden Behandlung

begeht, wird mit Freiheitsstrafe von sechs Monaten bis zu zehn Jahren, in minder schweren Fällen mit Freiheitsstrafe von drei Monaten bis zu fünf Jahren bestraft.

(2) Der Versuch ist strafbar.

§ 226 StGB Schwere Körperverletzung

(1) Hat die Körperverletzung zur Folge, dass die verletzte Person

1. das Sehvermögen auf einem Auge oder beiden Augen, das Gehör, das Sprechvermögen oder die Fortpflanzungsfähigkeit verliert,
2. ein wichtiges Glied des Körpers verliert oder dauernd nicht mehr gebrauchen kann oder
3. in erheblicher Weise dauernd entstellt wird oder in Siechtum, Lähmung oder geistige Krankheit oder Behinderung verfällt,

so ist die Strafe Freiheitsstrafe von einem Jahr bis zu zehn Jahren.

(2) Verursacht der Täter eine der in Absatz 1 bezeichneten Folgen absichtlich oder wissentlich, so ist die Strafe Freiheitsstrafe nicht unter drei Jahren.

(3) In minder schweren Fällen des Absatzes 1 ist auf Freiheitsstrafe von sechs Monaten bis zu fünf Jahren, in minder schweren Fällen des Absatzes 2 auf Freiheitsstrafe von einem Jahr bis zu zehn Jahren zu erkennen.

§ 227 StGB Körperverletzung mit Todesfolge

(1) Verursacht der Täter durch die Körperverletzung (§§ 223 bis 226) den Tod der verletzten Person, so ist die Strafe Freiheitsstrafe nicht unter drei Jahren.

(2) In minder schweren Fällen ist auf Freiheitsstrafe von einem Jahr bis zu zehn Jahren zu erkennen.

§ 228 StGB Einwilligung

Wer eine Körperverletzung mit Einwilligung der verletzten Person vornimmt, handelt nur dann rechtswidrig, wenn die Tat trotz der Einwilligung gegen die guten Sitten verstößt.

§ 229 StGB Fahrlässige Körperverletzung

Wer durch Fahrlässigkeit die Körperverletzung einer anderen Person verursacht, wird mit Freiheitsstrafe bis zu drei Jahren oder mit Geldstrafe bestraft.

§ 239 StGB Freiheitsberaubung

(1) Wer einen Menschen einsperrt oder auf andere Weise der Freiheit beraubt, wird mit Freiheitsstrafe bis zu fünf Jahren oder mit Geldstrafe bestraft.

(2) Der Versuch ist strafbar.

(3) Auf Freiheitsstrafe von einem Jahr bis zu zehn Jahren ist zu erkennen, wenn der Täter
1. das Opfer länger als eine Woche der Freiheit beraubt oder
2. durch die Tat oder eine während der Tat begangene Handlung eine schwere Gesundheitsschädigung des Opfers verursacht.

(4) Verursacht der Täter durch die Tat oder eine während der Tat begangene Handlung den Tod des Opfers, so ist die Strafe Freiheitsstrafe nicht unter drei Jahren.

(5) In minder schweren Fällen des Absatzes 3 ist auf Freiheitsstrafe von sechs Monaten bis zu fünf Jahren, in minder schweren Fällen des Absatzes 4 auf Freiheitsstrafe von einem Jahr bis zu zehn Jahren zu erkennen.

§ 267 StGB Urkundenfälschung

(1) Wer zur Täuschung im Rechtsverkehr eine unechte Urkunde herstellt, eine echte Urkunde verfälscht oder eine unechte oder verfälschte Urkunde gebraucht, wird mit Freiheitsstrafe bis zu fünf Jahren oder mit Geldstrafe bestraft.

(2) Der Versuch ist strafbar.

[...]

§ 315c StGB Gefährdung des Straßenverkehrs

(1) Wer im Straßenverkehr
1. ein Fahrzeug führt, obwohl er
   a) infolge des Genusses alkoholischer Getränke oder anderer berauschender Mittel oder
   b) infolge geistiger oder körperlicher Mängel

nicht in der Lage ist, das Fahrzeug sicher zu führen, oder
2. grob verkehrswidrig und rücksichtslos
   a) die Vorfahrt nicht beachtet,
   b) falsch überholt oder sonst bei Überholvorgängen falsch fährt,
   c) an Fußgängerüberwegen falsch fährt,
   d) an unübersichtlichen Stellen, an Straßenkreuzungen, Straßeneinmündungen oder Bahnübergängen zu schnell fährt,
   e) an unübersichtlichen Stellen nicht die rechte Seite der Fahrbahn einhält,
   f) auf Autobahnen oder Kraftfahrstraßen wendet, rückwärts oder entgegen der Fahrtrichtung fährt oder dies versucht oder
   g) haltende oder liegen gebliebene Fahrzeuge nicht auf ausreichende Entfernung kenntlich macht, obwohl das zur Sicherung des Verkehrs erforderlich ist,

und dadurch Leib oder Leben eines anderen Menschen oder fremde Sachen von bedeutendem Wert gefährdet, wird mit Freiheitsstrafe bis zu fünf Jahren oder mit Geldstrafe bestraft.

(2) In den Fällen des Absatzes 1 Nummer 1 ist der Versuch strafbar.

(3) Wer in den Fällen des Absatzes 1
1. die Gefahr fahrlässig verursacht oder
2. fahrlässig handelt und die Gefahr fahrlässig verursacht,

wird mit Freiheitsstrafe bis zu zwei Jahren oder mit Geldstrafe bestraft.

§ 316 StGB Trunkenheit im Verkehr

(1) Wer im Verkehr (§§ 315 bis 315 d) ein Fahrzeug führt, obwohl er infolge des Genusses alkoholischer Getränke oder anderer berauschender Mittel nicht in der Lage ist, das Fahrzeug sicher zu führen, wird mit Freiheitsstrafe bis zu einem Jahr oder mit Geldstrafe bestraft, wenn die Tat nicht in § 315 a oder § 315 c mit Strafe bedroht ist.

(2) Nach Absatz 1 wird auch bestraft, wer die Tat fahrlässig begeht.

§ 323c StGB Unterlassene Hilfeleistung

Wer bei Unglücksfällen oder gemeiner Gefahr oder Not nicht Hilfe leistet, obwohl dies erforderlich und ihm den Umständen nach zuzumuten, insbesondere ohne erhebliche eigene Gefahr und ohne Verletzung anderer wichtiger Pflichten möglich ist, wird mit Freiheitsstrafe bis zu einem Jahr oder mit Geldstrafe bestraft.

17. Strafprozessordnung (StPO)

§ 53 StPO

(1) Zur Verweigerung des Zeugnisses sind ferner berechtigt

[...]

3. Rechtsanwälte, Patentanwälte, Notare, Wirtschaftsprüfer, vereidigte Buchprüfer, Steuerberater und Steuerbevollmächtigte, Ärzte, Zahnärzte, Psychologische Psychotherapeuten, Kinder- und Jugendlichenpsychotherapeuten, Apotheker und Hebammen über das, was ihnen in dieser Eigenschaft anvertraut worden oder bekanntgeworden ist, Rechtsanwälten stehen dabei sonstige Mitglieder einer Rechtsanwaltskammer gleich;

[...]

(2) Die in Absatz 1 Satz 1 Nummer 2 bis 3b Genannten dürfen das Zeugnis nicht verweigern, wenn sie von der Verpflichtung zur Verschwiegenheit entbunden sind. Die Berechtigung zur Zeugnisverweigerung der in Absatz 1 Satz 1 Nummer 5 Genannten über den Inhalt selbst erarbeiteter Materialien und den Gegenstand entsprechender Wahrnehmungen entfällt, wenn die Aussage zur Aufklärung eines Verbrechens beitragen soll oder wenn Gegenstand der Untersuchung

1. eine Straftat des Friedensverrats und der Gefährdung des demokratischen Rechtstaats oder des Landesverrats und der Gefährdung der äußeren Sicherheit (§§ 80a, 85, 87, 88, 95, auch in Verbindung mit § 97b, §§ 97a, 98 bis 100a des Strafgesetzbuches),
2. eine Straftat gegen die sexuelle Selbstbestimmung nach den §§ 174 bis 176, 179 des Strafgesetzbuches oder
3. eine Geldwäsche, eine Verschleierung unrechtmäßig erlangter Vermögenswerte nach § 261 Abs. 1 bis 4 des Strafgesetzbuches

ist und die Erforschung des Sachverhalts oder die Ermittlung des Aufenthaltsortes des Beschuldigten auf andere Weise aussichtslos oder wesentlich erschwert wäre. Der Zeuge kann jedoch auch in diesen Fällen die Aussage verweigern, soweit sie zur Offenbarung der Person des Verfassers oder Einsenders von Beiträgen und Unterlagen oder des sonstigen Informanten oder der ihm im Hinblick auf seine Tätigkeit nach Absatz 1 Satz 1 Nummer 5 gemachten Mitteilungen oder deren Inhalts führen würde.

§ 53a StPO

(1) Den in § 53 Abs. 1 Satz 1 Nr. 1 bis 4 Genannten stehen ihre Gehilfen und die Personen gleich, die zur Vorbereitung auf den Beruf an der berufsmäßigen Tätigkeit teilnehmen. Über die Ausübung des Rechtes dieser Hilfspersonen, das Zeugnis zu verweigern, entscheiden die in § 53 Abs. 1 Satz 1 Nr. 1 bis 4 Genannten, es sei denn, dass diese Entscheidung in absehbarer Zeit nicht herbeigeführt werden kann.

(2) Die Entbindung von der Verpflichtung zur Verschwiegenheit (§ 53 Abs. 2 Satz 1) gilt auch für die Hilfspersonen.

§ 97 StPO

(1) Der Beschlagnahme unterliegen nicht

1. schriftliche Mitteilungen zwischen dem Beschuldigten und den Personen, die nach § 52 oder § 53 Abs. 1 Satz 1 Nr. 1 bis 3b das Zeugnis verweigern dürfen;
2. Aufzeichnungen, welche die in § 53 Abs. 1 Satz 1 Nr. 1 bis 3b Genannten über die ihnen vom Beschuldigten anvertrauten Mitteilungen oder über andere Umstände gemacht haben, auf die sich das Zeugnisverweigerungsrecht erstreckt;
3. andere Gegenstände einschließlich der ärztlichen Untersuchungsbefunde, auf die sich das Zeugnisverweigerungsrecht der in § 53 Abs. 1 Satz 1 Nr. 1 bis 3b Genannten erstreckt.

(2) Diese Beschränkungen gelten nur, wenn die Gegenstände im Gewahrsam der zur Verweigerung des Zeugnisses Berechtigten sind, es sei denn, es handelt sich um eine elektronische Gesundheitskarte im Sinne des § 291a des Fünften Buches Sozialgesetzbuch. Der Beschlagnahme unterliegen auch nicht Gegenstände, auf die sich das Zeugnisverweigerungsrecht der Ärzte, Zahnärzte, Psychologischen Psychotherapeuten, Kinder- und Jugendlichenpsychotherapeuten, Apotheker und Hebammen erstreckt, wenn sie im Gewahrsam einer Krankenanstalt oder eines Dienstleisters, der für die Genannten personenbezogene Daten erhebt, verarbeitet oder nutzt, sind, sowie Gegenstände, auf die sich das Zeugnisverweigerungsrecht der in § 53 Abs. 1 Satz 1 Nr. 3a und 3b genannten Personen erstreckt, wenn sie im Gewahrsam der in dieser Vorschrift bezeichneten Beratungsstelle sind. Die Beschränkungen der Beschlagnahme gelten nicht, wenn bestimmte Tatsachen den Verdacht begründen, dass die zeugnisverweigerungsberechtigte Person an der Tat oder an einer Begünstigung, Strafvereitelung oder Hehlerei beteiligt ist, oder wenn es sich um Gegenstände handelt, die durch eine

Straftat hervorgebracht oder zur Begehung einer Straftat gebraucht oder bestimmt sind oder die aus einer Straftat herrühren.

(3) Die Absätze 1 und 2 sind entsprechend anzuwenden, soweit die Hilfspersonen (§ 53 a) der in § 53 Abs. 1 Satz 1 Nr. 1 bis 3 b Genannten das Zeugnis verweigern dürfen.

(4) Soweit das Zeugnisverweigerungsrecht der in § 53 Abs. 1 Satz 1 Nr. 4 genannten Personen reicht, ist die Beschlagnahme von Gegenständen unzulässig. Dieser Beschlagnahmeschutz erstreckt sich auch auf Gegenstände, die von den in § 53 Abs. 1 Satz 1 Nr. 4 genannten Personen ihren Hilfspersonen (§ 53 a) anvertraut sind. Satz 1 gilt entsprechend, soweit die Hilfspersonen (§ 53 a) der in § 53 Abs. 1 Satz 1 Nr. 4 genannten Personen das Zeugnis verweigern dürften.

18. Straßenverkehrsgesetz (StVG)

§ 2 StVG Fahrerlaubnis und Führerschein

(1) Wer auf öffentlichen Straßen ein Kraftfahrzeug führt, bedarf der Erlaubnis (Fahrerlaubnis) der zuständigen Behörde (Fahrerlaubnisbehörde). Die Fahrerlaubnis wird in bestimmten Klassen erteilt. Sie ist durch eine amtliche Bescheinigung (Führerschein) nachzuweisen. [...]

§ 21 StVG Fahren ohne Fahrerlaubnis

(1) Mit Freiheitsstrafe bis zu einem Jahr oder mit Geldstrafe wird bestraft, wer

1. ein Kraftfahrzeug führt, obwohl er die dazu erforderliche Fahrerlaubnis nicht hat oder ihm das Führen des Fahrzeugs nach § 44 des Strafgesetzbuchs oder nach § 25 dieses Gesetzes verboten ist, oder
2. als Halter eines Kraftfahrzeugs anordnet oder zulässt, dass jemand das Fahrzeug führt, der die dazu erforderliche Fahrerlaubnis nicht hat oder dem das Führen des Fahrzeugs nach § 44 des Strafgesetzbuchs oder nach § 25 dieses Gesetzes verboten ist.

(2) Mit Freiheitsstrafe bis zu sechs Monaten oder mit Geldstrafe bis zu 180 Tagessätzen wird bestraft, wer

1. eine Tat nach Absatz 1 fahrlässig begeht,

[...]

§ 24a StVG 0,5 Promille-Grenze

(1) Ordnungswidrig handelt, wer im Straßenverkehr ein Kraftfahrzeug führt, obwohl er 0,25 mg/l oder mehr Alkohol in der Atemluft oder 0,5 Promille oder mehr Alkohol im Blut oder eine Alkoholmenge im Körper hat, die zu einer solchen Atem- oder Blutalkoholkonzentration führt.

(2) Ordnungswidrig handelt, wer unter der Wirkung eines in der Anlage zu dieser Vorschrift genannten berauschenden Mittels im Straßenverkehr ein Kraftfahrzeug führt. Eine solche Wirkung liegt vor, wenn eine in dieser Anlage genannte Substanz im Blut nachgewiesen wird. Satz 1 gilt nicht, wenn die Substanz aus der bestimmungsgemäßen Einnahme eines für einen konkreten Krankheitsfall verschriebenen Arzneimittels herrührt.

(3) Ordnungswidrig handelt auch, wer die Tat fahrlässig begeht.

(4) Die Ordnungswidrigkeit kann mit einer Geldbuße bis zu dreitausend Euro geahndet werden.

19. Straßenverkehrsordnung (StVO)

§ 1 StVO Grundregeln

(1) Die Teilnahme am Straßenverkehr erfordert ständige Vorsicht und gegenseitige Rücksicht.

(2) Wer am Verkehr teilnimmt hat sich so zu verhalten, dass kein Anderer geschädigt, gefährdet oder mehr, als nach den Umständen unvermeidbar, behindert oder belästigt wird.

§ 34 StVO Unfall

(1) Nach einem Verkehrsunfall hat, wer daran beteiligt ist,

1. unverzüglich zu halten,
2. den Verkehr zu sichern und bei geringfügigem Schaden unverzüglich beiseite zu fahren,
3. sich über die Unfallfolgen zu vergewissern,
4. Verletzten zu helfen (§ 323 c des Strafgesetzbuchs),
5. anderen am Unfallort anwesenden Beteiligten und Geschädigten
   a) anzugeben, dass man am Unfall beteiligt war und
   b) auf Verlangen den eigenen Namen und die eigene Anschrift anzugeben sowie den eigenen Führerschein und den Fahrzeugschein vorzuweisen und nach bestem Wissen Angaben über die Haftpflichtversicherung zu machen,
6. a) solange am Unfallort zu bleiben, bis zugunsten der anderen Beteiligten und Geschädigten die Feststellung der Person, des Fahrzeugs und der Art der Beteiligung durch eigene Anwesenheit ermöglicht wurde oder
   b) eine nach den Umständen angemessene Zeit zu warten und am Unfallort den eigenen Namen und die eigene Anschrift zu hinterlassen, wenn niemand bereit war, die Feststellung zu treffen,
7. unverzüglich die Feststellungen nachträglich zu ermöglichen, wenn man sich berechtigt, entschuldigt oder nach Ablauf der Wartefrist (Nummer 6 Buchstabe b) vom Unfallort entfernt hat. Dazu ist mindestens den Berechtigten (Nummer 6 Buchstabe a) oder einer nahe gelegenen Polizeidienststelle mitzuteilen, dass man am Unfall beteiligt gewesen ist, und die eigene Anschrift, den Aufenthalt sowie das Kennzeichen und den Standort des beteiligten Fahrzeugs anzugeben und dieses zu unverzüglichen Feststellungen für eine zumutbare Zeit zur Verfügung zu halten.

(2) Beteiligt an einem Verkehrsunfall ist jede Person, deren Verhalten nach den Umständen zum Unfall beigetragen haben kann.

(3) Unfallspuren dürfen nicht beseitigt werden, bevor die notwendigen Feststellungen getroffen worden sind.

§ 35 StVO Sonderrechte

(1) Von den Vorschriften dieser Verordnung sind die Bundeswehr, die Bundespolizei, die Feuerwehr, der Katastrophenschutz, die Polizei und der Zolldienst befreit, soweit das zur Erfüllung hoheitlicher Aufgaben dringend geboten ist.

[...]

(5 a) Fahrzeuge des Rettungsdiensts sind von den Vorschriften dieser Verordnung befreit, wenn höchste Eile geboten ist, um Menschenleben zu retten oder schwere gesundheitliche Schäden abzuwenden.

[...]

(8) Die Sonderrechte dürfen nur unter gebührender Berücksichtigung der öffentlichen Sicherheit und Ordnung ausgeübt werden.

§ 36 StVO Zeichen und Weisungen der Polizeibeamten

(1) Die Zeichen und Weisungen der Polizeibeamten sind zu befolgen. Sie gehen allen anderen Anordnungen und sonstigen Regeln vor, entbinden den Verkehrsteilnehmer jedoch nicht von seiner Sorgfaltspflicht.

[...]

§ 38 StVO Blaues Blinklicht und gelbes Blinklicht

(1) Blaues Blinklicht zusammen mit dem Einsatzhorn darf nur verwendet werden, wenn höchste Eile geboten ist, um Menschenleben zu retten oder schwere gesundheitliche Schäden abzuwenden, eine Gefahr für die öffentliche Sicherheit oder Ordnung abzuwenden, flüchtige Personen zu verfolgen oder bedeutende Sachwerte zu erhalten.

Es ordnet an: „Alle übrigen Verkehrsteilnehmer haben sofort freie Bahn zu schaffen".

(2) Blaues Blinklicht allein darf nur von den damit ausgerüsteten Fahrzeugen und nur zur Warnung an Unfall- oder sonstigen Einsatzstellen, bei Einsatzfahrten oder bei der Begleitung von Fahrzeugen oder von geschlossenen Verbänden verwendet werden.

20. Zivilprozessordnung (ZPO)

§ 383 ZPO Zeugnisverweigerung aus persönlichen Gründen

(1) Zur Verweigerung des Zeugnisses sind berechtigt:

[…]

6. Personen, denen kraft ihres Amtes, Standes oder Gewerbes Tatsachen anvertraut sind, deren Geheimhaltung durch ihre Natur oder durch gesetzliche Vorschrift geboten ist, in Betreff der Tatsachen, auf welche die Verpflichtung zur Verschwiegenheit sich bezieht.

[…]

§ 385 ZPO Ausnahmen vom Zeugnisverweigerungsrecht

[…]

(2) Die im § 383 Nr. 4, 6 bezeichneten Personen dürfen das Zeugnis nicht verweigern, wenn sie von der Verpflichtung zur Verschwiegenheit entbunden sind.

§ 386 ZPO Erklärung der Zeugnisverweigerung

(1) Der Zeuge, der das Zeugnis verweigert, hat vor dem zu seiner Vernehmung bestimmten Termin schriftlich oder zum Protokoll der Geschäftsstelle oder in diesem Termin die Tatsachen, auf die er die Weigerung gründet, anzugeben und glaubhaft zu machen.

(2) Zur Glaubhaftmachung genügt in den Fällen des § 383 Nr. 4, 6 die mit Berufung auf einen geleisteten Diensteid abgegebene Versicherung.

(3) Hat der Zeuge seine Weigerung schriftlich oder zum Protokoll der Geschäftsstelle erklärt, so ist er nicht verpflichtet, in dem zu seiner Vernehmung bestimmten Termin zu erscheinen.

(4) Von dem Eingang einer Erklärung des Zeugen oder von der Aufnahme einer solchen zum Protokoll hat die Geschäftsstelle die Parteien zu benachrichtigen.

Stichwortverzeichnis

Die Zahlen weisen auf Randnummern hin. Kursiv gesetzte Randnummern bezeichnen die Hauptfundstellen.